广播电视新闻实务教程

ngbo Dianshi
en Shiwu Jiaocheng

林 林 主编

任怡静 马 苗 副主编

重庆大学出版社

图书在版编目（CIP）数据

广播电视新闻实务教程／林林主编. ——重庆：重
庆大学出版社，2016.6
影视传媒专业系列教材
ISBN 978-7-5624-9847-6

Ⅰ.①广… Ⅱ.①林… Ⅲ.①广播电视—新闻学—高
等学校—教材 Ⅳ.①G220

中国版本图书馆CIP数据核字（2016）第118235号

广播电视新闻实务教程

主 编 林 林
副主编 任怡静 马 苗
策划编辑：雷少波 向文平 陈 曦 唐启秀
责任编辑：杨 敬 版式设计：向文平
责任校对：邹 忌 责任印制：赵 晟

*

重庆大学出版社出版发行
出版人：易树平
社址：重庆市沙坪坝区大学城西路21号
邮编：401331
电话：（023）88617190 88617185（中小学）
传真：（023）88617186 88617166
网址：http://www.cqup.com.cn
邮箱：fxk@cqup.com.cn（营销中心）
全国新华书店经销
万州日报印刷厂印刷

*

开本：787mm×1092mm 1/16 印张：15.25 字数：297千
2016年6月第1版 2016年6月第1次印刷
ISBN 978-7-5624-9847-6 定价：33.00 元

编写委员会

总主编	刘 翼
总主审	刘 迅
编 委	杜仕勇　田 力　陈 卓　王 萍
	文劲松　吕 南　沈 丹　冉 冉
	曾 珍　赵 岚　吕 晖　林 林
	林 强　文 杰　张 冰　陈卓威
	李观慧

前　言

近年来，我国广播电视新闻事业的发展日新月异。从教以来，我讲授广播电视新闻相关课程已有十年，期间深切感受到新技术给广播电视新闻的制作方式与传播观念带来的巨变：新闻栏目中照本宣科的播音员越来越多地被主持人（主播）取代。他们不仅播报新闻，而且解读新闻，凭借生动的语言和个性化的主持风格，在情感交流和双向互动方面发挥了重要作用，产生了类人际传播的效果，成为栏目的"活商标"乃至制胜法宝。广播电视新闻评论逐渐脱离报纸评论的窠臼，在发挥自身媒介优势的基础上，主持人评论、评论员评论、谈话体评论、评论类专题节目各展魅力，越来越个性化。新闻直播走下神坛，日趋常态化，新闻的时效性得到充分体现。现场报道方式被越来越多地采用，电子媒介传播新闻的现场感和真实性优势得到充分发挥。广播电视新闻在受众参与互动方面的创新举措层出不穷，许多栏目不再仅仅是"我播你看"，而是在新闻的采集、制作、播出、反馈等方面均开辟了受众参与的通道，大大弥补了以往传统媒体单向传播的不足……实践领域的变化对传统教学内容和专业教材建设提出了全新要求。在编写这本教材的时候，我们力求体现广播电视新闻领域的最新趋势与动态，让教学更多地与实践相结合。

本书为成都理工大学传播科学与艺术学院规划的系列教材之中的一本，由我院三位一线教师根据自己的专业特长合作编写而成。我负责本书第一、二、七、八章的写作，任怡静老师负责第三、四章的写作，马苗老师负责第五、六章的写作。几位老师都活跃在教学一线，备课时采用的案例资料、课堂上的灵感闪现、平时的思考心得都经过搜集整理，汇聚到书稿之中。可以说，这是一部集体智慧和心血的结晶。

总体来说，该书的特点体现在以下三个方面。第一，简明扼要，避免长篇赘论，定位于供新闻传媒专业学生和自学者初学使用，能够帮助学习者建立清晰的知识体系和理论框架。第二，加入丰富的案例，与广播电视新闻实践紧密结合，具有较强的时效性，能够有效指导实践操作。本书名为"实务教程"，是为此意。本书所使用的大量案例多为近十年间的优秀节目和获奖作品，有较强的参考价值。书中还提供了大量的思考练习题，让学与做相互结合，启发学生自主思考，动手实践。第三，在编写体例上进行了新的尝试，采用统分结合的结构方式。书中将广播电视新闻具有共性之处合并论述，如第一章"概论"、第七章"现场报道与现场直播"、第八章"广播电视新闻报道中的道德与法律问题";同时，在章节设置上又兼顾二者的差异，如第二章"广播电视新闻的传播符号和节目类型"便是分头进行论述，而第三、五章则专讲广播新闻的采访、写作与编辑，第四、六章专讲电视新闻的采访、写作与编辑。这样的结构安排是编者经过反复思考权衡的结果，既方便论述，又便于读者理解与接受。希望这种尝试能够得到读者的肯定。

由于几位老师都承担了繁重的教学任务，写作任务重、时间短。前后逾半年时间里，大家都牺牲了宝贵的休息时间，反复修改，逐字推敲，为本书花费了大量精力，唯求能对得起读者的信任，不误人子弟也！但因编者水平有限，书中的不足之处在所难免，还望广大读者多多指正、不吝赐教。

最后，还要感谢我院刘迅教授、刘翼教授和杜仕勇副教授为本书写作提出了诸多宝贵建议，并且在精神上给予了我们几位青年教师莫大的鼓励和支持。此外，重庆大学出版社的向文平编辑也为书稿的修改完善尽心尽责，合作过程中她的敬业精神和专业水平令我印象深刻，在此一并表示衷心感谢。

林　林

2016 年 5 月 30 日

目 录

▼

第1章

概 论

现代生活中，高度发达的广播电视媒介、无处不在的新闻资讯为人们提供了大量便利。我们每天早起打开电视，就可浏览昨夜今晨的最新消息，提前预知白天将要发生的大事小情；乘坐交通工具外出途中，移动电视或车载广播也在随时更新最新消息；晚间黄金时段更是接触新闻概率最高的时段，广播电视中一道道精心烹制的新闻大餐伴随我们从下班途中到深夜时间……在重大新闻发生的时刻，广播电视新闻更是人们寻求信息的重要渠道。2003 年伊拉克战争期间，CCTV-1 收视率比平常提高了 8 倍；CCTV-4 平均每天 16 小时以上投入到战事直播中，在开战后的 6 天时间里，收视率提高了近 28 倍，创下中央电视台国际频道开播 10 年以来收视的最高值。2008 年汶川地震发生后，广播媒体借助接收便捷、信息量大、传播迅速等优势，发挥了特殊的作用。CSM 媒介研究数据显示，对比 2008 年 5 月 1—12 日收听数据，2008 年 5 月 13—24 日期间（地震发生后），中央人民广播电台"中国之声"的收听率上升 110.11%，收听市场份额上升 106.67%。[1] 可以想象，离开了广播电视新闻节目的陪伴，我们将会缺失多么重要的信息通道。

对于广播电视新闻这样一个公众熟知的对象，其幕后的制作播出过程却是许多人并不了解的，它是一个巨大的系统工程，其中涉及的环节也是纷繁复杂的。广播电视新闻节目的编辑制作更是艺术和技术的结合。要深入地了解和学习它，就让我们从什么是新闻，以及广播电视新闻有怎样的特性与优势谈起。

---

[1] 方毅华，魏倩. 传播学视野中的央广地震报道 [J]. 中国广播电视学刊，2010(4)：50-52.

第一节　新闻的要义和新闻的基本原则

一、新闻的定义

关于新闻的定义，众说纷纭。在我国许多教科书中广为沿用的新闻定义是陆定一[1]于1943年9月提出的："新闻就是新近发生的事实的报道。"[2]陆定一的定义简洁明了，指出了新闻的本源是事实，事实在先、新闻在后，但新闻并不纯粹就是客观事实本身，而是根据事实加工而成的报道。

但这一定义的不足之处在于未考虑受众的需求。例如，发现一个马蜂窝，在农村不是新闻，在高楼林立的城市小区则是新闻。又如，对于一家全国性媒体，有人跳楼算不上什么新闻，而若一位知名大学的博士跳楼则是新闻。某校同学参加"亚太大学生机器人大赛"进入16强，在其校内是一则值得传播的好消息；而校外媒体则多半不会报道。由此可见，陆定一的新闻定义并未对"所指"进行准确的描述。

我们再比较其他著名的新闻定义：

新闻是"社会上大多数人感兴趣，而且在此以前从未对它注意过的那些事情"[3]。达纳（美国《纽约太阳报》主编）

"狗咬人，不是新闻；人咬狗，才是新闻。"[4]博加特（美国《纽约太阳报》编辑主任）

"新闻是建立在三个'W'的基础上：女人（Women）、金钱（Wampum）和坏事（Wrongdoing）。"[5]华尔克（美国《纽约先驱论坛报》采编主任）

"能让女人喊一声'哎呀我的天啊'的东西，就是新闻。"[6]——爱德华（美国阿契生市《环球报》主笔）

其实，以上表述并非科学意义的下定义，但他们的观点却集中地代表了一种共同的观点，即一切反常的、有刺激性的、人们好奇的事才是新闻。

也有不少国内的新闻从业者和研究者同样从这一角度定义新闻。比如：

著名记者范长江："新闻是广大群众欲知、应知而未知的重要的事实。"[7]

[1] 陆定一，第一任中共中央宣传部长，1959年任国务院副总理，1965年兼任文化部部长。
[2] 陆定一．我们对于新闻学的基本观点 [M]// 陆定一，陆定一新闻文选．北京：新华出版社，1987：2.
[3] 麦尔文·曼切尔．新闻报道与写作 [M].北京：中国广播电视出版社，1981：50.
[4] 埃德温·埃默里，迈克尔·埃默里．美国新闻史 [M].北京：新华出版社，1983：385.
[5] 麦尔文·曼切尔．新闻报道与写作 [M].北京：中国广播电视出版社，1981：50.
[6] 郑保卫．当代新闻理论 [M].北京：新华出版社，2003：48.
[7] 范长江．通讯与论文 [M].北京：新华出版社，1981：317.

中国新闻学先驱徐宝璜："新闻者，乃多数阅者所注意之最近事实也。"[1]

郑保卫："新闻是公众关注的最新事实信息的报道。"[2]

与西方众多的新闻定义一样，这些定义强调了"公众（群众、多数阅者）关注"这一受众属性。从以上分析可以看出，无论中外，许多新闻定义都认同这样一点，即：什么是新闻，并不取决于传播者的主观判断，而要取决于它在多大程度上满足接受者的需要。

此外，由于广播电视在时效性上远远超越了传统纸质媒介，可以对正在发生的事件进行同步直播，这在实际上改写了传统新闻定义中"新近发生"这一要素。部分新闻定义考虑到这个因素，进行了表述，如下面的表述。

美国新闻学者约斯特："新闻是已经发生和正在发生的事情的报道。"[3]

在对新闻下定义之时，一种预报性（预见性）新闻也不应被忽视。某些即将发生或必然发生的事件（现象），同样是重要的、有意义的、受众感兴趣的事实，如重大会议召开时间的提前预报、领导人出访活动的具体安排等。此类内容新闻媒体在业已明确的事实的基础上提前发布相关信息，同样属于新闻报道的一项常见内容。

因此，综上所述，我们对陆定一的定义进行补充与修改，就得到这样一个定义：新闻是对新近发生（或正在发生的、即将发生）的，能满足目标受众需求的事实的报道。

在此基础上，我们说，广播新闻是在广播媒体中播出的，以声音为传播符号的新闻报道；电视新闻是在电视媒体中播出的，以电视声音、画面为传播符号的新闻报道。

二、新闻工作必须遵循的基本原则

在刚刚推导新闻定义的过程中，提到了新闻工作的三个基本原则：时效性原则、真实性原则、重视目标受众需求的原则。这里有必要对它们进行再次强调。

（一）时效性原则

新闻是易碎品。"新近发生或正在发生的"，强调了新闻必须快速到达，否则就成了毫无价值的"旧闻"。这一要求源自受众的知晓欲。对于有价值的新闻，受众不仅要知，还要早知。

要保证新闻报道的时效性，首先，媒体部门要在理念上达成一致，建立起协同配合、快速反应的报道机制。2001 年美国遭受"911"恐怖袭击，CNN 等美国主要电视台均在第一架飞机撞击世贸大楼的 20 分钟内开始直播，于是许多电视观众通过直播画面目睹了恐怖分子操纵飞机第二次撞击的悲剧瞬间……相比之下，国内多家电视台反应滞后，事后备受谴责。吸取这次经验教训，国内电视台在之后一系列重要新闻事件的报道过程

---

[1] 徐宝璜. 新闻学 [M]. 上海：同文书局，1919：7.

[2] 郑保卫. 当代新闻理论 [M]. 北京：新华出版社，2003：48.

[3] 刘冰. 新闻报道与写作：理论、方法与技术 [M]. 广州：南方日报出版社，2011：8.

中，由于加强了时效性的要求，一些电视台因此获得好评。2003年3月20日10时35分，美国对伊拉克开战。6分钟后，中国CCTV-4主持人徐俐即在节目中播报战争爆发的消息，同时播出了CNN的现场画面；两分钟后，CCTV-1中断播出的正常节目，开始播出《伊拉克战争直播报道》。CCTV-4更是在伊拉克战争期间平均每天播放16小时以上的直播新闻节目。这种及时快速的反应为央视赢得了大量关注。2008年5月12日，在汶川大地震发生32分钟后即15时，中央电视台在新闻频道口播第一条新闻；15时20分，打破原有节目安排，推出"汶川地震直播"；22时，新闻频道和第一套综合频道并机直播"抗震救灾"特别节目，滚动播出抗震救灾有关消息和工作进展。这一系列报道快速及时，充分满足了受众对突发事件获取信息的需求，受到了高度关注和好评。

其次，要求每个编辑、记者具有较强的业务能力，才能够在突发状况下争分夺秒地完成报道任务。

（二）真实性原则

新闻是对事实的报道，事实是第一性的，新闻是第二性的。假新闻对新闻业的危害众所周知。然而，虚假新闻屡禁不止，每每曝出总让人触目惊心。国内《新闻记者》杂志每年评选年度十大假新闻也为大家长敲警钟。鉴于此，要求新闻工作者应自觉地坚持新闻真实性的原则，严格对事实进行核对查证。

总结假新闻出现的原因，无外乎以下几点。

1. 主观故意

有些新闻工作者道德意识淡漠、职业操守沦丧，为了爆猛料、抓眼球，不惜凭空捏造，搞"客里空"。此种主观故意造假，性质最为恶劣。

2006年7月8日，北京电视台生活频道《透明度》栏目播出了一则题为《纸做的包子》的报道，报道播出后引起了全社会的广泛关注。然而8天之后，峰回路转，公安部门查明事实真相是北京电视台的编导訾某自带了从市场上购买的肉馅、面粉和纸箱，并授意卫某等人将纸箱经水浸泡后掺入肉馅，制成包子。此事在社会上造成了恶劣的影响，北京电视台为此公开道歉。

另外，广播电视的后期剪辑技术也为有些造假者提供了可乘之机。他们将不相干的内容经过剪辑制作改变前后顺序，将不同场合的几次内容剪辑在一起等。这样调换的结果可能使事件的性质发生根本变化，或制作出当事人没有说过的"原话"来，这无疑也是对受众的故意欺骗。

2. 认识不清

广播新闻的现场录音和电视新闻的摄像工作，提倡挑、等、抢，拒绝摆拍、扮演新闻。有些记者做节目为图方便，不是到街头随机采访，而是让家人、朋友来谈，或是为了方便制作而将想要的采录内容"设计"好，由采访对象照本宣科。一旦被发现，受众会对采访对象表述内容的真实性产生怀疑，进而还会怀疑整个新闻报道的真实性，甚至对某家新闻媒体丧失信任感。这是得不偿失的做法。2009年6月18日，谷歌中国被中央电视台知名栏目《焦点访谈》曝光，涉嫌传播色情信息。在节目中，大学生高某谴责谷歌的色情链接。事后，高某被曝是一位正在《焦点访谈》实习的武汉某高校大学生。此事给《焦点访谈》带来一场风波，质疑《焦点访谈》用内部人员作为采访对象的帖子在网上迅速流传。不论高某在节目中所讲是否为自己的真实意愿，《焦点访谈》采访"自己人"的做法使得节目的可信度下降，整个节目也因此被观众认为有造假嫌疑。

广播电视新闻的录音录像内容是报道新闻的重要手段，对于受众而言，耳听/眼见为实，这些声音和画面必须是真实的。以广播新闻为例，现场的音响也是重要的新闻要素，绝对不允许人工模拟和移花接木、张冠李戴。正如有研究者指出，我国长江葛洲坝水电枢纽大坝建成通航，通过大坝的第一艘轮船的第一声汽笛，是很有意义的音响，但如果记者当时没录上就只能不用，不允许用其他笛声代替。类似这种时间、空间规定性很严格的事件的声音，记者如果当场没能录下来，或者录的声音不好，是不允许重录的，搞不成音响报道还可以改做文字（口播）新闻。[1] 再以电视新闻为例，新闻画面的使用也应遵守真实性原则，如果要使用一些影像资料配合报道内容，一定要在画面上注明"资料""较早前录影"等字样。2009年6月7日，《新闻联播》播出新闻《高考第一天考场内外贴心服务》，画面中却赫然出现一辆公交车挂有"距2008奥运会开幕还有63天"的横幅。对此，央视的解释是"这条新闻是各地方台传送的高考画面汇编而成"，由于"制作时间很紧"，编辑"未能发现画面中的问题"。[2] 但这一解释仍然难以平息观众热议。这些事例无不在为我们的新闻工作者敲响警钟——切莫把新闻的真实性当作儿戏。

目前在我国的电视屏幕上，经常会看到一种"情景再现"的新闻，引起了一些争议。通过模拟、再现来还原场景，可以弥补时过境迁没有现场画面的遗憾。然而考虑到新闻工作对真实性的严格要求，对此类"表演式新闻"的使用应该慎之又慎。首先，为了保证新闻的真实性原则，我们不赞成在新闻中使用"情景再现"，未能拍到的新闻画面可以用人物口述和空镜头来代替。其次，如果为了增强传播效果一定要用，也必须在画面上进行某种标注或处理，使其明显区别于纪实画面，才不会引起观众困惑。

3. 失察、失误

新闻报道是一种精度极高的写作。有些时候，记者因为赶稿匆忙或是专业素质方面的欠缺，无意之中造成了一些事实上的差错，对这种情况应该格外警惕。要避免这种错

[1] 周小普. 广播新闻与音响报道 [M]. 北京：中国人民大学出版社，2001：260.

[2] 木易. 摆乌龙，央视道歉又犯错 [N/OL]. 新快报，(2009-06-10). [2016-03-21]. http://www.ycwb.com/ePaper/xkb/html/2009-06/10/content_517608.htm.

误产生，只有靠记者在调查采访时反复核查事实，细心再细心、认真再认真。

例如，2014年教育部公布了15个低就业率专业名单，其后成都一家媒体报道称，教育部公布的三大低就业率专业——电子商务、市场营销和动画——"在成都走俏"，然而事实上记者仅调查了电子科技大学的电子商务专业、成都理工大学的市场营销专业和成都大学的动漫专业，并列举了这几所高校上述专业的高就业率数字。但是，记者如此报道显然存在以偏概全之嫌，因为记者调查所涉及的专业在各自高校中均属于优势专业，其就业率数据不具普遍性，不能代表成都高校的整体状况，仅通过这种简单的调查便得出"三大低就业率专业 成都成香饽饽"的结论显然难以令人信服。

为避免报道事实上的差错，编辑编稿时也要严格把关，遵守相关的编辑程序工作。要注意查找与核实新闻稿中一切有疑点的内容，勿存侥幸心理，以避免不必要的差错。

（三）重视目标受众需求的原则

任何传播的最终归宿是受众对传播内容的接受。"魔弹论"的观点早已被时代抛弃，受众不是软弱无力的靶子，一击就中，而是有思想有选择的个体，他们会根据自身需求选择信息加以接受。因此，研究受众心理，尽可能地满足目标受众群体的需求，是传播行为成功而有效的必然要求。

美国著名新闻主持人丹·拉瑟在1982年说过："英阿福克兰群岛之战、中东战争和英国戴安娜王妃的新生王子。新闻对哪件事更关注呢？设想两个主妇倚在后院的篱笆上聊天，她们多半会谈到新生的小王子。"这就是著名的"后院篱笆原则"。虽然重要的党政新闻、国际时事会引起众人关注，不可否认的是，哪里的窨井盖没了、哪条道路维修施工了、本地中小学入学政策又有哪些调整了，才与老百姓的日常生活关系最为密切。

国内著名的电视新闻栏目《南京零距离》和《阿六头说新闻》的成功无不源自对"后院篱笆原则"的运用。2002年1月1日，江苏电视台开播了《南京零距离》，它以60分钟的长度专门播出民生新闻，而且一经播出就造成了轰动效应，收视率一路攀升，甚至位居南京地区所有电视节目ＡＣ尼尔森收视率排行榜之首位，可谓是创造了一个奇迹。在南京市流传着这样的说法，老百姓遇到突发事件，不是先打110、120，而是先拨《南京零距离》热线。《南京零距离》采用平民视角，关注市民身边事，做到了贴近性、服务性，因此大受欢迎。2003年伊拉克战争如火如荼，全球的目光都被战争吸引，在各大媒体争相加大战争报道力度之时，《南京零距离》却"反其道而行之"，很少选择战争报道，而收视率依然是居高不下。[1]

重视受众需求并不意味着所有的新闻节目都要遵循"后院篱笆原则"，围绕着家长

[1] 张红军，邹举．实用新闻采编［M］．北京：中国广播电视出版社，2006：3．

里短、市井生活转圈圈，如果这样理解就太过于狭隘了。这里只是针对一些大众化的、民生类的新闻栏目而言。我们会发现，在实际操作中，媒体播出的新闻节目也有层次和类型的划分，有些节目以关注民生为特色，有些节目则突出时政要闻、国际国内大事等硬新闻的价值，如《焦点访谈》《新闻调查》。但它们的共同之处就是都重视受众的兴趣和需求，播报自己的目标受众群体感兴趣的新闻。

正如 CNN 的新闻主播宗毓华所说："什么是新闻？简言之，新闻就是人们不知道却又必须知道的事……我们节目播出之前，编辑们都要聚在一起开会。第一个问题常常是'为什么观众会在乎这条？'如果想不出这条新闻对观众具有的意义，那它就没有播出的必要了。"[1]

第二节 认识广播电视新闻

广播新闻、电视新闻从表面上看与传统新闻（报纸新闻）仅仅是传播媒介的不同，但从表现形态和特点、规律上差别却极大。要做好广播电视新闻，首先要充分了解其媒介特点与发展历史，借此才能对其特长和优势产生更为深刻的认识。

一、广播电视新闻的产生与发展

人类的传播形态与物质手段和科学技术发展水平密切相关。依所使用的传播媒介来区分，人类新闻传播的历史可划分为 5 个阶段。

（一）口语传播时代

语言产生于 9 万 ~4 万年前。语言转瞬即逝，只能靠记忆保持。而且口语传播仅靠人类发声功能传递信息，传播范围有限。但在人类历史上，口语传播是使用时间最长的传播方式，直到今天，仍然在发挥着重要的作用。

（二）手抄传播时代

文字大约开始于 5000 年前。两河流域的楔形文字、古埃及人的象形文字、我国商代的甲骨文都是较早出现的人类文字。文字的产生是人类传播史上的第二座里程碑，使人类进入了手抄新闻时代。在我国殷墟出土的甲骨文中就有大量手抄新闻，其中有的记载虽然简略，但"新闻要素基本完整"[2]。当偶尔的手抄新闻传播已经无法满足社会发展的需求时，手抄报纸出现了。我国唐代出现了手抄的邸报。公元前 59 年，罗马议事厅每日公布元老院议事情况，抄写在涂了石膏的木板上，称为《每日纪闻》。最有名

---

[1] 叶子. 反思传统 回归本质——《南京零距离》成功的启示 [J]. 现代传播，2003(2)：58.
[2] 刘建明. 当代新闻学原理 [M]. 北京：清华大学出版社，2003：17.

的手抄报纸当属 1550—1566 年意大利的《威尼斯公报》。文字能把信息记录下来并长久保存，使信息传播更为准确可靠。手抄媒体的出现能把信息传到遥远的地方，打破了距离限制，扩展了人类的交流和社会活动的空间。

（三）印刷传播时代

我国在公元 627—649 年最早发明了雕版印刷术。11 世纪，宋朝平民毕昇受印章和拓碑的启发，发明活字印刷术。公元 1450 年前后，德国人古登堡发明了金属活字印刷机，使信息的机械化生产成为可能，促进了书籍的廉价化。印刷传播实现了文字信息的大规模生产和复制，为近代报刊的诞生奠定了基础。

印刷术出现后很长一段时间里，印刷品多为宗教典籍，由于效率不高，并不适合印行时事刊物。直到 1702 年英国《每日快报》出现，才标志着印刷报纸的诞生。

18 世纪后期到 19 世纪中期工业革命带来的造纸、印刷、通信、交通等领域的一系列巨大变革，极大降低了报纸的生产成本，为报纸的大众化奠定了基础。19 世纪 30 年代"大众化报纸"——廉价的"便士报"（以《太阳报》《纽约先驱报》为代表）的出现，标志着大众传播时代的开始。大众化报纸的必备条件是大量复制、大量发行，拥有大规模读者群。

在我国，民国初年受政局变化的影响，中国报业的政论传统中断，新闻报道的内容有了较大增长，出现了《申报》《新闻报》等一批知名的大众化报纸。

（四）电子传播时代

1906 年，金纳德·奥布里·费森登在美国首次成功进行了无线电广播实验，人们把这一天看作无线电广播的诞生日。1920 年 11 月 2 日，世界上第一座广播电台——美国匹兹堡的 KDKA 电台特意选在美国总统大选结果揭晓的这一天正式开播，在亮相之初便展现了广播在传递新闻消息方面的巨大优势。广播的诞生，标志着电子媒介时代的到来。广播以有声语言为信息载体，不受受众文化程度的限制，而且实现了信息的远距离快速传输。它迅速征服了广大受众，20 世纪三四十年代成为广播发展的黄金期。

在我国，广播事业的诞生始于 1923 年美国人在上海开办的中国无线电公司所属的广播电台。这也是我国最早的新闻广播。很快，各地广播电台纷纷成立，我国广播事业开始出现欣欣向荣的发展局面。

20 世纪初，紧随广播的步伐，电视也宣告诞生。1936 年 11 月 2 日，世界上第一座电视台英国广播公司（BBC）电视台开播，标志着电视媒介的诞生。此后，在美、苏、德等国，专业的电视播出机构纷纷问世。然而，第二次世界大战推迟了电视的发展进程，直到战争结束，欧美各国才又陆续恢复了电视业务。之后，彩色电视、有线电视、卫星电视相继出现并取得长足发展。

在我国，第一座电视台是 1958 年开播的北京电视台（中央电视台前身）。"文化大革命"期间，我国的新闻事业遭受了空前的浩劫，电视事业也不例外。但是，作为声像兼备的先进电子媒介，电视具有旺盛的生命力，自 1978 年年底改革开放后，电视迅速进入了发展繁荣期。20 世纪 80 年代开始，随着电视机在我国城乡逐步得到普及，电视开始成为人民群众日常生活中一个不可缺少的新闻信息来源。

（五）网络时代

最早的计算机网络于 1969 年在美国问世，最初应用仅限于军队和为军方服务的高校科研机构。20 世纪 90 年代以来，互联网技术开始进入普及应用阶段。国际互联网络——因特网突破了大众传播时代的大众化、非目标性、单向区域传播的特点，而以个人化、目标性、双向互动、全球性传播、信息海量的独特优势，对传统大众传播媒介构成了巨大冲击。21 世纪以来，以计算机信息网络为核心的新媒介大量涌现，网络新闻媒体便捷高效、参与性强的特点使其迅速征服了广大受众，正所谓"人人都是记者，个个都有真相"，许多重大新闻均发源并借助于网络媒介迅速扩散，为公众设置议事日程，产生了巨大的舆论影响力。

回顾人类新闻传播的历史，新媒介的出现并未宣告旧媒介的消亡，各种传播方式是叠加的。不管传播工具发展到哪一步，在此以前所运用的各种工具在任何时候都是并存的，不能互相代替。它们在不断地竞争、调整和融合中，共同为人类社会的信息传播发挥着作用。

二、广播电视新闻的优势与不足

广播、电视的传播方式，是在现代电子技术的基础上形成的。共同的构成因素赋予它们某些共同的特质，这就是线性的、非实体的、动态的传播，因而既让它们成为迄今为止传播速度最快、传播范围广、可以拥有大量受众的传播媒介，也给它们带来稍纵即逝、不易保存、不能随意选择和检索的弱点。

（一）优势

广播、电视的特定传播方式，赋予了这两种媒介在新闻传播方面的如下优势。

1. 迅速及时、先声夺人

由于通过电波传输信息，广播、电视能够在电波所及的范围内，以最快的速度满足听众或观众的信息需求。在突发性新闻事件发生时同步进行报道，这是广电媒体发挥传播优势、抢占新闻制高点的有效武器。在报纸独领风骚的时代，新闻的时效概念是 TNT（Today News Today，即"今天的新闻今天报"）。广播电视新闻出现后，凭借先进的技术手段，将新闻时效理念变为 NNN（Now News Now，即"现在的新闻现在报"）。随着通信技术的发展和传播理念的不断进步，现场直播的报道手段越来越被重视，在时效性与现场感方面提升了传播效果，吸引了广大受众。

2. 广泛渗透、无远弗届

广播、电视以电波传递信息，不仅速度快，而且可以超越地域的限制，顷刻之间传到世界各地，其渗透性之强、覆盖面之广至今为其他大众媒介所望尘莫及。在卫星传播中，这种优势则更为明显，因而被世界各国作为对外宣传的首选传播媒介。

3. 受众广泛、容易接受

广播电视的优越传播特性为其赢得了大量的受众。据专业调研机构赛立信的调查，2013 年国内 15 城市媒介接触习惯与行为研究表明，电视的接触率以绝对优势稳居第一，互联网和广播分别排行第二和第三。中国的电视、广播、互联网的接触率分别是95.8%、62.5%、64.1%。[1]广播、电视运用声音和图像符号，直接诉诸受众的视觉和听觉器官，不需要识字能力，能适应各种文化程度的受众。这一切为广播、电视拥有比报刊读者更多的受众创造了条件。

4. 具体形象、感染性强

广播、电视可以运用现场音响和图像，真实地记录新闻事件，使人们如临其境、如闻其声、如见其人，具有极大的表现力和感染力。广播电视主持人、播音员的音质、语气、谈吐以及个性风格会对受众产生独特的吸引力，并使之在一定程度上产生参与感，因而更接近于面对面的人际交流，具有较强的亲和力。

（二）劣势

广播、电视还有某些固有的弱点或劣势，尤其是以下几方面。

1. 转瞬即逝，不留痕迹

由于广播、电视以视、听符号表达内容，多数听众或观众只能在预定的时间即时接收，错过时间就失去了获取信息的机会。加上声音、图像处于流动状态，听众或观众也常受接收条件、环境的限制，有些比较复杂、曲折或抽象的内容，即使接收了也不一定能够透彻理解，留下较深刻的印象。

2. 声光符号，不易保存

广播、电视的信息符号是线性流动的声音和图像，稍纵即逝，不像印刷媒体那样容易保存。数字录音、录像技术的发展虽然提高了保真度，但并没为听众和观众提供易于保存的条件。相对而言，报纸新闻、网络新闻则可以轻松收藏、反复阅读。

3. 线性传播，选择性差

报刊等印刷媒体是以平面、实体的方式直接展示给读者，他们可根据自己的需求和喜好自由地选择其中的内容。而广播、电视节目是按时间顺序播出的，收听、收看必须

---

[1] 黄学平. 移动互联时代受众的媒体接触行为与习惯 [EB/OL]. (2014-01-29). [2016-03-24]. http：//www.smr.com.cn/shownews.asp?id=432.

按部就班，受众缺乏选择性。

当前时代，媒介融合已成为大趋势，广播电视媒体正积极吸纳其他媒体的优势与特长，取长补短，以适应受众口味的不断变化和日益激烈的媒体竞争。如今的数字广播电视技术和网络技术已经彻底改变了传统广播电视的一些弊端，可以实现交互式运用，可以点播、回放、存储，也可以连接上网。越来越多的广播电视媒体通过积极打造自己的网络平台，从单向传播向双向互动传播转变，并实现传播渠道的多样化；将广播电视与移动互联技术相结合，把新媒体的移动化、社交化和微型化的特点移植过来，解决了传统广播电视形式在地域与时间上的局限，拓展自身的生存空间……这些都为广播电视新闻的制作与传播带来了焕然一新的面貌。

三、广播新闻的独有优势

（一）"背景媒介"

广播是靠无线电波（或导线）传送声音的媒介。收音机便于携带，并解放人们的眼睛和双手，人们可以一边做事一边收听，所以它独具"背景媒介"优势，成为人们行车途中，做家务、锻炼时首选的伴随性媒介。新闻、音乐、交通信息等可单纯依靠听觉传播的内容，天然地成为最受欢迎的广播节目题材。

（二）"灾区最容易接触到的媒体"

相对于其他大众传播媒体，广播节目的制作与传播对物质技术条件的要求较低。在灾害来临的异常条件下，广播的传播优势使它能够发挥独特的作用。2008 年年初的南方冰冻灾害、2012 年夏天的北京特大暴雨灾害便让人们深刻体会到广播在突发事件报道中的价值。尤其是在"5·12"地震中，在灾区道路、通信、电力完全中断的情况下，报纸、电视、网络等媒体均无法发挥作用，广播成了灾区人民了解外界的唯一通道。通过广播，灾区人民了解外部信息，感知社会各界的关怀，利用广播求助、寻亲、心理疏导、调动救灾物资、传递救灾信息、疏导交通，确保通往灾区"生命线"的畅通，广播在重大灾难事件中的价值得到了充分的体现。"中国广播调查网"对网民进行的网上调查结果证明：汶川地震发生后的 5 月 13 日至 19 日，广播的接触率高达 76%（包括网上收听），比 2007 年的 59.2% 高出了 16.8 个百分点。同时，数据还显示，有超过一半的（53%）受访者主要是通过广播了解的相关情况，这个比例远高于报纸（35%）和手机信息（13%）。[1] 可以说，汶川地震的广播报道达到了近些年的最佳传播效果。

2013 年年底，国家应急广播中心揭牌，建立起从中央到地方广播电台的"四级联动"应急信息传输模式；2015 年年底前，国内各类灾害预警通过国家应急广播实时发布。这标志着广播在灾害和应急信息传播方面将发挥更大的作用。

---

[1] 方毅华，魏情. 传播学视野中的央广地震报道 [J]. 中国广播电视学刊，2010(4)：51.

（三）采编制作方便快捷

广播发稿程序简单，只需播音员在麦克风前口播即可发送消息；在面临重大突发事件之时，仅用一部电话就可进行连线直播报道，这使广播在竞争激烈的新闻大战中往往能赢得先机。

以获得14届中国新闻奖二等奖和2003年度中国广播电视奖一等奖的广播新闻作品《美英军队开始对伊拉克实施军事打击》[1]为例，虽然仅有短短的58秒，但中央人民广播电台第一时间抢发了这条消息，成为全国第一家发出战争消息的媒体。全稿包括标点在内，只有165字；除了呼号和有关预告外，仅仅84字。最核心的内容只有一句话："北京时间今天上午10点40分，美英驻海湾军队开始对伊拉克实施军事打击！"然而其内在价值和分量并未因此打折扣。作为第一时间抢发的"急就章"，其特有的"原始"韵味，言简意赅，富于动感的叙述，让人领略到广播新闻的独特魅力。诸如"刚刚收到""最新消息""战斗仍在进行""战场最新动态"等字句，让人感到大战爆发时的紧张和震撼。适度的语句重复强调了重点，营造了急迫的节奏。2003年3月20日，是美国给出的对伊拉克动武的最后期限。此前各家媒体均严阵以待，随时准备投入战争报道。3月20日上午10时35分，伊战打响。中央人民广播电台在10点37分许从CNN获悉消息。消息经当班主任初步核实后，迅速改定播出稿，并交由直播间待命的播音员即刻播出。后来权威媒体统计：这条快讯从电波中飞出的时间是20日10时40分30秒，11秒钟之后，CCTV-4以字幕报出战争爆发消息；约3分钟后，新华社的消息出现在发稿系统，8分钟后；CCTV-1播出消息。在近乎白热化的媒体大战中，这条快讯为广播抢得了先机，再次证明了广播在新闻时效性方面的巨大优势。

美英军队开始对伊拉克实施军事打击

中央人民广播电台！

中央人民广播电台！

现在播送刚刚收到的海湾局势的最新消息！据报道：北京时间今天上午10时40分，美英驻海湾军队开始对伊拉克实施军事打击！

此前已有报道说，大批美军战机已经开始从科威特飞向伊拉克边境。目前战斗仍在进行。我们将在稍后的报道中详细介绍情况；同时，我们将滚动报道战场最新动态。请您锁定中央人民广播电台第一套节目。

四、电视新闻的独有优势

（一）声画兼备，形象直观

电视新闻以无线电波（或导线）传送的声音和图像为媒介。俗话说"百闻不如一见"，

---

[1] 中央人民广播电台2003年3月20日首播。

"耳听为虚，眼见为实"，一个真实的画面胜过1000字的新闻稿。与报纸、广播新闻相比，电视新闻最大的优势就是视听兼备。

总结优秀的电视新闻报道，无不具有形象直观、真实感强的特点。2012 年春节期间，央视《新闻联播》创新报道方式，让李瑞英、康辉等二十多名新闻主播走出演播室，深入基层采访报道，结果这一"新春走基层"系列报道收视率比 2011 年同期相关报道提高了 27%。正应了著名战地摄影师卡帕的那句名言："如果你拍得不够好，那是你离得不够近。"

不懂得发挥电视媒介这一优势，则会令电视新闻传播效果大打折扣。例如，有些电视新闻报道，记者采访不深入，照抄新闻通稿、报纸消息，再按固定程式到现场拍几个"标准"镜头，导致解说词独立成章，起"主角"作用，图像只是可有可无的陪衬。也有些电视新闻滥用"万能画面"，看起来千篇一律、味同嚼蜡。农业报道就拍田间地头、农业耕作，工业报道就拍车间厂房和流水线，科教报道就拍高校课堂和实验室……它们招致观众反感的共同原因是，画面缺乏信息量，视觉上不吸引人，只注意到了"听"而忽略了"看"。电视新闻要避免此类现象，必须强化形象化思维，采用电视化手段反映报道内容。例如，增加现场同期声，让新闻中的人物自己开口说话，以个性化的语言代替大段解说词，增加新闻的鲜活感；通过深入采访捕捉和发现细节，以能够反映人物特点、事物特色的画面吸引观众，使电视新闻真正变得"好看"起来。

（二）大众传播与群体传播相结合的独特传播氛围

电视作为现代社会最具群众基础的大众传媒之一，其影响力不容小觑。与其他大众传媒相比，它以家庭为主的收看环境和群体性收看方式也成为它的另一大优势。在大多数家庭中，电视总是居于客厅陈设的核心位置，这表明了电视的特殊地位。相对于报纸、互联网，人们的电视接触行为多是在家庭这样的群体环境中进行的，因而群体的影响力不可忽视。个人的信息选择与接收总会受到身边群体的影响和制约，群体成员之间的交流与互动有时又会使大众传播效果得到强化。每逢春节联欢晚会、重大体育比赛或重要的新闻报道播出，观众都愿意呼朋唤友、合家团聚集体收看，甚至把它当成一种联络感情、集体狂欢的重要手段。通过收看过程中的群体交流和讨论，电视传播的效果往往会得到加强和放大。

五、新闻节目在广播电视节目体系中的重要地位

（一）新闻节目在广播电视媒体中居于主导地位

在我国通行的电视节目形态"四分法"把广播电视节目分为新闻类、文艺类、社教类、服务类节目。这种划分的主要依据是电视节目所起的社会作用：传播新闻、进行社会教育、提供文化娱乐、给予信息服务。其中新闻作为公众了解社会的一扇窗，是人们生活中不可或缺的一部分。诚如传播学鼻祖施拉姆所说："年龄和教育程度同选择电视的新闻和政治性内容成正比，而同选择娱乐性内容成反比。"

新闻节目独特的社会作用和自身价值赋予了它在广播电视节目系统中的主导地位。新闻节目涉及社会生活的各个领域，担负着宣传党和国家的路线、方针、政策，及时准确传递重要新闻消息，引导社会舆论的重要使命，社会影响极大。尤其是每当有重大新闻事件发生，新闻节目总是压倒其他一切节目成为广大观众关注的焦点，能产生巨大的舆论影响力。奥运会、世界杯等体育赛事，海啸地震等自然灾害，战争、选举、载人航空、三峡工程等政治、科技、军事、文化领域的大事发生，总能带来新闻节目收视（听）率的飙升。

新闻节目的数量在各级电视台生产的节目总量中占绝对优势。广播电视上每天播出大量的新闻节目，它们往往被安排在早、中、晚三个收视最集中的时段，也有些新闻节目安排在整点或半点滚动播出。据统计，新闻节目在各类节目的生产中占有最大数量。

（二）电视台新闻节目的多少、质量高低，往往体现着它的实力和公信力

一家电视台真正的竞争力，在于其新闻的质量，因此有"新闻立台"之说。据统计，国内收视份额排前十位的省级卫视都打出了"新闻立台"的口号。[1]

正是因为观众对新闻信息的强烈需求，我国各级电视台都把新闻传播作为自己最基本、最重要的社会功能，极为重视新闻节目的资金和人员投入。在激烈的媒介市场竞争中，靠新闻打造影响力、美誉度的做法屡试不爽。

东方卫视自 2003 年 10 月开播以来，就提出了"新闻立台、影视支撑、娱乐补充、体育特色"的口号。在节目安排上以新闻为主打，《看东方》《东方新闻》和《东方夜新闻》以全新视角打造每天 6 小时全程直播新闻节目。加上《东方午新闻》，东方卫视每天 4 档定点新闻节目连成一线，总长超过 7 个小时。不仅如此，东方卫视在之后的国内外各大事件当中都做到"我在场"：2003 年 12 月前国家总理温家宝前往美国进行国事访问，东方卫视全程跟踪报道；2004 年，俄罗斯别斯兰人质事件、美国大选、阿拉法特逝世的新闻现场都能够看到东方卫视的身影。东方卫视在开播一年之内进行了近百次直播，内容涵盖国内外各个新闻热点，一时间，东方卫视名声大振：仅 8 个月时间，其收视率由原来的 13 位飙升至全国前三甲。[2]

同样在国内较有影响力的北京卫视定位为"以新闻为主的综合频道"，从早晨 7 点到晚间 10 点半贯穿了《北京您早》《特别关注》《新闻晚高峰》《北京新闻》和《直播北京》5 档新闻节目。新闻节目占北京卫视全天播出量的近 1/4，成为北京卫视的重

---

[1] 龚军. 省级卫视"新闻立台"背后的冷思考 [J]. 南方电视学刊, 2011(4)：100.
[2] 陈文沁. 论新媒体时代东方卫视的"新闻立台"[J]. 新闻世界, 2013(12)：45.

要支柱。数据显示，在晚间 18：00—24：00 时段，北京卫视新闻时事节目的播出比重和收视比重在 35 城市中名列省级卫视第一。[1]

凤凰卫视创办之初以娱乐节目为主，收视不温不火，表现平淡。然而，加强了新闻节目力度后，影响力日益扩大。凤凰卫视中文台在新闻节目的时间安排上早间有《新闻早班车》、午间有《凤凰午间特快》、下午有《新闻下午茶》、晚间有《时事直通车的（21：00）》、夜间有《凤凰子夜快车（23：05）》，此外还有 8 档《新闻快报》分布在整点时段。至于《有报天天读》《新闻今日谈》《时事开讲》《时事辩论会》等，其节目形态无论是"读"、是"谈"，还是"讲"、是"辨"，生动活泼、形态多样，充分体现了以新闻为主打的节目特色。尤其 2001 年 "9·11" 事件中的突出表现，让它一举成名。那次，北京时间 20 点 45 分第一架飞机撞上世贸大厦，20 点 50 分凤凰卫视中文台台长王纪言接到电话汇报，21 点 10 分主持人吴小莉在《时事直通车》中插播了"美国纽约世贸大厦被袭起火"的消息和现场画面，21 点 33 分凤凰卫视中文台、资讯台、美洲台并机直播的特别节目正式开播……正在家中洗澡的凤凰卫视评论员曹景行听到撞机消息后第一时间判断这是一次恐怖袭击。他后来开玩笑说："我比小布什判断还快。他是第二架撞的时候才认定的。我的判断的依据是没有一架民航客机会飞到这个地区。"在没有接到电话通知的情况下，他打车赶回了台里。事发当晚，凤凰卫视有 2/3 的员工赶到了办公室，而其中有 2/3 是没有接到通知自主前来助阵的。凤凰卫视老板刘长乐认为这件事"体现了凤凰从业人员良好的新闻素质，也体现了全方位 24 小时直播体制的优势"。凤凰卫视对事件连续直播了 36 小时，并为这个世纪大新闻作了独到的华人解读而备受人们关注。可以说，"'9·11'事件从根本上重新塑造了凤凰卫视，并且影响了中国以及华语世界的观众"。[2]

类似的情况还有 CNN 因为 1991 年直播海湾战争一举成名；中央电视台成功地对伊拉克战争和抗击"非典"进行直播，改变了央视在重大事件报道中"失语"的被动局面，重塑了国家电视台的形象。

第三节　广播电视新闻工作的性质及其要求

广播、电视新闻工作者除了具备新闻工作者共同素养，如较高的理论水平和分析能力、较强的法制观念和职业道德修养、较完备的知识结构和业务能力之外，还需要努力

---

[1] 艾冬云，孙湘源. 从北京影响力到全国影响力——2009 年北京卫视新闻节目的改版实践 [J]. 青年记者，2009(24)：18.

[2] 师永刚. 解密凤凰 [M]. 北京：作家出版社，2004：292-295.

提高以下几个方面的特殊素养。

一、熟练的业务

熟悉整个新闻工作流程，尽可能熟练地掌握音像采录和编辑技能，是广播、电视新闻工作者必备的基本功。要能够熟练使用录音、摄像设备，因为精彩的现场画面和同期声往往稍纵即逝，只有技术过硬才能优质高效地抓拍抢录，不致造成难以弥补的缺憾；还要有纯熟的节目剪辑技术，才能在后期加工环节充分高效地利用新闻素材，制作出一流的新闻作品。

广播电视新闻工作争分夺秒，要求前期工作和后期工作紧密配合。只有具备编辑意识，前期的拍摄才能更高效、目的性更强；只有经过新闻采访写作的一线锻炼，编辑才能对新闻价值有更准确的把握和判断，才能更好地完成对新闻稿件的修改与润色。

二、敏捷的思维

丁海宴在《电视片编导的智能构成》中说，作为一名电视编导，"不仅要有新闻记者的嗅觉，也要有艺术家的眼光。不但要有一支生花之笔，更需要一个智慧之脑"[1]。这句话是对广播电视新闻工作的恰当总结。"智慧之脑"除了先天的聪明之外，还需要在工作实践中不断锻炼和加强自己的思维能力。

1. 发散思维

新闻记者要善于从一个问题出发，通过联想与思考，获得尽可能多的问题和线索。有一个关于《纽约时报》名记者迪姆士·泰勒的故事广为流传。在他初当记者时，有一晚被派去采访一部歌剧的首场演出。泰勒到剧场后，获悉当晚演出已被取消，于是他就回家睡觉去了。半夜时分，怒气冲冲的编辑打来电话告诉他：其他各报都在头条位置登出了女演员自杀的消息。编辑说："像这样的女演员首场演出取消，本身就是新闻。它的背后，可能还有更大的新闻。记住，以后你的'鼻子'不要再'感冒'堵塞了。"

2. 聚合思维

聚合思维指的是透过现象看本质，对众多事实梳理、整合、归纳，从而得出结论。《人民日报》原总编辑范敬宜一次下乡采访，夜宿公社办公室，睡得很香。早上和县宣传部干事聊天，这个干事当过 6 年公社秘书，聊起这个话题时很有感慨："前几年，公社干部很少睡个安稳觉，一是上面靠电话指挥生产，晚上得守在电话机旁；二是社员要钱要粮的、告状报案的，经常半夜就来堵门。"范总敏锐地意识到，这个变化深刻反映了农村改革有成效，实行生产责任制，农民安居乐业的新气象。于是写了篇消息《两家公社干部睡上了安稳觉：夜无电话声早无堵门人》。消息最后赋诗一首结尾："劫后灾

---

[1] 丁海宴. 电视片编导的智能构成 [M]. 北京：北京广播学院出版社，1988：1.

痕何处寻？月光如水照新村。只因仓廪渐丰实，夜半不闻犬吠声。"

发散思维和聚合思维往往是相互结合的，从一定意义上说，聚合思维的基础是发散思维。例如，假设一名记者要参与一起火灾的报道，他在采访过程中必然会遇到以下问题：第一，向哪些方面了解情况；第二，设计哪些问题；第三，选取什么角度进行报道。在第一步，发散思维帮助记者打开思路，寻找更多的新闻线索。他可以向消防人员、目击者、报警人、邻居、受灾人等了解情况。在第二步，记者依然需要利用发散思维对采访问题进行设计，包括火灾何时发生、发生原因、救火情况、伤亡财产损失、教训等。第三步，在掌握了多方情况的基础上，记者需要运用聚合思维进行归纳总结，将之前获得的大量信息提炼出重点，发散思维可以帮助记者获取更为全面的信息，而只有在发散思维和聚合思维结合的基础上，才能做到信息全面而又重点突出，把握住主要的报道方向。例如，同样是报道火灾，报道重点可以大不相同：可以对火灾的起因、教训进行剖析；可以对火灾造成的巨大影响和损失进行关注；可以对防灾、救灾不力进行批评；可以对医院救死扶伤、消防人员奋力救火、各界人士无私伸出援手给予颂扬……这时，在整理报道思路、选择报道主题方面，聚合思维就可以发挥去芜存菁、拨云见日的重要作用。

3. 逆向思维

逆向思维是指不采用人们通常思考问题的思路，反其道而行之，从对立、相反的方向或角度来思考问题。

《开封理论座谈会开成了催眠会》就是河南新闻中心编辑慧眼识金，把一条原本一般的会议新闻，以独特角度编辑成批评报道，从而以小见大地从会风不正揭示出干部作风不正的大问题。播出后，社会各界反响颇大，一时成了街头巷尾的话题，也触动了开封市党政领导，他们决定以此为突破，整顿会风和干部作风。编辑在回顾创作体会时说："在编发过程中，我们体会到，只有摒弃旧的模式，敢于反思，才能开掘出有价值、有深度、有影响的报道来。"这则新闻获得1988年全国优秀电视节目特等奖、全国好新闻一等奖，眼光独到、揭露问题深刻入理是其深受好评的一大原因，而这不得不归功于编辑与记者巧妙而大胆的逆向思维。

4. 形象思维

广播电视可听可视的特点使其具有形象生动、感染力强的传播优势。新闻记者要善于发挥这种优势，在新闻采访和制作之时，抓住最生动的形象和最有代表性的音响，增加广播电视新闻的表现力，而不是简单地将广播电视新闻变成报纸新闻的有声版。

2004年俄罗斯别斯兰人质事件发生后，现场一片狼藉，到处是孩子们的作业本和鞋子。有些记者虽然在报道里提到了这些，却没有想到进一步深入做文章。凤凰卫视记者吕宁思到现场后，马上对着镜头举起了一个名叫安德烈的男孩的作业本，上面贴着卡通人物画，还有做错的算术题：9-2=4。通过这一细节，用孩子的天真无邪反衬了恐怖分子的凶残，令人印象深刻。

有经验的记者往往会在采访过程中甚至在采访前的准备阶段就开始构思节目内容，做到心中有数，这种意识被称为"编辑意识"。拥有"编辑意识"可以令记者在新闻采访过程中更加游刃有余，避免盲目性。例如，对有些大型活动的报道，记者最好能提前到达现场，熟悉活动流程，构思节目框架，这将有利于在报道中捕捉关键细节。

2001年，上海电视台关于中国加入世贸组织（WTO）的新闻报道《从后排到前排15米走了15年》获得了中国新闻奖一等奖。在众多同类题材的电视新闻报道中，这篇报道不落俗套，以中国参会代表坐席由后排移至前排，前进了15米为视角，表现了中国地位的变化、提升，找到了表现事实新闻价值的最佳角度。15米的空间距离所蕴涵的丰富意义，15年的时间长度所历经的种种艰辛，给受众留下了不尽遐思。这一报道选取了一个巧妙的角度。其中有一个点睛之笔，就是当所有目光都聚焦WTO主席一槌落下宣布中国胜出时，镜头却摇向台下，准确地抓拍了中国代表从后排走向前台的步伐。这个镜头，出神入化地反映了中国加入WTO"15米，走了15年"的自信和自豪，播出后得到了观众的广泛好评，也因此赢得了评委会的称赞。细节画面对于电视报道的重要性，由此可见一斑。

而抓取表现细节的画面，是摄像记者责无旁贷的工作任务，也是摄像记者业务素质的重要体现。上海台的这个报道，摄制组就作了大量的前期观察，光是到会议现场查看场地就不下四五次，最后才发现主办单位把中国代表团的座位同时安排在会场非常靠后的一排和相当靠前的一排。经过多方打听，才知道原来这是会议的议程之一，会议期间，中国在被宣布正式加入WTO之后，中国代表将从后排走到前排入座。前期观察所确定的拍摄目标和拍摄预案，也使摄像记者做到心里有底，就能冷静、沉着地处理现场情况，把握时机算准角度，及时进行观察拍摄。

三、文字、口头表达能力

新闻的时效性要求新闻记者要有一个快笔头，能够在有限的时间内，写出准确、生动、鲜明的文字稿。同时，要熟悉广播电视新闻写作的特点，为说而写、为听而写，这是广播、电视新闻写作的基本要求。

由于现场报道是体现广播、电视传播优势的重要报道方式，记者只有在话筒前能自如地叙述、恰当地评论，才能在新闻竞争中抢得先机。所以，需要努力提高文字和口语两种表达能力。口头表达能力要求记者面对瞬息万变的现场，能够从容、自然、准确、流畅地描述所见所闻。对于电视新闻记者而言，还需要良好的镜头前表达能力，面对摄像机能够从容自如、大方得体地进行采访和口头报道。

四、良好的人际交往能力

新闻工作者要有社会活动家的本领。同社会各个层面接触得越多，越能及时获取新闻信息。广播电视新闻工作不仅经常与社会各个层面打交道，而且每天都与本系统的各个环节发生关系。既接受指令，又发布指令，要确保指令百分之百地执行。

新闻工作中，除了要和采访对象建立良好的情感关系之外，同工作团队的合作也需要具有良好的人际交往能力。这一点对电视新闻工作尤其重要。与报纸、广播往往由一名记者独立完成采访任务不同，电视新闻的拍摄采访多是摄制组团队合作的结果，必须集多人之力才能完成。一个摄制组少则二人，多则可能七八人、数十人，有编辑、记者、摄像师、照明师、录音师等各种岗位分工。这就要求广播电视新闻工作者要有良好的组织、协调能力，要善于沟通，尊重个体差异，能够换位思考，积极听取他人意见。只有整个团队分工合作，心往一处想、劲往一处使，才能顺利完成新闻报道。

曾获中国新闻奖和中国广播电视新闻奖一等奖的《焦点访谈》摄像记者张林刚在总结自己从事摄像工作的体会时说，一个摄像记者应该具备 3 点基本素质：第一，品德要好；第二，要有精湛的摄像技巧；第三，就是要有协作精神。"所谓的协作精神，除了相互关爱、相互体贴之外，很重要的一条就是团结忍让，达到一种平衡，让每一个人都有一种参与感，焕发大家的集体荣誉意识，让每一个人都有成就感，激活大家的创作欲望。在电视圈里，不会协作，不会忍让，是当不好一个优秀的摄像的。"[1]

五、较好的身体和心理素质

激烈的新闻竞争使新闻工作常常面临争分夺秒的状况。选择新闻工作往往就意味着高强度的工作和不定时的作息，还需要有承受较大工作压力的身体和心理素质。毫不夸张地说，新闻记者还是一份高危险性职业，因为记者要经常出入炮火纷飞的战场、动荡不安的热点地区、危机四伏的事故现场，许多新闻记者为了呈现精彩的报道内容，往往置自身安危于不顾，他们的专业精神与辛苦付出值得我们尊敬和点赞！

？ 思考与练习

1. 简述广播电视新闻的传播优势与劣势。
2. 新闻节目在广播、电视中发挥着怎样的作用？

----

[1] 记者应有的"三力"[N/OL].[2016-03-20] 央视网，http://www.cntv.cn/program/jdft/20030821/101484_2.shtml.

▼

第 2 章

广播电视新闻的传播符号和节目类型

新闻信息的传播离不开传播工具（媒介）。由于各种传播媒介特性不同，所使用的传播符号也有明显不同。这就要求我们在制作和加工新闻信息时，要充分考虑各类传播媒介间的差异。例如，报纸杂志是诉诸视觉的平面媒体，主要使用文字和其他视觉符号（静态的图片及一些编辑手段）；广播是听觉媒介，依靠听觉符号传递信息；电视是声画兼备的媒介，使用听觉符号和视觉符号（画面、屏幕文字），其符号系统比报纸、广播更为复杂。

第一节　广播新闻节目的传播符号

广播只能传递声音符号。广播新闻中声音的种类有语言、音响、音乐三种。广播新闻节目要达到良好传播效果，要善于使用这 3 种声音符号，使其能够清晰、准确、生动、形象地传达新闻信息。

一、广播语言

广播语言是指广播新闻中的报道性语言，它分为录音室中使用的播音语言和新闻现场使用的现场报道语言。

（一）播音语言

播音语言是播音员、主持人等在播讲新闻稿件时使用的语言，是新闻稿件文本的听觉体现。它可以是主持人、播音员的播音口语，可以是广播新闻文字稿的有声转化，也可以是新闻节目起承转合的串联，还可以是播音员、主持人、评论员等配合新闻发表的言论。

语言的存在形式有语音和字形两种，分别被称为口头语言和书面语言。口说耳听的是口头语言，也称有声语言；而手写眼看的是书面语言，也称文字语言。

对于大众传播媒介来说，报纸、杂志、书籍等印刷媒介使用的主要是书面语。而作为电子媒介的广播电视使用的则是口头语言，其语音、语调和语气都可传达信息，比起书面语来，能够更好地传达语义及情感信息。为了使广播语言更好地发挥有声语言表情达意的优势，要求记者在写稿时要注意语句是否通俗生动、朗朗上口，并且句子不宜过长，以便于播音员或主持人在后期进行声音的转化。例如，广播新闻评论《决不允许有"特殊公民"》[1]中有这样一段："有的地区，有的单位，还有那么几个官不大、权不小、惹不起、管不了的'小霸王'，他们把一再敲响的警钟当成耳边风，继续为非作歹，闹得很不像样子。"这段语言在声调和节奏的运用上十分讲究，读起来铿锵有力、简洁明快，有不错的表达效果。再比如在《"田三万"分家"》）这篇广播通讯中，一开始就是播音员的一段话："那是一个正月初二的夜晚，天冷得出奇。正在熟睡的田大妈，忽然听到三儿子金相在窗外喊她：'妈，秀芝她——'田大妈没等儿子说完，心里就明白了：是三儿媳妇快生孩子了。她忽地一下坐起来，还没给小孙孙准备铺的呢？只听她'呲、呲'几下，把正在盖着的被子撕下来半截儿，给小孙孙做了个铺的。"这段语言极其生动，毫不拖沓，寥寥数语便使人物形象跃然纸上，充满了画面感，表情达意相当准确。

广播中的播音语言虽然是为听准备的口头语言，但它又不完全等同于我们日常生活中的口语交流。人类学家阿尔伯特·麦洛宾对人际传播中信息表达的情况作出研究后，得出结论，人们在交谈时，传递一项信息的总效果 = 言语（7%）+ 声音（38%）+ 面部表情（55%）。[2]在广播信息传输过程中，传、受双方并非直接面对面，无法像人际传播那样发挥表情、动作、手势等非语言符号的辅助功能。因此，广播播音语言在语言结构上又与书面语言十分接近，具有书面语言严谨、规范、紧凑的特点。

我们再以广播消息《辽宁在全国首开"雾霾罚单"，八城市被罚》[3]为例，来体会广播播音语言的使用特点。

（导语）昨天上午，辽宁省环保厅联合财政厅对环境空气质量超标的 8 个城市进行处罚。省级环保部门就空气质量问题向下级人民政府开出罚单，这在全国还是第一次。请听报道。

---

[1] 第二届全国好新闻评选获奖作品，中央人民广播电台播出。

[2] 周靖．语言交际的艺术 [M]．北京：华文出版社，1995：174.

[3] 第二十四届中国新闻奖获奖作品（一等奖），辽宁广播电视台 2013 年 12 月 11 日播出。

（正文）（出录音：本次罚款由省环保厅和财政厅联合操作，罚缴资金在年终结算时从下级财政资金中直接扣缴……［压混］

在发布会上，辽宁省环保厅负责人表示，从去年5月到今年10月末，辽宁省空气污染超标的8个城市需要缴纳罚款共计5420万元。

［出录音］沈阳3460万元，鞍山780万元，辽阳500万元，葫芦岛300万元……［压混］

近年来，全国各地多次遭遇持续雾霾天气，辽宁省的环境空气质量同样不容乐观。此次罚款，是依照《辽宁省城市环境空气质量考核暂行办法》中的规定，对造成雾霾天气的主要污染物进行监测考核，超标越多罚款越多。因此，这份罚单也被称作"雾霾罚单"。

辽宁省大气污染防治管理中心主任孙鹏轩。

［出录音］我们是按照国家的标准，超过日均值一定幅度以内，我们是黄色通报各市。但超过一定幅度之后，我们才会采取这种罚款的措施来督促地方政府，加快治理，加强治理。

在被处罚的城市中，省会沈阳的空气质量超标最为严重，单单是今年前3个月，沈阳的空气超标天数比例就超过了70%，空气污染程度创下近53年之最，沈阳也领到了最重的一张罚单。沈阳市环保局相关负责人坦言，面对全省倒数第一的现实，压力很大。

［出录音］我们是省会啊，各项工作在全省都是第一、第二，在环保这个事我们被罚的最多，这种压力我们已经感受到了。只能更严格执法，更严格地监管，更有效地改善环境。

统计数据显示，12月前十天，全国超过70%的主要城市环境空气质量超标，雾霾已经成为困扰全国的普遍问题。辽宁省社会科学院低碳发展研究所所长毕德利表示，全国首开罚单，意味着辽宁的空气污染治理已经拿出了硬措施：

［出录音］这个罚单就是一种问责，他首先代表了一种责任，空气质量不好，我们的政府部门是要负责任的。另外就是空气治理不力，要受到处罚。而且，这种处罚是有法可依、有章可循的，这种实实在在的措施让我们看到了希望。

据了解，这次罚缴的5420万元罚款将全都用于辽宁的大气治理蓝天工程。

这篇作品结构清晰、广播特色突出。其中的广播语言高度精练，交代了主要的新闻要素，补充了重要的新闻背景，同时发挥了起承转合的连接作用。稿件写作中回避了公众听不懂的环保专业术语，主题突出、通俗易懂。广播语言与记者的采访、现场的录音相配合，较为全面地报道了全国首份"雾霾罚单"的内容、影响和作用。

（二）现场报道语言

报道语言是记者进行现场报道时使用的语言，是记者以"我"为表达主体进行现场采访、事件描述和背景资料介绍时使用的语言。由于是记者的现场口头表述，现场报道语言保留了更多的口语特征。例如，在《长兴"鸭兵"新疆扫蝗》这则现场报道中，报道一开始，记者在现场手持录音话筒说了这样一段话："听众朋友，入夏以来，新疆部分地区发生严重的蝗灾。今天，三万只鸭兵又将作为'灭蝗战士'坐上飞机，空降于新疆蝗灾区。"这段话就是记者在新闻现场的报道语言。

二、广播音响

广播音响泛指采录于新闻现场的除了记者报道语言之外的一切声音符号。广播不像电视可以依靠画面把观众带入新闻现场，要使广播新闻具有真实性和感染力，在采访中就要注意对实况音响的录制。音响运用得好坏常常成为评价广播新闻报道的标准。新闻事件现场的环境声、实况音响的有无能决定广播新闻报道完全不同的面貌。20 世纪 30 年代以来，随着录音机的发明使用，音响成为丰富广播新闻表现力的重要元素。现在使用的数字录音机和数字播出工作站，能将记者传来的声音很方便地边剪辑边播出，使音响报道的使用更加便捷、高效。在新闻采访时，记者要从题材需要出发，提前考虑是否需要以及怎样采录音响，并且在采录时保证音响的真实、典型、清晰、完整。

（一）广播音响的作用

广播音响可以起到交代新闻事件发生地点、营造现场气氛，塑造人物形象、增加信息含量的作用。独具特色的现场音响，如事件中人物的声音（如欢笑声、歌唱声、鼓掌声、脚步声），自然声响（如鸟叫虫鸣、风声雨声），还有其他声响（如汽车喇叭声、爆炸声）都能够引起听众的注意力，产生空间感和现场感。在报道中关于主题与事实能用音响说明的，同时又采录到了质量较好的音响的就要尽量使用音响而不用解说，要积极使用音响。在制作音响报道时，可以把解说和音响巧妙地融会到一起，使报道中的现场音响不中断，这样现场感强、信息量大，对听众有更大的吸引力，听起来内容连贯，有自始至终不离现场的感觉。

下面我们以一篇广播消息《万里长江第一条过江地铁今天运营》[1]为例来体会音响在广播中的重要作用。

今天上午十点，长江第一条过江地铁——武汉轨道交通 2 号线一期工程开始运营。请听记者刘群、赵阳采制的录音新闻：

---

[1] 武汉广播电视台 2012 年 12 月 28 日首播，主创人员：刘群、赵阳、应响洲。获第二十三届中国新闻奖一等奖。

武汉轨道交通2号线一期工程开通仪式的会场设在汉口中山公园站。很多市民都早早来到这里，准备亲眼见证这令人激动的时刻：

市民：我早晨八点钟就来了，高兴、高兴！

市民：感觉蛮幸福，很幸福！蛮自豪啊！

［现场声压混[1]］

和以往重大工程竣工庆典不同的是，今天的仪式，没有搭设主席台，没有摆放鲜花，也没有领导致辞。在市民代表和地铁建设者代表简短发言之后，武汉市委书记阮成发等市领导就和市民、建设者、拆迁户代表一起乘坐首趟过江地铁，以此庆祝第一条过江地铁投入运营。阮成发和市民们一边拉着家常，一边走进地铁车站。他说得最多的就是对市民的感谢：

我们发自内心地感谢（你们）！这个功劳归于全市人民。

［地铁广播：欢迎您乘坐武汉轨道交通二号线……压混］

走进地铁车厢，副市长胡立山对市民们说：

武汉人建成了长江第一座大桥，又建成了长江第一条隧道，今天我们又建成了长江第一条地铁，非常自豪！

武汉轨道交通2号线一期工程总投资150亿元，工期5年，创造了五个中国第一，这就是：第一条穿越长江的地铁；盾头独头掘进距离最长的区间隧道；埋深最大的地铁隧道；第一条在江底修建带泵房联络通道的隧道；水压最大的地铁隧道。隧道在江底最深的地方有46米，这里的水压可以把水柱喷射到15层楼高。

武汉地铁集团董事长涂和平：

在水下我们做了5个联络通道，如果一条隧道出现问题，乘客就下车走安全走廊，到另外一条隧道，就非常安全了。在这个紧急情况下，通风井几分钟就可以把烟迅速地抽到洞外。

［地铁广播：乘客您好，列车即将穿越万里长江……压混］

列车穿越万里长江，这让车厢里的所有人都兴奋起来：

［列车穿江现场音响数秒，压混］

市民张女士：3分50多秒，不到4分钟，蛮爽！

3分50秒！地铁穿过了3322米的长江地铁隧道！这比公交车走武汉长江大桥快一个多小时。

学生张诗悦：特别特别高兴、特别特别开心！

---

[1] 压混，声像资料编辑术语，指降低或消除当前音响，突出随后出现的声音。录音或直播中，一般指由A段声音过渡到B段声音的方法之一。将B段声音插入当前音轨，并逐渐消除A段声音。压混的过渡阶段有混杂、嘈杂的感觉，以声段B压住声段A，由此得名。

市民陈女士：很骄傲的，不能用语言来形容！

市民杨威说：我家是住在（汉口）常青花园，我要在（武昌）洪山广场上班。以前我是早上 6 点钟就得起来，坐两个小时的公交基本上才能到单位，现在我只需要 7 点起来，我 8 点就可以到单位，而且还绰绰有余。对我个人来说也是最大的一个受益者。

地铁 2 号线起点是汉口金银潭，终点在武昌光谷广场，全长 27.73 公里，设有 21 座车站，贯穿中心城区的黄金交通走廊，串联起江北江南五大商圈。单边运行时间 52 分钟，运行初期每天客流量可超过 50 万人次，可以分流全市 24% 的过江客流。

市委书记阮成发告诉乘坐地铁的市民：今后 5 年，（武汉）每年要通一条地铁，这样呢就是（武汉的）3 个火车站、飞机场和地铁之间是无缝对接，整个武汉的交通它的综合性和立体性（就）充分体现了。

记者在采制这篇现场录音新闻时，大量使用现场环境音响和人物个性化的语言，充分传达出地铁开通当日现场热烈的气氛和武汉市民的激动心情，事实交代清楚，又极富画面感。这条广播新闻音响生动传神、结构紧凑流畅、背景资料丰富翔实，是一条成功的录音报道。

（二）广播音响的类型

按照声音产生的时间，可以分为实况音响和资料音响。实况音响是记者在新闻现场实时采录的音响，对声音采制的时间和地点的要求较强。资料音响则是指与所报道新闻事件或新闻人物有关的历史性的音响。由于新闻作品反映的是今事今人，因此在新闻报道中也应该以实况音响为主、资料音响为辅，不能喧宾夺主。

1. 资料音响

资料音响对于交代历史背景，还原环境气氛有重要作用。例如，曾获第十六届中国新闻奖二等奖的广播新闻《周小燕与〈长城谣〉》中，就注意发挥了资料音响的作用。

周小燕与《长城谣》[1]

我国著名声乐教育家周小燕教授的 17 位曾经获得国际声乐大奖、现活跃在国内外歌剧舞台的拔尖学生，今天(18 日)晚上在上海大剧院隆重举行了一台"周小燕优秀学生音乐会"，音乐会上周小燕和她的学生再次选择了抗战歌曲《长城谣》。周小燕的一生与《长城谣》这首著名的抗战歌曲紧紧联系在一起，从她几度演唱这首歌曲的经历，我们可以看到她那一颗滚烫的爱国之心。

1937 年，抗日烽火燃遍祖国大地，武汉街头，简易舞台上，一位年轻姑娘深切地唱着："万里长城万里长，长城外面是故乡……"歌声悲愤苍凉，如泣如诉。

［实况：周小燕 20 世纪 40 年代唱片《长城谣》……］

[1] 2005 年 6 月 19 日上海人民广播电台播出。

这位姑娘就是周小燕,那年她 20 岁不到……

1995 年,抗战胜利 50 周年。长城上,身穿黑底红花旗袍的周小燕,以 78 岁的高龄,再次放歌《长城谣》。

[实况:周小燕唱《长城谣》……]

……

记者为了报道效果,专门找到周小燕在 20 世纪 40 年代演唱的唱片、20 世纪 90 年代的录音带,这些资料音响的使用马上把观众的思绪带到了特定历史情境,充分发挥了广播报道的音响特长与效果。

音响资料的积累是需要多方面共同努力的,一般来说主要依靠电台的节目保管部门、记者自己手中的"声音档案"以及从社会上其他档案资源中查找。

2. 实况音响

实况音响可以进一步细分为环境音响和记者访谈。

环境音响是在报道中体现事物场景、交代环境、表现现场气氛及其他非核心内容的音响,大多作为背景音响使用。合理使用环境音响不仅能生动揭示新闻事件发生的典型环境,而且能为报道的推进营造积极的氛围。例如,天津人民广播电台播出的广播消息《城际铁路开通一年京津两特大城市"半小时经济圈"效应明显》,就运用环境音响来烘托了现场气氛。

城际铁路开通一年京津两特大城市"半小时经济圈"效应明显

今天,京津城际铁路开通运营一周年。一年来,京津城际铁路共计运送旅客 1870 万人次,京津间的总体客流比开通前增长 86%。巨大客流量不仅带动了京津两地旅游、消费市场,更使得京、津两座特大城市"半小时经济圈"效应明显,资源进一步优化整合。请听本台记者王瑞、范屹、张峥的报道。

[出现场音响压混:各位旅客,您好,城 2015 次列车进站……]

记者访谈是在新闻采访活动中现场记者与被采访对象之间的语言交流。例如,在广播新闻《捐赠文物引起的尴尬》中,记者和采访对象有这样一段语言交流。

记者:你看过《文物法》吗?

俞星伟:《文物法》相关的就这几条。他们提出的捐赠文物违法,我认为是对法律精神的一种不了解。

记者:第一次捐的时候,虽然外界不知道,当时圈子里大家争论的就比较多,你也知道这种争论,那为什么第二次还要捐呢?

俞星伟:我不入地狱,谁入地狱。这个事情全国是很普遍的。我是没有顾虑的,我想做就做了。

虽然我们强调音响在广播新闻中的重要作用，但是要特别注意避免滥用音响。音响过多不仅使报道篇幅拉长，变得冗长拖沓，而且有可能影响内容表达，起到反作用。在具体操作中，要选择那些确实能说明主题的音响，对于质量不高的、缺乏有效信息的音响要果断舍弃，以免使新闻的节奏太慢，令听众失去收听兴趣。对于采访中的同期声究竟应当使用多长的问题，中央人民广播电台的专家曹仁义曾经说过著名的"45秒规则"，即播出新闻采访同期声要限制在 45 秒以内，这样可以使听众既有兴趣又不至于厌烦，后面的内容可以采用间接引语的方式由播音员口播。对于重要的采访，可以将采访录音分成几段分开播出，起到画龙点睛的作用。[1] 在稿件的写作中，最好能将音响与解说同样写出，这样能够一目了然地发现问题，避免二者之间衔接不好或者内容重复。

三、广播音乐

在新闻中配乐是否合适，广播界存在着不同的看法。不赞成者认为，音乐是人为加入的主观性的声音元素，与新闻真实性、客观性的要求不符。但在实际操作中，已经有越来越多的新闻节目尤其是新闻专题节目打破了这一禁区。

除了构成新闻主体之外，音乐在广播新闻节目中还有两种特殊功用：

标志音乐。作为固定栏目的开始曲、结束曲，起到塑造栏目声音形象、引导听众收听的作用。

间隔音乐。对节目中的子栏目或者构成段落进行分隔。这些音乐元素是节目包装的一部分，要求与节目或频率的整体定位、风格一致，具有较高识别度，其作用不可忽视。

第二节 广播新闻节目的基本类型

一、广播消息

广播消息是迅速及时、简明扼要地报道新闻事实的一类广播新闻体裁。一般按是否运用音响分为口播消息和录音消息（也称为"音响报道"）两类。广播消息是传统新闻消息体裁与广播媒介相结合的产物，需要同时体现消息体裁特征和遵循广播传播规律。广播消息单纯诉之于听觉，稍纵即逝，因此内容上要求浅显易懂、要点突出、短小精悍。广播的短消息一般都在 1 分钟左右，约 220 字。15 分钟的新闻节目中，一般播出 20 条左右的新闻稿；在 30 分钟的新闻节目中，一般播出 40 条左右的新闻稿。[2]

---

[1] 王宇. 现代广播新闻实务 [M]. 北京：中国广播电视出版社，2009：31.
[2] 李岩，黄匡宇. 广播电视新闻学 [M]. 北京：高等教育出版社，2010：134.

口播消息即不带音响的消息，一般由播音员、主持人根据文字稿播报。口播消息来源广泛，除本台记者采写的以外，还有来自通讯社和其他媒介的稿件以及通讯员、听众来稿。具体形式及其称谓、分类也多种多样，如或按内容的性质分为事件性、经验性、述评性消息和人物消息，或按内容构成分为单因素消息和多因素消息，或按内容和形式相结合的原则分为动态消息、非动态消息、综合消息和简讯。但不论来自什么渠道或运用什么形式，口播消息都要坚持口语化的方向，按便于说、听的要求，认真写作、编辑并做好声音转化工作。

录音消息是指运用音响和解说词报道新闻事实，经过后期合成播出的消息类型。与口播消息相比较，录音消息由于运用录音材料，往往可以增强新闻的可信度和传真性。但务必坚持音响绝对真实和少而精的原则，并在这个基础上恰当处理音响和解说词的关系，才能收到二者相互配合的预期传播效果。

作为消息体裁的派生形式，广播消息的特点是消息体裁特征（迅速及时、简明扼要）在广播传播条件下的特殊体现，也是它区别于其他媒介消息的相对特点，主要有以下3项。

1. 取材更精粹

这是由简明扼要这一消息体裁特征引申出来的具体特点。广播消息诉诸听觉，为适应听众的收听状态，更需要力求材料精当，把取材重点放在发掘、撷取以下材料上面。

①能够反映事物或事件结局或最新发展状况的事实。

②有关事物或事件发展变化过程关键环节的事实。

③能够说明事物或事件发展变化的根本原因或主要影响的事实。

同时，最大限度地舍弃那些可有可无的材料，防止面面俱到、节外生枝和堆砌事例或数字之类的现象出现。

2. 更富于传真性

这是在声音传播基础上形成的一个特点。广播消息以声音传播信息，除了运用语词以外，还可以利用声音的高低、强弱、长短、停顿等手段，更为逼真地反映事物或事件的本来面目，表现现场情景和人物的表情、情绪。录音消息同时运用音响和解说词传递信息，二者恰当配合更可以绘声绘色地再现新闻事实和现场情景，给听众以如闻其声、如临其境的感受。

3. 结构更紧凑

与声音的线性传播方式相适应，广播消息在组织和表达内容时，大多运用单线结构，一环紧扣一环地叙述事实。单因素消息固然如此，就是多因素消息，也尽可能一个一个因素地叙述，以便于听众接收和理解。

这些特点相辅相成、相互为用，既让广播消息有别于其他媒介的消息，也赋予它旺盛的生命力，使它能够在说、听条件下，更好地发挥传播信息的作用。

二、广播新闻专题

在广播新闻中，对篇幅相对较长的非消息类新闻报道统称为"专稿"或"专题"。专题（专稿）的时效性比不上消息，但胜在深度。它篇幅较长、较有深度，是对事件较深入、全面的报道。它不仅仅报道简单动态，还应搞清事件的前因后果、来龙去脉。

广播专题有通讯、专访、特写等具体样式。记者可以根据自己采访所得和报道对象特点来选择应用的体裁。

（一）广播通讯

通讯是我国各种新闻媒介共用的新闻体裁。这种体裁综合运用叙述、描写、抒情、议论等表现手段，可以多侧面、多层次、生动形象地报道人物、事件或问题，具体深入地反映人物的成长和事物的发生、发展过程，揭示人物的精神风貌和事物的本质等。它比消息的容量大，表现方法也更加生动活泼、灵活多样。广播通讯是通讯体裁与广播的传播特点相结合的产物，它是一种比较详细、形象又带有现场色彩的新闻体裁。

我们可以通过两则广播通讯作品的片段，来了解一下这种新闻体裁的写作风格和形式特征。在广播通讯《一片真情暖千家》中，当消费者委员会会长张云杰接手杨权投诉日本东芝彩电爆炸一案后，这样写道："夜深了，大地变得沉寂而温柔，一切都沉睡入梦了，可张云杰却翻来覆去地睡不着。他望着窗前似水的月光，眼前不时浮动着杨权那渴望的眼神，他想：'无论如何，我都不能辜负消费者对我的期望。'第二天，他赶紧给哈市（哈尔滨市）消协打报告，通过哈消协同日本'东芝'生产厂家联系。又先后两次去哈市同外商谈判，通过大量艰苦细致的工作，最后终于替消费者杨权打胜了这场官司，'东芝'厂家赔杨权一台新彩电。"事例具体典型，人物生动形象，描写十分细致生动，注重了情绪和氛围的传达。[1]

再例如，录音通讯《依依战友情》中有这样一段："被苏宁舍命救下的十二连连长修柏岩，此刻仍陷入巨大悲痛中。［出录音］'在投掷中，当时引弹用力过猛，手臂撞到后面的墙壁上。这时我没感觉到手榴弹脱手……当时脑袋一阵空白，不知怎么办才好。这时，听参谋长喊了一声："快卧倒！"参谋长拽我一把，我就着惯性趴下了，趴下后，我下意识地看了一下，参谋长一手推三连连长，一手拣手榴弹，没投出去就爆炸了。'"短短一百多字，有叙述有描写，通过当事人饱含感情的生动叙述，展现给听众的是一个为了战友的安危，不顾献出自己生命的活生生的英雄军人苏宁的形象，感人至深，耐人寻味。[2]

[1][2]崔洋，张瑞莲，广播通讯写作点滴谈［J］.新闻传播，2000(5).

（二）广播专访

广播专访是以访谈对话的方式，深入揭示新闻事件、新闻现象、新闻话题的节目样式。其形式特点为采用"一对一"或"一对多"的问答方式，模拟日常人际交流，生动活泼而富有感染力。广播专访节目除主持人外，还需将新闻当事人或与新闻事件密切相关的专家、权威人士邀请到节目现场，在对话中体现人物的个性风采、思想观念。例如，中央人民广播电台的《新闻纵横》《新闻背景》栏目，由电台主持人和嘉宾对新近发生的新闻事件进行深入的探讨，改"播新闻"为"讲新闻"和"谈新闻"。他们带有鲜明个性的讲话使人产生"闻其声如见其面"的感觉，由此使节目产生了强大的吸引力。

（三）广播特写

特写是电影镜头的一种，特写镜头具有特殊的突出某一细节与"窥一斑而知全豹"的表现效果和表现能力。把它借用到新闻领域，指的是以纪实的手法，抓住事物、人物最典型、最富有特征的片断、侧面，集中、具体地作较为细致、形象的描绘，以求突出表现某一主题思想或是新闻事件的一些细节。

特写是一种以小见大的报道体裁，具有一定的文学色彩和艺术欣赏性。特写可分为短篇特写和长篇特写。短篇特写多用以表现某一新闻事件的侧面、花絮、趣闻，而长篇特写则是以纪实的手法，对新闻事件 / 人物最典型、最富有特征的片段作具体、细致的描绘，以突出表现某一重大主题。

特写与通讯的不同之处就是它的采写不是为了报道事实，而是为了表现。特写表现中心人物、事物的典型形象及其深刻内涵，所以它不是运用抽象而是运用形象的方法来表现主题。它使事实内在含义更丰富、表达更多元，避免认识的简单化和表现的概念化，与报道共同构成两个不同的侧面。当有重要新闻出来时，往往就有相应的特写来加以配合，以便让受众对事实得到切实深入的感受。[1]

三、广播新闻评论

早期的广播新闻评论脱胎于传统的报刊新闻评论，由本台评论、署名或不署名的评论员文章、短评、述评、编后话等评论样式构成，并没有太多的广播特色，一般都是事先拟好文字稿，由播音员口头播读，相当于报刊新闻评论的有声版。改革开放后，随着以"珠江模式"为标志的广播改革的进行，各种体现广播特色的节目形式和广播运作模式开始出现，口头评论、谈话体评论、录音评论等新的评论类型开始在广播中得以大量运用。

口头评论专指评论者（记者、主持人、评论员等）自己播讲的评论形式。口头评论以个人名义发表，评论内容灵活多样，有利于吸纳多方意见，办活广播评论。其语言风

[1] 周小普. 广播新闻与音响报道 [M]. 北京：中国人民大学出版社，2001：138-139.

格个性化、口语化，更适合于广播的"听"。

谈话体评论是一种模拟日常谈话的广播评论形式。通过两名或多名谈话者对新闻话题的讨论、交流，达到评事说理的效果。谈话体评论的优势在于节目互动性强，各方观点表达充分，听众的代入感更强。

录音评论又称音响评论，指运用了音响材料的一种广播评论形式。录音评论中的音响材料截取知情人、权威人士等的谈话，借用他人观点、态度表达来充当论据，有利于增强评论的说服力。

在录音评论中，带有音响的广播述评是一种极为常见的评论样式。这种融合说事与论理、将录音报道和评论性文字结合使用的方式，浅显平易、生动形象，尤其具有广播特色。下面我们以一则作品为例，来体会这种评论样式的特点。

一张道歉条，触动了我们什么？[1]

不小心剐蹭了别人的车，车主不在现场，你是选择逃避还是面对？

博友小怪怪：

[配音：前段时间不小心蹭了一辆车，怕对方讹我，就溜之大吉了。汗颜、汗颜！]

博友凤凰生活——陕西：

[配音：扬州有个诚信少年，西安糜家桥小区却出了个"逃逸哥"，把一辆停着的（车）撞了赶紧跑掉！人和人之间的品行差距咋这么大呢！]

扬州的这位诚信少年叫徐砺寒，在一个人的诚信考场上，他的答卷是这样的：

[录音：我自己已经犯了错，当然要去承担责任。]

最近，扬州新闻广播率先报道的这张"诚信答卷"在社会上引起强烈反响，更引发人们深深的思考。来听新闻述评：《一张道歉条，触动了我们什么？》。

2 号中午，凌先生和几个朋友吃完饭回到停车点，突然发现自己的宝马车上有一道刺目的划痕，后视镜也撞坏了。气恼的凌先生刚要发火，意外地看到前挡风玻璃上有一张字条。上面这样写着："尊敬的车主，在今天中午的上学途中不小心弄坏了您的车，主要是一划痕及左后视镜，我无法及时赔偿，联系方式如下：……"后面还写上了大大的"对不起"三个字。

车主凌先生：

[录音：我是非常震惊，真是，而且非常感动。因为你说在我们现在这样的社会的话，你说找这样的孩子，这么实诚的孩子，太少了，真是！]

留字条的孩子走出没多远，发现车主来了，赶紧回头认错。旁边报亭的阿姨说，这孩子已经在这儿等很久了，刚才向她借笔写的道歉条。车主凌先生连忙安慰起孩子：

---

[1] 中国新闻奖广播评论一等奖作品，扬州广播电视台扬州新闻频道 2012 年 11 月 7 日播出。原文较长，此为节选。

［录音：然后我就拍了拍那小孩儿的肩膀，安慰了他一下，让他赶紧去上课。没事儿，我说没事儿，小事一桩。这个孩子确实让我太感动了！］

恰巧路过现场的新闻广播主持人燕妮，第一时间将事情经过和孩子的道歉字条照片发到了扬州新闻广播官方微博上，没想到转发量急速攀升，一个小时就过了千条。根据字条上的留言，当天下午记者在扬大附中高一（2）班找到了这位名叫徐砺寒的诚信少年。当记者告诉徐砺寒他已成为网络红人时，他的回答很质朴：

［录音：是我自己闯的祸，自己有过失，自己留下来承担责任这是应该的。］

（略）

徐砺寒的班主任李玲老师：

［录音：我们从他身上，看到了一种诚信的回归，我认为我们"90后"的学生是值得期待的。］

借笔给徐砺寒写字条的报亭阿姨：

［录音：回家我就教育我的孩子，说这样的孩子实在是太好了！］

车主凌先生：

［录音：如果我们的下一代都这样的话，中国就有希望了！］

这样的希望会不会实现？这样的希望又将怎样实现？一张令人感动的道歉字条蕴涵着哪些成长的密码？徐砺寒：

［录音：从小吧，从我的父母开始就开始讲诚信，做人要诚实。然后进入学校以后呢，老师（在）学校里也会这样教育我们，这是中华民族的传统嘛！］

班主任老师李玲：

［录音：发生了之后我们在班级里也讲这个事情，如果这个事情换作其他学生，都能够这么做。］

徐砺寒的同学崇书姗：

［录音：如果换作我在现场，我也会这么做的。也许说宝马很贵，那可能就是说比起修宝马的钱来说，这种品质更重要，不能丢失。］

徐砺寒的母亲周女士：

［录音：孩子做出来是一件很正常的事情，他应该做的事情。我倒是感谢那个车主，宽容大度。］

是的，当我们把赞美送给诚信少年的时候，是否也该给宽容的车主以应有的掌声呢？试想，如果徐砺寒的字条换来的不是车主的感动与宽容，反是家长的赔偿与烦恼；不是社会对诚信少年的赞美，反是旁人取笑的呈堂证供。那么，孩子下一次遇到此类事件是原地守候还是溜之大吉，答案将很难预料。诚信美德这一正能量需要家庭的熏陶、学校的培育；同时，也需要社会的正向回馈。

博友跳水兔：

　　[配音：一个诚信的学生，一个豁达的车主，两件看似平常的小事叠加在一起，温暖了我们的心！]

这则新闻评论内容充实，夹叙夹议。作者采录了大量的录音材料，还原事件始末，剖析其中蕴涵的诚信价值，以多方意见佐证论点。节目内容十分生动，易于接受。

第三节　电视新闻节目的传播符号

一、视觉元素

（一）电视画面

电视画面是指由前期拍摄采集来的新闻影像。电视画面是集中体现电视新闻报道特长和优势的因素，是报纸、广播等传播工具所无法替代和比拟的。西方电视新闻理论有这样一句话："没有画面就没有电视新闻。"传播学的研究表明，阅读文字能够记住 10%，收听语言能够记住 20%，观看画面能够记住 30%，边听边看能记住 50%。[1] 在许多重大新闻事件的报道中，关键性的画面展现了电视新闻的极大魅力，也使电视成为观众寻求信息时的必选媒体，如美国前总统里根遇刺、三峡截流大坝胜利合龙、纽约世贸大厦遭遇恐怖分子袭击，电视新闻画面完整地再现了事件现场，长久地留在观众的脑海。

（二）屏幕文字

屏幕文字有多种形式，有新闻提要、标题、字幕新闻等。它多用于说明新闻中的人名、身份、地名、时间、重要数字，以及以文字复述同期声中某些不易听明白或需要特别强调的内容。电视新闻中的字幕设计追求准确、简练，同解说词或同期声紧密配合，字体、字号、屏幕位置和闪现速度要易于大多数观众接受，同时兼顾视觉效果上的美观。

字幕可以是静态的，也可以是动态的。例如有些中央决议、公告的播报，采用满屏静态字幕的形式，待停留适当时间后，再更换另外一屏字幕。

动态的滚动字幕也十分常见。屏幕下方的滚动字幕提供了另一种信息渠道，在不干扰正常节目播出的同时，可以及时插播最新消息，又能有效扩大节目的信息容量。有些地方性新闻节目，在新闻播报过程中不间断播出滚动字幕，内容有交通状况、停水停气预报、市场最新的粮油菜价、热线电话、观众反馈等，为市民生活提供了极大

[1]　黄匡宇. 电视新闻语言学 [M]. 北京：中国广播电视出版社，2000：122.

的方便。

2010 年，中央电视台改版，对新闻节目的字幕进行了重新设计：滚动字幕分 3 行，从上到下分别是新闻发生的地点、新闻标题和滚动新闻。字幕的颜色和字体都有别于原来的样式，在颜色上采用蓝底黄字，在三条滚动字幕中采用了红、黑、蓝、黄四种颜色，这样的配色方案使新闻标题显得更加醒目。同时，字幕的字号也比原来大了几号。改版后的屏幕文字体现出"新闻标题大字化、文字色彩鲜明化、文字信息丰富化、文字形态多样化"这几个特点，让观众一目了然，看得更加清晰。

（三）图表、图形、动画

在有些电视新闻中，现场画面缺失或表现力不足，为增强画面效果，还可以使用图表、图形、动画等手段对播报内容进行较为直观的演绎。例如，某新闻节目在播报新闻《七年不遇强暴雨》时，记者便客串气象节目主持人，用模拟图演示天气状况。

动画作为辅助传播的视觉化手段，可以凭借生动形象、灵活逼真的影像再现新闻现场。2013 年央视"两会"报道中的《数字两会》新闻短片，采用 Flash 动画解读了五年来社会各领域发生的变化。2013 年 6 月，央视在直播"神舟十号发射"的过程中，也大量使用了三维动画技术，增强了视觉效果。

（四）照片或者与新闻人物、新闻事件有关的实物资料

例如，在反映上海陆家嘴地区历史变化的电视新闻报道中，运用了 70 年前拍摄的历史照片，再对比分别拍摄于 10 年前和今日的电视画面，形象地展示了历史的变迁和时代的发展。

二、声音元素

（一）人物同期声

人物同期声是指在拍摄新闻时同步采录的人物讲话声。同期声让新闻人物自己说话，能够展现人物个性、增强新闻的真实感。通过新闻当事人或目击者的亲口讲述，还可以表现未能拍摄到的新闻事实。同期声对增强电视新闻表现效果至关重要，有不少报道由于恰当使用了同期声而得以出彩。

以获得第 24 届中国新闻奖一等奖的电视消息《超强农民：1=190》为例。

黑龙江省克山县仁发现代农机专业合作社规模经营，连片种植，发挥出大农机优势。合作社一个农民的工作量，相当于 190 名中国普通农民做的农活儿。

今天，克山县仁发现代农业农机专业合作社红灯高挂，1222 户社员选出的 43 位代表正在参加一年一度的社员代表大会并领取 2012 年红利。上午 10 点，院子里鞭炮齐鸣，分红仪式开始了。

［现场：合作社理事长李凤玉："张军，3 万 3000 元！"］

　　〔同期：克山县仁发现代农业农机专业合作社社员张军："忒好了，今年啊，一手没伸就挣了 3 万多（元）这块儿，打工我还挣了两万多（元）。"〕

　　〔同期：克山县仁发现代农业农机专业合作社社员王新村："入社后呢，像今年，我一亩地分了 700 多（元钱），效益差距非常大，效益非常好。"〕

　　仁发合作社是 2010 年由种粮大户李凤玉领办创立的，当时总投资 2000 万元，7 名农民占 4 成，其余 6 成由国家和省政府以下摆农机形式给予补贴。合作社打算把农户分散的土地进行集中连片经营，但是大多数农民对合作社这一新生事物不托底，第一年没有农民带着土地入社，合作社只能租赁农民的耕地。

　　〔同期：克山县仁发现代农业农机专业合作社理事长李凤玉：农民对土地流转他的账算不清，我们是怎么破解的？就是到各家各户给农民算细账。〕

　　仁发合作社推出了"保底＋分红"政策，在与农民签订的合同里白纸黑字地写明：不管收成如何，每亩耕地一年最低分给农民 350 元，超出部分另外分红。农民一看有账算了，纷纷用土地折资入股。2012 年，入社农户达到 1222 户，耕地面积达 3 万多亩。这时，大农机有了用武之地，种管收全程机械化，外加大型喷灌设备和高产种植技术，农作物获得了大丰收。玉米和马铃薯总产量超过同等地块 2000 多万斤，相当于增加了两万亩耕地。

　　〔现场：克山县仁发现代农业农机专业合作社理事长李凤玉："2012 年我们的总收入达到 5594 万零 167 元，实现总盈余 2758 万 5684 元，亩效益 759 元。"（鼓掌）〕

　　2012 年，仁发合作社的 32 名农民，平均每人耕作和管理的耕地将近 1000 亩，而同样耕种这些地，全省平均需要 50 个人，放在全国，这个数字将变成 190 人。合作社超强的效率，超高的效益，搅热了旁听农民的心绪。

　　〔同期：克山县河南乡农民刘双义："看到今年发钱发分红的场面挺壮观，我挺眼馋。"〕

　　今天，总共有 813 户农民签约加入仁发合作社。今年，合作社的耕地面积达到了 5 万亩。

　　〔同期：黑龙江省农机局局长郑联邦："未来全省要力争用 5 到 8 年的时间，建设 2000 个大型农机专业合作社，届时覆盖全省粮食主产区的 1.2 亿亩耕地，提前实现粮食生产全程机械化作业的目标。"〕

　　〔同期：黑龙江省社会科学院研究员王占国："意味着将有 500 多万的农业从业人员从土地上解放出来，为城镇化建设、建成小康社会创造条件。"〕

　　这条消息用醒目的"超强农民：1=190"为题，抓住合作社年终分红的新闻事件，以生动的电视语言，展示了仁发农机合作社在土地转、规模经营、规范运行等方面取得的成功经验。在这条长度为 3 分 33 秒的电视新闻中，解说词仅有 604 字，但使用了大量同期声和现场图像还原新闻现场氛围，现场群众的语言十分生动，真实感强，富有感染力。可以想象，如果单纯依靠后期解说，绝对达不到这种效果。

正是因为同期声可以带来强烈的现场感，凸显电视声画兼备的媒体特性，目前的电视新闻制作中出现了这样一种趋势：越来越多地使用现场同期声，减少后期解说。但是在实际操作中应注意同期声的使用方式和尺度的拿捏。同期声如果使用不当可能会产生反效果，制作出粗劣的"原生态新闻"。例如，在事态较为复杂时，解说过少，会造成新闻事实交代不清、新闻要素不全，让人看不懂，乃至无法理解。如某电视台报道一场退货纠纷，就采用了双方争吵辩解的大量同期声，但由于缺少必要的解释，事实交代不清，观众无法理解。而且，同期声并不是越多越好，如果记者在现场捕捉到了大量精彩的声音、画面，那么同期声和现场画面多用一些也无妨。但是，如果画面和同期声并未提供过多信息，还不如将新闻做得精简一些。例如，某电视台播出的《一场虚惊？》，是报道一家银行被警方戒严搜查，新闻长度近 4 分钟，大部分是现场同期声，但看完让人一头雾水，不知所云，其中的现场画面与同期声就显得拉杂、冗长了。

（二）环境效果声

环境效果声也称"实况音响"，是同期声的另外一种形式，是伴随新闻画面一起录制下来的新闻现场的各种背景声。它和同期声一样，是来自新闻现场的客观性声音（非后期制作时人为主观添加），具有描写和纪实的作用。环境效果声可以准确传达现场气氛，保存空间的真实感，并且丰富画面的信息含量，如演出场所的掌声、体育比赛的呐喊声、施工现场机器的轰鸣声、山林中的鸟叫虫鸣、乡村里的鸡鸣犬吠……适当使用环境效果声能明显增强新闻节目的感染力、表现力和冲击力，在电视新闻制作中一定不要忽视这个声音元素。

（三）旁白解说

电视新闻中的旁白解说也称为"报道词"，它是根据新闻报道文稿，在后期制作过程中加入的画面音。报道词的写作可以不拘一格，在常见的第三人称写法之外，还可以大胆地进行形式的创新。例如，某电视台的新闻节目《国宝探谜》，以成都大熊猫基地成功产出体重最轻、母亲怀孕时间最长的小熊猫为由头，分别以"思缘""墩墩"和"琳琳"3 只不同年龄的大熊猫的身份，用第一人称的口吻介绍了国宝大熊猫的生活状况。拟人化的解说词使节目的故事性、趣味性增强了，比起第三方的客观陈述表达效果更好。有些电视民生新闻的旁边解说以第二人称口吻与观众交流，感觉更为亲切，拉近了与观众的距离。例如，一则《日本推出全新智能车》的电视新闻，旁白解说是这样的："〔主持人口播导语〕最近日本推出了一款全新的智能车，它能够让您夸它聪明。〔旁白解说〕

这里是日本的一个试车场，这回又有什么新车要让您开开眼呢？您先瞧好了……"与第三人称的写法相比，这种风格的报道词无疑更加活泼、生动。

（四）音乐

电视新闻中使用音乐应慎之又慎，因为它不属于客观真实的声音，而是后期制作过程中人为加入的一种辅助性声音。长期以来，人们反对在电视新闻尤其是消息类新闻中使用音乐，认为它与新闻真实性的原则相违背。不过，在电视新闻专题中人们对音乐的使用更为宽容，用音乐起到渲染情绪、烘托主题的作用。在一些新闻节目的片头、片花、要点提示部分，音乐可以用来增强节目动感，避免节目过于单调、枯燥。

近些年，随着新闻改革的推进和新闻形态的多样化，音乐在新闻中的使用逐渐增多。在某些以趣味性见长的新闻中，配上轻松幽默的背景音乐，能够渲染气氛，更好地调动观众的情绪。例如，在凤凰卫视开办的读报新闻节目《有报天天读》中，有一个专门设置的小板块叫"天天浮世绘"，就用报纸新闻照片搭配精心选择的流行歌曲，轻松有趣，适当地调节了节目氛围。

第四节　电视新闻节目的基本类型

电视新闻分为消息类新闻、专题类新闻和评论类新闻 3 类。

一、消息类新闻

消息类新闻指运用电视手段，简明扼要、迅速及时地对新闻事件进行报道的一类新闻节目。消息类新闻也即狭义的电视新闻，它们最为常见、数量也最多，大多数新闻栏目都是由这类新闻节目构成的。例如，中央电视台各频道播出的《新闻联播》《新闻 30 分》《晚间新闻》《中国新闻》《经济信息联播》等，都是以消息类新闻节目为主要内容的。

消息类新闻节目报道特色主要体现在"快""短""活"三个方面。

（一）快

消息类新闻节目时效性要求极强，要求在第一时间快速作出反应。制作时要善于抓住观众对新闻事件的兴趣点和已有报道条件，选择合适的报道手段并以最快的速度传播出去。例如，直接切入直播信号、主持人口播、飞字幕等报道形式，都可以考虑。

在编排手段方面，对于突发性事件，要敢于突破常规，尽快播发。在固定新闻栏目内，应尽量安排在头条播出。对于特别重大的新闻题材，可以中断正常节目在第一时间插播。凤凰卫视对"9·11"的报道就是因为果断采用非常规手法抢得了时效,在华语电视媒体最早播出相关消息。北京时间晚上8点45分爆炸发生后,凤凰卫视驻纽约记者第一时间将电话打回香港总部。晚上9点10分,《时事直通车》便插播了第一条有关"纽约世贸大楼被袭起火"的消息及现场画面。第二架飞机撞楼时,此事性质已明确为恐怖主义事件,凤凰卫视中文台、资讯台两台并机开始了长达35个小时的特别直播。从获知消息、分析判断、决策筹划到分工落实,能够在短短几十分钟完成,充分显示了凤凰卫视从业人员良好的新闻素质。

在报道手段方面,要善于变结论式报道为进程式报道。对于公众普遍关注的重要事件,可以提前播发预告性消息并随时跟踪最新动态,以满足受众的知晓欲。以中央电视台新闻频道2005年4月26日对连战率领中国国民党大陆访问团抵达大陆访问的一组报道为例,在当天的整点新闻中以动态消息的形式进行了跟踪报道,保证了报道效果的及时、全面。

①6点新闻:中国国民党大陆访问团今天将抵达大陆展开访问活动;

②8点新闻:中国国民党大陆访问团今天将抵达南京,各项准备工作就绪;

③10点新闻:中国国民党大陆访问团将从台北桃园机场启程;

④12点新闻:中国国民党大陆访问团从台北启程;

⑤14点新闻:中国国民党大陆访问团抵达香港国际机场;

⑥15点新闻:中国国民党大陆访问团离开香港飞赴南京;

⑦16点新闻:南京机场迎接准备情况;

⑧16点40分(现场直播):中国国民党主席连战一行抵达南京禄口国际机场。

(二)短

作为电视新闻报道的"轻骑兵",短小精悍是电视消息的一个重要特点。按照中国广播电视新闻奖的评选标准,"短消息"时间在1分30秒以内;"长消息"时间在1分30秒至4分钟(含4分钟)。据统计,美国三大电视网平均新闻时长为1分30秒。电视消息的"短"需要在采编时注意以下两点。

1. 集中主题

一条消息原则上只涉及一个主题。

例如,央视《新闻联播》对"神舟"五号的报道就充分体现了这一原则。编辑将相关信息编排成一组消息,避免了主题模糊不清的问题。

①"神舟"五号载人飞船安全成功着陆;

②中共中央国务院中央军委致电祝贺我国首次载人航天飞行成功;

③江泽民祝贺我国首次载人航天飞行圆满成功。

再例如，《新闻联播》对"5·12"地震的报道，也充分贯彻了这一原则。当天节目中关于地震的消息共有 7 条，编辑处理时依主次、轻重，按照一定的关联进行了组合，使消息简明、快捷的特色得到了充分发挥。

①四川汶川发生 7.8 级地震　胡锦涛作出重要指示 要求尽快抢救伤员保证灾区人民生命安全；

②温家宝抵达四川成都　在专机上发表重要讲话；

③中国地震局召开新闻发布会：关于四川汶川县发生 7.8 级地震的权威消息；

④各部门紧急启动应急预案　全力应对四川灾情；

⑤四川汶川发生 7.8 级地震　当地启动应急预案；

⑥部分地区有明显震感　生产秩序正常。

⑦防震避震小常识。

2. 精练语言

电视消息的写作需要精练文字，多用短句，开门见山，忌写套话。我们来看这样一则电视消息。

"神舟"五号载人飞船安全成功着陆[1]

今天早晨 6 点 23 分，"神舟"五号载人飞船成功降落在内蒙古四子王旗主着陆场。我国首次载人航天飞行圆满成功。

今天早晨 6 点 36 分，地面搜索人员发现完好无损的"神舟"五号返回舱，实际降落地点距理论降落地点仅 4.8 公里。

"神舟"五号飞船是今天早晨 5 点 35 分开始返回的。当时，北京航天指挥控制中心成功向正在太空运行的"神舟"五号载人飞船发送返回指令。远在南太平洋上的"远望"三号测量船及时跟踪捕获飞船。指挥控制中心的大屏幕三维动画模拟显示，飞船甚为轻巧地转了个身。

5 点 36 分，"神舟"五号飞船轨道舱与返回舱成功分离。返回舱与推进舱轨道高度不断降低，向预定落点返回。

5 点 38 分，"神舟"五号载人飞船制动火箭点火，飞船返回舱飞行速度减缓，轨道高度进一步降低。

5 点 56 分，在北京航天指挥控制中心的组织指挥下，"神舟"五号载人飞船返回舱与推进舱成功分离，成功进入返回轨道。返回舱向预定着陆场方向降落。

随着飞船返回指令的发出，搜救工作也随即展开。

按计划，再过一小时左右，"神舟"五号载人飞船的返回舱就要返回地面，担负

---

[1] 2003 年 10 月 16 日《新闻联播》播出。

空中搜救工作的 5 架直升机马上起飞。它们将和地面搜救分队一起，执行飞船返回舱和航天员的搜索救援任务。

6 点刚过，穿越黑障的飞船返回舱与大气层摩擦烧灼产生的火花映入人们的眼帘。6 点 07 分搜救直升机收到了飞船返回舱发出的无线电信号，机上的搜索人员目视到"神舟"五号返回舱。由 5 架直升机组成的空中搜救分队和 14 台专用车辆组成的地面搜救分队立即出发，从不同的方向迅速向落点接近。6 点 12 分，伴随着几声剧烈的声响，返回舱在降落时按预定计划顺利打开引导伞，巨型降落伞拖带着返回舱从天空缓缓降落，杨利伟向北京航天指挥控制中心报告，身体状况良好。6 点 23 分，返回舱在反推火箭的托举下，稳稳降落地面。

十几分钟后，两架直升机停到了飞船返回舱的旁边。在人们的欢呼声中，中国第一位航天员杨利伟自主走出了返回舱，向人们挥手致意。

经过短暂的休息，完成了"地球重力再适应"和全面体检后，更换了航天员工作服的杨利伟再次出现在人们面前。

随后，杨利伟乘专机由内蒙古着陆场返回北京，"神舟"五号飞船返回舱也将于近日由专列运抵北京。

全文仅 800 余字就交代了飞船返回的全过程，语言凝练准确、重要内容毫无疏漏，对一些关键性的细节进行了重点描绘，显示了记者高超的写作功力。

（三）活

电视消息的"活"体现在灵活多样的报道形式上。

（1）"导语 + 图像"—这是电视消息最常见的形式，由主持人出镜口播导语，加上图像新闻构成的新闻主体。

（2）图像新闻—是以新闻现场画面配合解说的报道形式。单纯的图像新闻多出现在成组的简讯集纳中。这种简讯式消息多在二三十秒。

（3）现场报道—由记者在新闻现场出镜完成的新闻报道。记者出镜报道是电视新闻报道的特有形式，它既可以增强新闻报道的现场感，又可以提高新闻报道的时效性，对培养知名记者、打造媒介品牌也具有重要意义。

（4）口播新闻—指由演播室的主持人或播音员出图像口播新闻。口播新闻的制作较为方便、快捷，当播报一些来自文字媒体的消息，或突发新闻较为重要需抢先播发时，口播新闻则有了用武之地。

（5）主持人 + 现场记者连线报道—由演播室主持人和现场记者进行视频或电话交流。这种报道形式较为真实生动，具有较强的感染力。

二、新闻专题

新闻专题指对新闻事件进行详细、深入、系统、全面报道的一类电视新闻节目，也叫"深度报道""专题报道"。专题是消息的扩展和延伸，一般篇幅较长，甚至单独一条就可以构成一个新闻栏目或特别节目。中央电视台的《新闻调查》《每周质量报告》《法治在线》等，均是知名的新闻专题栏目。

新闻消息只是说出发生了什么，而新闻专题则从发生了什么，直到事件为什么会发生、怎样发生、可能产生的影响与后果等，对一个新闻事件进行深入挖掘，将其完整地展现在观众面前。换句话说，新闻消息应当求"新"，新闻专题则应当求"全"、求"趣"。

根据报道对象和手法的不同，电视新闻专题可分为以下 3 种常见类型。

（一）调查式专题

调查式专题的核心特征是对问题的探究和内幕的揭露，代表节目有《新闻调查》《每周质量报告》等。在美国拥有巨大影响力的《60 分钟》也是典型的调查式专题节目，每期节目由 3 个独立的新闻专题报道和 1 个新闻评论板块组成。

一个调查式专题节目能否成功，选题至关重要。《新闻调查》栏目组认为，一个选题能否算得上调查性报道，必须具备 3 个条件：第一，调查的内容是损害公众利益的行为；第二，这种行为被掩盖；第三，调查是记者独立展开的，是电视媒体自身进行的调查，并非报道他人的调查行为和调查结果，借助司法或者是纪委的力量所做的大案要案属于调查节目，不是调查性报道，因为它不是独立调查。只要符合这 3 个要素，就是调查性报道。《新闻调查》栏目中有舆情性调查，例如《一言难尽择校生》《安全套进校园》；有历史揭秘调查，代表作是《恢复高考二十年》《探寻东方马其诺防线》《羊泉村记忆》；有纪录式调查，最著名的是两部获得国际大奖的作品《大官村里选村官》和《第二次生命》；还有心理层面调查，如《从市长到囚犯》《少年凶犯独白》《戒毒者自白》；有标准的调查性报道，即内幕调查——《透视运城渗灌工程》。

《每周质量报告》是中央电视台一档以消费者为目标收视人群的新闻专题栏目，专门揭露消费陷阱、伪劣产品，以"打假除劣扶优、提高生命质量"为己任。节目贯彻质疑、求证、警示的主旨，坚持"你看到的是你想不到的，你质疑的是我们要求证的"专业精神。

调查式专题要注意把握 3 个因素：第一，选好调查的对象；第二，注意调查的严谨；第三，展示调查生动的过程。

（二）综述式专题

综述式专题是对某一新闻事件、问题作比较全面、系统报道的专题节目类型，它往往是在了解全局的基础上，对某一典型事件在全局中的位置、作用，其可能的影响与走势进行梳理、分析、预测。如曾获中国广播电视新闻奖的作品《在大海中永生》[1]，以邓小平同志骨灰撒放大海为契机，追述了他波澜壮阔的一生，以及他对中国人民和中国革命与建设事业所作出的伟大贡献。在 12 分 40 秒的节目中，汇集了邓小平光辉一生的历史资料，展现了一个个珍贵的历史瞬间，将新闻事实与历史背景相融合，是一则优秀的综述式新闻专题。

（三）专访式专题

它是由电视记者（或主持人）对新闻人物（亲历者、目击者）或有关部门权威人士进行专题访问的专题报道，具有较强的针对性和说服力。

它从节目形式上区别于前两类电视新闻专题：由主持人或记者主持，在演播室或新闻现场进行采访，以问答为主要形式。代表节目有中央电视台的《面对面》、东方卫视的《东方直播室》、美国有线电视新闻网（CNN）的名牌节目《拉里·金访谈》。

三、新闻评论

这是指对新闻事件作出分析和评断，表明记者、编辑或媒体态度、立场、意见的一类新闻节目形式。如果说消息是新闻的主体和基础，那么评论则是新闻的灵魂和旗帜。电视新闻的强大影响力不仅源于它所提供的事实材料，更来自它作为观点提供者对新闻事实进行的解读与评价。近年来，我国电视新闻评论节目有了明显的进展，表现为评论类节目的数量增多且有特色，评论内容逐渐丰富，评论形式日趋多样。

电视新闻评论从思想内容上看，有以下显著特征。

（1）新闻性　电视新闻评论同样具有时效性强的特点。

（2）思想性　把新闻的客观性和评论的说理性有机结合，对于社会舆论有强烈的引导性。

（3）广泛的群众性　评论的对象往往是社会热点现象和群众普遍关心的问题。

（一）源自报刊的电视新闻评论形式

和广播一样，早期电视新闻评论主要沿用报刊新闻评论的样式，往往以播音员口播文字稿为主，这种"报刊体"的评论有以下 3 种具体形式。

1. 本台评论和本台评论员文章

本台评论相当于报纸的社论，分量较重，往往用于较为重大的新闻事件，在电视新闻节目中的使用较为谨慎。以央视为例，本台评论多用于配合重大节日和重大事件的报道。例如，在对 2009 年国庆 60 周年（中央电视台播出本台系列评论《我与祖国共奋进》）、王家岭矿难、上海世博会等的新闻报道中，均采用本台评论以增加报道分量、有效引导舆论。2010 年青海玉树地震之后，中央电视台《新闻联播》连续在节

---

[1] 中央电视台 1997 年 3 月 3 日播出。

目中播出《全力以赴，救人！》《我们都是玉树人！》《玉树，扎西德勒！》《共同悼念　坚强前行》《坚持，就是力量》《不辱使命　忠诚为民》《减少的是开支　增加的是力量》等多篇本台评论。这和以往《新闻联播》习惯引用《人民日报》评论员文章、社论，新华社评论相比，是一个大胆突破，对重大事件独立发表见解与评论，体现了中央媒体的主流观点，引导功能突出。

2. 本台短评

本台短评的规格略低于本台评论和本台评论员文章，但依然是媒体立场和观点的表达，措辞较为严谨和书面化。顾名思义，本台短评以"短"为特色，往往配合一些重点新闻出现，以增加报道分量、凸显媒体观点。2008 年上半年，《新闻联播》便在北京奥运倒计时 100 天、五一劳动节、五四青年节期间，播发《北京在微笑》等短评，发挥了舆论引导的作用。

本台短评：北京在微笑[1]

奥运的脚步越来越近，北京的微笑越来越灿烂。这是自信的微笑。7 年前申奥报告中作出的承诺正在逐项变成现实。经历了 30 年改革开放的中国，完全有信心有能力排除各种干扰，举办一届"有特色、高水平"的奥运会。这是热情的微笑。北京以微笑做名片，向全世界发出 13 亿中国人民最盛情的邀请。

3. 编前话和编后话

编前话、编后话脱胎于报纸评论中的编者按和编后语，是依附于新闻报道的一种画龙点睛式的简短的编者评论。编前话多以说明为主，编后语则重在对新闻事件的点评和升华。

（二）电视新闻评论的特殊形式

随着电视新闻评论实践的发展与探索，其逐渐摆脱了单纯模仿报刊评论的做法，更为重视评论的可视性，出现了越来越多具有电视自身特点的评论样式。

1. 谈话体评论

谈话体评论和专访式专题虽然都以演播室的谈话为特色，但在谈话体评论节目中，新闻事实淡化为背景、由头，参与谈话者举事论理，目的重在表达观点、抒发见解。

凤凰卫视的《时事开讲》和中央电视台的《新闻 1+1》是谈话体评论节目的代表。《新闻 1+1》采用直播形式，保证了较强的时效性。每期节目从时事政策、公共话题、突发事件等大型选题中，选取当天最新、最热、最快的新闻话题展开评论分析。"1+1"即一位主持人和一位新闻观察员的双人谈话模式，由白岩松、董倩联袂搭档主持，深入解析新闻幕后错综复杂的背景脉络，还原新闻全貌、解读事件真相。

---

[1] 2008 年 4 月 30 日《新闻联播》播出。

谈话体评论除了可以作为一档完整的新闻节目出现之外，也可以成为其他新闻节目的组成部分。例如，在央视推出的伊拉克战争特别报道中，主持人与嘉宾边谈边评。

2. 主持人评论

主持人评论是指由电视新闻主持人以第一人称口吻和口语化的语言抒发个人观点、意见的评论样式。其特点为短、平、快，在评论的角度见解、表述习惯、语言风格上具有主持人的个性化特征。主持人评论因其交流感强，在评论中融入了个人谈吐风格，更易打动和影响受众。

21世纪以来在国内电视界迎来"民生新闻潮"之际，在众多民生新闻栏目中，"短小、灵活、轻松、幽默"的主持人评论成为节目的特色与亮点。这类评论夹叙夹议，点评与新闻播报水乳交融，贴近生活，为老百姓所喜闻乐见。以《南京零距离》为例，主持人孟非对社会新闻的点评受到观众的欢迎，成为栏目抓取收视率的秘诀。孟非独立撰稿的评论专栏"孟非读报"甚至成为《南京零距离》中收视率最高的子栏目。

北京电视台的《第七日》同样因主持人评论而出彩。在一则老人"喊山"影响鸟儿繁殖的新闻中，主持人元元并没有一味地批评，而是温柔地提醒这些老人们："我想老人们肯定没有想到喊山会把鸟儿喊醒，如果想到了，肯定也就不会这么做了。因为老人们是最善良的，最富于爱心的。比方说，他们每天早晨离开家门的时候，不就是轻手轻脚、生怕吵醒儿孙们吗？"如此委婉的提醒，说到大家的心坎里，实现了较好的舆论引导效果。

3. 电视新闻述评

电视的真正优势在于声画合一和强烈的现场感与真实感，而用事实说话正是实现这一目标的有效途径。电视新闻如此，电视新闻评论亦如此。电视述评是一种能够充分发挥电视特长的评论样式，它注重对新闻现场画面和同期声的使用，夹叙夹议，既报道事实，又对事实进行分析、评论。1980年中央电视台开播的《观察与思考》被称为中国电视史上第一个新闻评论性栏目，在我国电视新闻评论史上具有里程碑式的意义，它标志着一种不同于报刊与广播评论的新的电视评论节目样式——新闻述评的出现。

自1994年播出至今的《焦点访谈》是更加广为观众知晓的电视新闻述评栏目，它以其重大的选题、强有力的舆论监督、"用事实说话"的报道技巧受到广泛的关注与好评。

需要注意的是，在如今的电视新闻节目中，各种节目样式的边界呈现出模糊化趋势，新闻报道与新闻评论常常融为一体，难以区分。例如，很多新闻主播在播报新闻之时，对新闻的即兴评述可以成为节目串联的一种手段；在新闻谈话节目中，谈话嘉宾的发言也可能主客观掺杂，既有事实的讲述，也有背景分析和评论性意见。

思考与练习

思考题：

1. 试分析广播、电视符号系统的构成及其性质。

2. 广播新闻中的音响包括哪些种类？发挥着什么样的作用？

3. 电视新闻中的音响具有哪些特殊作用？其中最重要的作用是什么？

4. 如何区分新闻专题和新闻评论节目？

练习题：

1. 试以一则广播新闻节目为例，分析其在创作中是如何发挥广播传播特色的。

2. 试以一个电视新闻评论节目为例，分析其在创作中是如何发挥电视传播特色的。

▼

第 3 章

广播新闻的采访与写作

采访和写作是广播新闻制作过程中必须经过的重要环节，也是广播新闻报道实践业务的重要组成部分。掌握广播新闻采写的特点、要求和方法，是做好广播新闻报道的前提。广播是听觉媒介，声音是唯一的传播符号。不管哪一种类型的广播新闻节目，采访制作都应从凸显声音魅力的角度出发。

第一节　广播新闻采访

广播新闻采访是记者利用广播技术手段，为进行广播新闻报道而从事的信息采集和分析工作。在广播采访活动中，记者通过提问、访谈、交流等方式进行广播新闻报道。广播新闻的采访同其他媒介新闻的采访相比，在采访规律和采访技巧上既有相同点，也有自身的规律和特点。

根据采访活动进行的地点，可以大体上将广播新闻采访分为音响采访和直播间采访。根据是否携带电子媒介记录设备，也就是我们通常所说的录音机、话筒等录音设备，广播新闻采访又可以分为"带机采访"和"脱机采访"，带机采访也可称为"音响采访"。特别需要说明的是，音响采访所指的音响既包括新闻现场采访时的人声，也包括了新闻现场的实况音响，而"脱机采访"大多是在收集外围性的信息时使用。但不管是带机采访还是脱机采访，都必须要为广播新闻的可听性服务。

一、音响采访

"带机采访"在广播新闻音响报道中运用广泛。对于一些关键性信息的采集，必须要用带机采访。带机采访不仅是采集新闻信息的手段，也可以成为传达信息的形式，如用带机采访采集的信息形成的广播新闻报道就是音响报道。带机采访或者说音响采访，不同于平面纸质媒体的采访，这也是广播新闻采访的一个重要特点。因此，在这里我们着重谈谈带机采访或者说音响采访的一些方法和技巧。

（一）音响采访前的准备

音响采访主要用于音响报道。为了保证音响报道的真实完整性，音响采访往往需要一次性成功采录新闻事件现场的实况音响，而新闻事件现场总是瞬息万变，声音素材总是稍纵即逝，这就需要充分作好采访前的准备。

1. 考虑是否使用音响采访

一般来讲，在决定是否用音响采访前，应该首先考虑新闻报道选题是否适合用音响采访。用音响采访就要求采录现场要有声音，而且声音要有特点，具有典型性和新闻价值。同时，要注意有些新闻现场虽然有丰富的音响，但环境声干扰太大，就不适合做现场录音，或是新闻现场不具备采录条件，如天气原因，也最好不用音响采访。

2. 做好预采访

所谓预采访，是指记者在接受了某项具体的采访任务前所做的先期采访。它的作用主要是收集资料以及案头整理资料的准备工作。具体来讲，包括了解采访对象，明确报道思想，收集相关资料，拟订采访计划等内容。

（1）了解采访对象　充分了解和熟悉采访对象的方方面面。这里的采访对象包括人物、事件、问题等。了解采访对象，意味着要熟悉采访对象和所报道事实的背景材料。根据广播的声音传播特点，在了解采访对象时，也应该注意采访对象是否有值得记录的音响。要有声音意识，在了解采访对象期间，应该调查清楚并确定最佳的带机采访时机。在条件允许的情况下，提前熟悉新闻事件现场环境，查看是否具备进行音响采访的条件。

（2）明确报道思想　在正式的音响采访之前，记者还要明确报道思想，要弄清楚采访的意图目的，明确报道的范围、重点和具体要求等。明确需要重点记录的各种音响。

（3）收集相关材料　在确定了采访对象、明确了报道思想之后，就要注意收集相关资料。包括收集采访对象的背景材料，也包括与同一采访对象有关的其他媒体的报道材料。对于事件性的采访对象，要尽可能多地收集新闻事件本身的材料，如与事件相关的时间、地点及人物的材料，事件所涉及领域的具体情况等，以便对报道事件形成一个初步的认知。对于人物性的采访对象，如果可能，应该尽量事先了解被采访对象的主要经历和行事风格，这对于采访话题的展开及深入有非常重要的意义。

（4）拟订采访计划　采访出发前，要制订一个大致的采访计划。采访计划是指导记者采访活动的基本设想，包括采访目的、采访意图、采访步骤、采访对象、问题设计。采访计划应力求务实和具有可操作性。对于音响采访，应该大致估计一下，哪些音响是不能遗漏的，还要考虑采用什么样的方法录制音响。因为音响采访通常会录制下记者的采访过程，而采访者和被采访者之间的交流状态及表现等，也都在传递着某种信息。因此，设计采访问题时，不仅要注意问题的内容，还要仔细设计提问的方式。如果没有设计好提问方式，就会给广播新闻后期制作时的声音剪辑带来麻烦。

3. 作好采访前的物质准备

实地采访前除了做好案头工作，还需要做好器材，尤其是录音器材的准备工作。相对于报纸而言，报纸记者外出采访时有时也会携带录音机，但录音机并不是报纸新闻采访必须携带的设备；而在音响采访中，录音机是完成采访不可缺少的工具。因此，广播记者在出发进行采访前，应首先检查设备准备是否齐全。一般来讲，录音设备包括了录音机、话筒、话筒连线、话筒支架、电池等。如果要做现场连线或直播报道，记者还应携带电脑、电话、无线网卡等。遇到一些大型新闻现场，则要多带几台采访机。其次，要检查准备的机器设备是否完好。特别是随着广播技术的发展，数字化的录音传输设备开始得到广泛应用，这要求记者必须掌握录音机的性能和录音技术。每次采访前，都应该检查话筒是否灵敏，电池是否充电，话筒线是否完好等。总之，采访前的物质准备，每一个细节都不能疏忽。

（二）音响采访的要求

音响采访的基本内容就是音响的采集。这里的音响指的是实况音响，即新闻报道所涉及的人物、事物自身发出的声音。音响采访主要用于音响报道。根据采制方式的不同，音响报道可以划分为录音报道、现场报道、实况报道、连线报道。但不管哪种形式的音响报道，要成功采制新闻现场的实况音响，必须要注意以下这些原则要求。

1. 一次性原则

运用音响采访的报道一般都有很强的现场性和时效性。为了保证新闻报道的真实性，广播记者运用音响采访就必须同步采录现场音响，而现场的很多典型音响只在一个特定的时空中存在，转瞬即逝。这就要求记者突破新闻现场时间和空间的限制，抓住机会一次性录制完毕。如果错过录制音响的最佳时机，就很难采录到有价值的音响。特别是一些现场直播报道，采录的音响要同步播出。因此，记者必须要抓住时机保证音响采录的一次性成功。

2. 真实性原则

真实是新闻的生命。对于广播新闻音响采访来说，音响的真实性是新闻报道真实性的一部分。实况音响是对新闻事件现场的真实再现，因此采录的音响要符合客观实际，音响应该清晰、准确，不能失真，并且能让听众明白。

3. 典型性原则

音响采访主要用于音响报道。采用音响报道时，首先应该注意选择有新闻价值的典型事件作为报道的题材。其次，选择典型的现场环境。生动、形象的现场环境，能激发观众对新闻事件的兴趣。最后，选择典型的音响。这就要求采录的音响必须根据报道意图和现场情况进行选择，选择录制的音响要能揭示新闻事件的特征，要能够反映新闻现场的真实状态。

4. 整体性原则

音响采访广泛地应用于不同形式的音响报道中，它不仅是新闻现场实况音响信息采集的手段、方式，其本身也是音响报道的表现形式。音响采访能让新闻报道更加生动、形象，但我们不能为了音响采访而音响采访，音响采访的运用必须服务于广播新闻报道的完整性，服从于整个报道的结构安排。不同形式的音响报道，其音响采访的运用也不一样。例如，在直播的现场报道中，音响采访要一气呵成，无法剪辑。在录音报道中，根据报道的结构安排，采访的音响往往需要再次剪辑。

（三）音响采访的录制

要做好音响采访，不仅需要有充分的理论准备，也需要掌握一些音响采访的录制技能。

1. 了解进行音响采访需要的基本设备

（1）采访录音机　早期的广播新闻音响采访主要使用的是磁带录音机，后来随着科技的发展，有了可以重复刻录的准数字采访机，而现在在广播新闻报道中广泛使用的是数字采访机。

（2）传声器　传声器也就是话筒。常用的话筒包括动圈式话筒、电容式话筒和机身自带的话筒。动圈式话筒灵敏度不高，适合在比较嘈杂的环境下使用，多数为单声道话筒，适用于采录语言信号。电容式话筒需要外部供电，适合在较为安静的环境下使用，可在较远的距离录取被采访对象的声音。机身自带话筒适合语音录音，录制时，需要调整好声源与录音机的相对距离，这种话筒录制下的声音噪声大，音质不好。

（3）话筒连接线　连接话筒和采访录音机的连接线主要有两种：单芯金属屏蔽线和双芯金属屏蔽线。

2. 了解采录的基本方法

目前主要的采录方法有以下 3 种。

（1）单点录音法　一个录音点一个传声器，一般用于声源较完善的录音场合。很多录音报道都用这种方法。

（2）主辅录音法　多个录音点多个传声器，主传声器负责录制主要音响，辅助传声器负责录制次要音响。

（3）多路录音法　多个录音点多个传声器。这种录音法较多地用于主要音响，且分布广的情况中。

在采制音响报道时，不管使用哪一种录音方法，都应该尽量做到清晰，采录的音响必须与录音对象的声音特征基本一致。这里的声音特征包括音质、响度、音调以及人们收听这种声音习惯的方位感、空间感等。总之，采录的音响应该尽量不要失真。

（四）掌握一定的访问技巧

1. 采访对象和采访环境的选择

新闻的真实性很大程度上是由信息来源决定的。采访对象就是信息来源的重要组成部分。一个新闻事件所涉及的采访对象可以范围很广，但采访时应尽量找到掌握第一手资料的采访对象。然而采访对象千差万别，他们有不同的性格特点、语言风格，表达能力也各不相同。因此，我们在采访提问时，应该要充分考虑到采访对象的特点，提出的问题也应该因人而异。例如，有的采访对象表达能力不好，在采访前就要多做沟通工作，问题也要循序渐进。

采访时不仅要注意选择采访对象，还要注意选择采访对象熟悉的场所，因为不少人在陌生的地方谈话会感到很紧张。请看下面这则报道。

中国足球梦圆五里河[1]

各位听众，现在是9点23分26秒，主裁判吹响了终场哨声，中国足球队以1比0战胜阿曼队，提前一轮冲进世界杯决赛圈，中国人44年的世界杯之梦今夜梦圆五里河……。现在记者来到球员休息室，记者看到李铁、范志毅等绿茵硬汉脸上满是泪水，中国足协专职副主席阎世铎也格外忘情：

　　［出录音"同志们，你们今天终于成了改写中国足球历史的英雄。"］

历经三次世界杯外围赛的老将范志毅激动不已：

　　［出录音"这几年我的心血没有白费，我在国外的时候为的就是今天。"］

神奇教练米卢更是喜形于色：

　　［出录音"今天是我执教生涯最幸福的一天。"］

在这则广播新闻中，我们可以看出记者对采访对象的选择就很用心。中国足球冲进世界杯，这应该是很有新闻价值的报道题材，针对这一题材，记者可以采访的对象有很多，如足协官员、球员、球迷等。这则报道中，记者选取了3位采访对象，都是中国足坛最

---

[1] 周振玲．广播现场报道中信息的取舍[J]．新闻前哨，2004(4)．

具有代表性的人物，也是听众最感兴趣的人物。此外，我们可以发现，记者在进行人物采访时，选择在球员休息室，而休息室作为球员熟悉的地方，能让球员在接受采访时更加放松自然，采访出来的声音效果也更好。

特别是对于音响采访来讲，采访环境很重要。很多音响的录制要保证一次性成功，因此就要注意选择采访环境。既要给被采访对象一个有安全感的环境，又要让这个环境有较好的录音条件。记者在现场采访时，还要营造一种融洽的谈话氛围，精心选择开机时间。要选择采访对象愿意交谈的时候进行采访，并尽可能地消除现场的干扰，让采访对象的表达更加自然流畅。例如，有的采访对象性格比较内向，如果采访环境人多嘈杂，这就很可能影响采访对象的情绪，因此我们可以适当地选择人少，相对安静的环境进行采访。

特别要注意的是，在采访结束后，记者应该核实被采访对象的信息，如姓名、职业等，留下被采访者的联系方式。在后期制作剪辑广播新闻报道时，应该仔细审听采访录音，对采访获得的声音素材进行鉴别选择，并记录下重要素材所在录音素材中的位置，以方便后期的剪辑。

2.注意倾听，认真观察，能与采访对象互动

采访是人与人进行交流的过程。在这个交流过程中，记者应该充分调动自己的眼睛、耳朵。认真听采访对象的回答，思考接下来的问题，还要注意观察采访对象的行动细节、性格特点、语言风格以及现场环境细节，因为有很多问题都是记者在现场进行认真细致的观察之后提出的。特别是广播新闻报道，及时录制下现场的各种对话和音响都需要记者的认真观察。有些采访对象不善言谈，记者要尽量创造和谐友好的谈话环境，让采访对象放松情绪。有些采访对象健谈，记者又要牢牢把握采访的主动权，不能让交流偏离了采访的意图。记者与采访对象的互动表现在能够与采访对象交流意见看法，能够引发采访对象的思考表达。记者还可以借助一些非语言符号如微笑、点头等，表达对采访对象谈话的关注，鼓励采访对象进一步讲下去。

3.问题要简洁、明确，不要泛泛而谈

记者在提问时，问题不能太长，意思不能太复杂。如果问题太长又模糊，被采访对象很可能听不明白，抓不住回答的重点。而且，制作广播新闻报道时，会对记者的提问进行声音剪辑，如果问题太长又没说清楚，就会给后期声音剪辑带来很大麻烦。因此，采访的提问应尽量具体，不要泛泛而谈，但又不能纠结于细节。有时可以提一些开放式的问题，开放式提问是指比较概括、抽象、范围较大的提问方式，给采访对象较大的自由，让采访对象有发挥的余地。例如，你对这件事有什么看法？你现在的心情怎样？有时可以提一些闭合式问题，闭合式提问是指所提问题比较具体、指向性较强，往往只需要被

采访者用"是"或"不是"来回答,这样有利于提高采访效率。开放式提问和闭合式提问,两种方式各有优劣,要将二者有机地结合起来。一般来讲,在采访之初,记者可以采用开放式话题打开谈话局面,再用半闭合式问题和闭合式问题使采访步步深入。

4.提问语言要精练

在音响报道中,记者的提问声音以及与采访对象交流的声音一般都会保留在报道中,特别是现场直播报道,记者的提问语言会全程记录播出,这就要求一方面记者的提问语言要精练、准确、口语化,适用于广播语体。另一方面,语言要口语化,但也要避免口头语言的啰唆、重复、不完整,特别是一些"啊""嗯""哦"等语气词,尽量少用。可以用一些非语言符号如点头,微笑等,来与被采访对象互动。采访对象在回答时,记者尽量不要插话,以免声音重叠,给后期剪辑带来麻烦。

总的来讲,记者的采访技巧是一门艺术也是一门学问。对于广播新闻的采访来讲,记者一定要有声音意识。实况音响是广播新闻报道的特点,不论是前期的音响采录,还是后期的音响剪辑,都要高度重视实况音响的运用。而对于初学新闻的同学,采访时的心态也很重要。不管采访对象是谁,采访时都应该一视同仁、不卑不亢,交流的双方应该也必须是平等的。广播新闻的采访也要遵循采访的一般共性规律,这包括提问要自然、提问要得体、提问要简明、提问要具体。

二、直播间采访

广播新闻采访除了在新闻现场进行的采访外,还有些采访是在电台直播间完成的。这样的采访需要把采访对象请进直播间,由新闻主持人充当记者的角色,对采访对象进行采访。直播间采访需要在指定的时间内一次性完成,谈话内容的详略是由节目的时长、报道的意图共同决定的。直播间采访省略了后期剪辑环节,采访过程没有加工直接播出,这给新闻主持人和采访对象都带来了比较大的压力。在直播间采访时,不管是主持人还是采访对象都容易感到紧张。因此,直播间的采访呈现的是最自然本色的采访过程,但难度也是最大的。要做好直播间采访,需要注意以下4个问题。

(一)做好采访前的准备工作

在直播前就应该了解熟悉采访对象的方方面面,最好能找到与采访对象沟通的接近点,营造一种良好的谈话氛围。采访前要理清采访思路,列出采访提纲。采访问题尽可能细致、全面,特别是要设计听众关心的问题。

(二)做好采访前的沟通工作

主持人(记者)在正式采访前要和采访对象进行一定的沟通,要告知采访对象自己的采访意图、采访目的,提醒采访对象在接受采访时应注意的一些问题。为了缓解采访对象的紧张感,最好一开始问一些轻松愉悦的话题。为了避免采访对象回答空洞、提高采访的效率，采访问题越具体越好。

（三）营造融洽的采访气氛

主持人（记者）要与采访对象真诚地沟通，建立一种平等的交流平台。不管采访对象有着怎样的社会地位，主持人应该是"平视"采访对象、尊重采访对象。主持人应该用一种交流的状态进行提问采访，采访问题的顺序不一定和采访提纲完全一致，要根据采访对象的回答来调整提问顺序、题目等，要充分考虑被采访对象的谈话情绪，认真倾听，及时把握话题。

（四）掌握好节目的节奏

主持人（记者）在进行采访时，还应该有时间观念。因为直播间采访很多时候会有突发情况发生，采访对象对有些问题的回答会超出预期的时间。因此，主持人需要及时打断谈话，进行总结并转换到下一个问题。要考虑好节目的衔接、问题的组织，并且积极调动听众参与提问的积极性。

第二节　广播新闻写作

广播新闻稿件的写作有一个总体原则，就是"为听而写，但不止于听"。广播新闻的稿件与报纸新闻的稿件相比，文字更加口语化、通俗化，因为广播新闻的听众更加广泛，文化程度也参差不齐。与电视新闻相比，则要求更加详细、具体，这样才能更准确地传播新闻信息。此外，不同的类型的广播新闻报道对稿件的写作要求也有所不一样，关于这一点我们将在第三至第五节来探讨。

一、广播新闻稿——为听而写

广播是声音媒介，新闻信息只能依靠声音进行线性传播。广播声音一播而过，这就要求新闻稿件的写作是为听而写。

1. 新闻稿件的字数不宜过多，篇幅不宜过长

即便是广播通讯、广播评论，相比报刊通讯，评论都要短一些，这样有利于听众听清楚新闻事件的始末。广播新闻的篇幅要求短小精悍，重点突出，一气呵成。这样也能充分发挥广播媒介时效性强的优势。当然，广播新闻稿件篇幅虽然要求短小精悍，但内容必须充实，要有质的精练，要有信息量。例如，湖北黄石人民广播电台的这篇广播新闻稿件。

昨天上午10点钟，中国记协"黄金水道行"采访团前往黄石服装厂采访。在车上，从北京来的青年记者小王听到介绍这个厂生产的T恤衫获得了"湖北省优质产品"称

号时，就情不自禁地牵了牵自己身上穿着的一件黄灰色横格T恤衫，对同车的记者们说："这是我的一位亲戚从美国带回来的T恤衫，质量好、款式新，真够棒的！"大家听他这么一说，也都凑上前去仔细打量，连连称赞。到了黄石服装厂参观过生产车间后，这些来自全国15个省、市的记者，在厂长杨国钧的陪同下，又来到了产品陈列室，一下子都被摆挂在展品柜里的十几种花色的T恤衫吸引住了。这时，一位记者拉过小王逗趣地说："这里的T恤衫不比你身上穿的美国货差吧！"小王也不甘示弱地回敬说："外行看热闹，内行看门道。还是请杨厂长这位行家来鉴别一下，行吗？"听说这话，杨厂长走到了小王身边，翻过他穿的那件T恤衫的衣领，看了看商标后笑了笑，认认真真、不慌不忙地说："这是我们厂出口到美国的产品。……"话还没说完，顿时惹得全场人捧腹大笑，小王那张胖乎乎的脸上也漾起了绯红的笑靥。接着，杨厂长对记者们说："我们厂生产的T恤衫在1984年获得国家经贸部颁发的荣誉证书以后，就成批地销往美国市场，很受美国消费者的欢迎。现在，销售量已达到650多万件，换回外汇近千万美元。这位记者身上穿的T恤衫上的KG牌商标，正是我们厂产品出口到美国的商标。"随后，杨厂长又诙谐、有趣地说："这是'美国货'回到了它的真'娘家'。"再次引来满堂欢声笑语。

这篇广播新闻稿约600字，语言简洁流畅、情节生动，对话幽默、有现场感。从信息的传播角度来看，主干信息突出，就是黄石服装厂生产的T恤衫在美国市场很受消费者欢迎。还有丰富的次要信息，如黄石服装厂生产的T恤衫曾获得"湖北省优质产品"称号，1984年又获得国家经贸部荣誉证书。整个稿件主干信息与次要信息的安排层次清晰，主要信息和必要信息交代清楚，整个稿件传递的信息丰富、有效。

2. 新闻稿件应该通俗易懂，一听即明

这就要求在写作时，做到多用口语词、少用书面语，多用双音节词、少用单音节词，多用动词、少用形容词和副词。凡是能用普通话表达的就不要用方言、行话、术语。比如"玉米"这个词，各地方言中叫法多种，陕北话叫"玉稻黍"，苏州话叫"俞麦"，广州话称"黍米"，还有的地方叫"包谷""棒子""玉蜀黍""金皇后"等。再比如下面这些行话、术语："精读""泛读""串讲""新华体"等，内行人一听就懂，外行人则很难听明白。对于某一个行业来说，广播听众大多数是外行人，用了这些行话、术语，必然造成沟通障碍。广播稿中应多用主动句、陈述句，少用被动句，不用倒装句。特别要注意同音异义字。尽量将数字具体化、形象化。尽量使用短句。对于简称，要慎用。只有这样，才能使广播新闻稿易读、易听、易记，节奏感强。此外，广播稿件上引言出处的使用也有讲究。出处要放在引言的前面，引言要具体、简洁。在标点符号方面，不用间隔号、冒号、括号、破折号这一类失去表意功能的标点符号。总的来讲，广播语言是口说耳听，广播新闻的听众有不同的文化层次，这就要求广播新闻应该通俗易懂、具体形象、声音和谐，听起来抑扬顿挫、优美悦耳。

3. 结构安排要合理

为了适应广播新闻的收听特点，广播新闻的结构要从听众的听觉效果出发，组织安排新闻事实。广播新闻在结构安排方面的基本要求是以线性结构为主，线索集中、层次分明。信息组织应围绕一条主线进行。特别讲求段落层次上的衔接和过渡，要注意导语和层次衔接的处理，可以通过过渡句或过渡词或片花等不同手段进行。不要在一个段落中放入太多的事实。为了增强听众对新闻重点和整体的把握，重要且核心的信息在报道中有必要重复和强调，一般来讲，广播新闻的导语集中了新闻的重要信息。如果是短新闻，可以在结尾处呼应一下导语，对新闻的核心信息进行一次强调；如果是篇幅较长的广播新闻通讯，则应该在中部和结尾处各对新闻的核心信息进行一次强调为好。这样，即使听众在前面没有听清楚，后面还有机会；即使是中途开始收听，也能得知整篇新闻的核心信息。有时，也可以进行"导听"，将正在播出的节目名称、时间、地点、人物等关键的新闻要素及时给予提示和关照。例如，打开收音机有时会听到"这个乡"如何，"他"怎么说，"他"又怎么做。那么到底是哪个乡？他是谁？是干什么的？报纸看看前文就会知道，广播就不行，声音一听而过不留痕迹。为了让听众听懂、听清楚，广播新闻就要少用代词，合理重复。当然，重复并不是呆板单调地不顾整体内容，生硬地在新闻中间或结尾处"杀出个程咬金"，而是要运用技巧，使新闻完整、统一，在该重复的地方表达出信息的内容即可。不能为了强调，生硬地重复导语，否则会给听众一种呆板、沉闷的感觉。

二、广播新闻稿写作的基本要求

（一）主题要集中

由于广播新闻受到篇幅的限制，一篇报道里面不能报道太多的内容，不能面面俱到，一般一事一报。主题过多意味着要用更长的篇幅进行报道，这样不仅给听众带来听觉疲劳，还会影响听众对新闻报道意图的理解。

（二）选题有现实性

广播新闻担负着舆论导向的功能。新闻写作应该有深度、高度、力度，要透过现象看本质，高屋建瓴，弘扬社会主流价值观。要选择国家和人民迫切需要关注的问题，以小见大。例如，获得第 17 届中国新闻奖二等奖的广播消息《栾州封存两亿吨大煤田 留给子孙美好家园》。

栾州封存两亿吨大煤田　留给子孙美好家园[1]

为给子孙后代留下一方美好家园，栾州市舍弃5000万元的地方财政收入，毅然叫停了一个2亿吨大煤田的开发。请听山东台记者权珍琪、孙泉莉发回的报道。

11月14号一大早，栾州市小孟镇后孟村村民王军山就来到自家的麦地前，前几天的降雨化解了入秋以来的干旱，顶着露珠的麦苗油亮亮的。眼前的一切，王军山是看在眼里、乐在心里。然而，更让他感觉踏实的还是昨天村干部传达的上级决定，市里决定停止小孟煤田的开发，脚下这方良田总算保住了。

王军山：

［录音："挖这个煤，挖出来就是钱，但是有它的害处，一塌方，别说环境问题了，各方面的条件都造成很大的损害。一塌方，没法种地了，对社会、对以后的子孙后代造成很大的危害。"］

王军山所忧虑的也正是栾州市领导关注的。栾州煤炭资源丰富，是全国八大煤田之一，目前辖区内有兴隆、杨村等6个煤矿。煤炭资源给栾州带来巨大财富的同时，也留下了触目惊心的环境报复。仅采煤形成的塌陷地，就以每年2000亩的速度在递增。

今年，省有关部门在栾州境内探矿时，发现了小孟煤田。勘探表明，这座方圆120平方公里的煤田探明储量2亿多吨，埋深不到500米。按年产量200万吨计，可开采近百年。

小孟镇党委书记韩春旺为此欣喜若狂：

［录音："一听说有煤炭啊，我们心里很激动，觉得有了新的增长点了！"］

消息传出，台塑集团等多家企业也争相前来洽谈合作开采事宜，而且都开出了很高的价码。

每年8亿元的销售收入和5000万元地方税收，这块诱人的"蛋糕"吃还是不吃？栾州市出现了两种截然不同的声音：

［基层干部录音："挖煤是有好处的，有资源就开发出来，叫老百姓富起来，我觉得这也是很对的。"］

［栾州市委书记录音："煤炭资源也是有限资源，挖出来卖了，急功近利，倒是收益比较快。但是，对大自然是个破坏，也不符合科学发展观。"］

在众多的质疑声中，栾州市委一班人果断拍板：拉动经济增长固然重要，但是实现可持续发展、科学发展，构建和谐社会更为重要。

栾州市委书记韩军：

［录音："经济指标增长是一种政绩观，把资源保护起来，留给下一代，也是政绩观。

---

[1] 山东人民广播电台2006年11月15日播出。

污染了、塌陷了，让人民没法生活为代价，这不行。所以我们决定要集中精力发展工业，发展现代农业，发展高科技的产业，这个煤炭就不再挖了。"］

叫停小煤矿，实力是栾州人不可或缺的底气。近几年他们倾力发展替代产业，崛起了造纸包装、橡胶轮胎等新兴产业集群，煤炭产业在其经济总量中的比重从过去的50% 下降到不足 20%。

山东省政府新闻发言人张德宽认为，在当前建设资源节约型、环境友好型社会的大背景下，栾州市这种勇于放弃、积极贯彻落实科学发展观的做法具有标本意义。

　　［录音："我们现在需要树立一个新的理念：我是利用孙子辈的资源，我应该珍惜。栾州作出这个决策，它是局部服从全局、小局服从大局的一个决定。从决策层来讲，这是一个战略思维的重大转变。"］

一时的经济增速和长久的经济可持续发展，二者是一组矛盾。这篇广播新闻报道，紧扣住当下经济发展中急需解决的矛盾冲突问题，用一种正面的观点进行引导。整个报道故事性强，同时选题又极具现实性，充分显示了新闻媒体的舆论导向功能。

（三）选材要精

在报道主题集中的基础上，新闻报道的选材应该典型重要、富有特色，最能说明问题。同时，广播是一种感性多于理性的媒介，广播新闻的材料必须具体、形象。广播新闻要写得具体，就要多叙述事实，少发空洞议论；多写实实在在的事情，少作高度抽象的概括；多描述动态的事实，少做静态环境、人物心理的描写；多用表现现实内容的实义词，多用表现人们实际行动的动词，这样能让人产生联想。选材除了要具体、精练，还要注意必须围绕主题，捕捉选择具有典型性的细节。这样的细节往往最能说明报道的主题，也富有感染力。对于音响报道而言，细节也包括典型的音响细节。

（四）用事实说话

广播新闻稿件在写作时也要做到用事实说话。用事实说话是指在忠实地报道事实的基础上，通过对事实的适当选择与表述，巧妙地表达传播者的立场与观点的一种报道原则与报道方法。用事实说话作为报道原则和实践技巧，是新闻写作的最大特点和优势，是新闻区别于文学、评论等文体最为明显的标志。新闻依存于事实，听众想知道的主要也是事实。用事实说话既体现了新闻写作所遵循的真实性与客观性原则，也体现了新闻报道的舆论导向功能。用事实说话要求我们在写作广播新闻稿件时应该选用具体而典型的事实，要用"场景"来注解事实，要恰当地运用背景资料。用事实说话意味着不是任何事实都能成为新闻写作的素材，必须以新闻价值为标准，对素材进行取舍加工。必须是真实、新鲜、有故事的，能体现新闻现场，能表达主题思想的事实，才能成为新闻写作的素材。

（五）充分利用背景材料

为了深化报道主题，帮助听众理解报道主题，在新闻写作过程中应该有意识地运用背景资料。背景材料是一种附属于主要新闻事实的素材，能对新闻报道进行解释、说明。背景材料的运用能让新闻报道更有深度，让新闻报道的价值和内涵得以更好的体现。例如，第21届中国新闻奖二等奖作品《武钢全面淘汰日本"一米七"硅钢技术》[1]。在这篇报道中，为了表现武汉钢铁集团自主创新、自强不息、勇于超越的企业精神，记者在报道中用了大量的背景材料，这些背景材料很好地帮助听众理解了报道的价值意义。

武钢（武汉钢铁集团）全面淘汰日本"一米七"硅钢技术

今天(节目播出当天)上午,武钢集团对外宣布,武钢自主研发的低温取向硅钢全面淘汰从日本引进的"一米七"专利技术。湖北台记者刘胜报道。

……

硅钢是电力、电子和军工不可缺少的重要软磁合金,其生产技术代表着冶金行业最高水平,而取向硅钢则是精品中的精品。此前由于无力自产,我国相关的战略行业一直被国外垄断企业"卡脖子"。

……

1992年,武钢为扩大硅钢产能,再次从日本引进取向硅钢专利。专利的有效期为10年,到期后,厂家为保垄断地位,拒绝转让技术。

……

在广播新闻报道中常用的背景材料主要有以下3种。

1. 对比性的背景材料

这类背景材料与主要新闻事实之间有着横向或纵向的联系，通过二者的对比，揭示新闻报道的主题价值。

2. 说明性背景材料

这类背景资料对主要新闻事实进行说明解释，让听众更好地了解事实的来龙去脉。

3. 注释性背景材料

注释性背景材料是指能够帮助听众更好地理解新闻事件、增长知识和见闻的材料，如听众对新闻报道中一些科技类的专用名词往往比较生疏，为了帮助听众听懂，所以需要进行一定的解释。广播新闻和报纸新闻相比，在运用背景材料的时候，有自己的一些特点。广播新闻的背景材料不能拆分得过于零碎，因为声音传播稍纵即逝，背景材料最好紧紧跟着被解释说明的新闻事实。如果要在导语中运用背景材料，背景材料一定要精练，不能喧宾夺主。例如，中央人民广播电台在一则关于探测"比邻星"的报道中，这

---

[1] 湖北省广电总台新闻综合广播2010年9月27日播出。

样介绍地球的近邻比邻星。

> 比邻星离我们 4.22 光年。比邻星虽然是我们的邻居，想去做客拜访可不容易……打个电话就是 4 年零 2 个月，8 年后才能听到回话。如果乘坐宇宙飞船，以每秒 15 公里多的速度直飞比邻星，需要经过 8 万 6000 年才能到达。

这段话就是一种注释性的背景材料。它用一种假设，形象地说明了比邻星与地球的距离。虽然这是条非常短小的广播消息，但恰当地运用了背景材料，可以更好地体现这条新闻的价值。

三、不同报道形式的广播新闻稿件的写作

根据不同的报道形式，广播新闻报道可以分为两类：一类是完全由有声语言构成的广播新闻，我们称为"文字报道"或"口播新闻"。一类是由有声语言和实况音响构成的报道，我们称为"音响报道"。这两类报道在写作方面的要求有相同的地方。不管是口播新闻还是音响报道，在写作稿件时，都要注意文字要适合收听、线索清晰、层次分明。但是，这两类广播新闻报道稿件也有不同的地方。音响报道要求现场感、即时感。这就要求记者在进行文字写作的时候，语态应该体现同步化和现场化。此外，音响报道里面的音响可以分为主题音响和辅助音响。主题音响往往是主体，在表现新闻主题时，写作的文字应该让位主题音响，尽量让主题音响来交代表达新闻事实。而辅助音响往往是背景音响，它应该让位于写作的文字，可以成为一种背景声，与有声语言混录，能丰富报道的现场感。

第三节　消息类广播新闻的采制

现在的广播新闻报道都是以节目化的形式播出，不同类型的广播新闻节目在稿件写作上的要求也有所差异。根据目前对广播新闻报道节目的分类依据，我们一般将广播新闻报道节目分为 3 种类型：消息类、专题类和评论类。

从报道体裁上看，消息类广播新闻节目包括的报道体裁主要是广播消息，专题类广播新闻节目包括的报道体裁主要是广播通讯和广播特写，评论类广播新闻节目包括的报道体裁主要是广播评论。在这一节里，我们主要探讨消息类广播新闻节目中广播消息的采制。

一、广播消息的写作

广播消息的特点是篇幅短小、语言精练、报道快速。广播消息由标题、导语、主体、结尾构成。广播新闻标题有时可以播报，也可以不播报，但标题必须简洁。

（一）广播消息的导语

广播消息的导语要突出听众最为关心的新闻要素，吸引听众的收听兴趣。应当多务实，少务虚。广播消息常用的导语形式有以下4种。

（1）陈述式导语　对新闻时间的主要内容和完整过程进行提要式概括的一种导语形式。

（2）描写式导语　导语的内容通常是记者的所见所闻，是记者对新闻现场或新闻人物的某些特点所作的简要描述，以渲染气氛，引起听众兴趣，然后再解释新闻事实的一种导语形式。

（3）引语式导语　引用文件、公报或新闻人物的谈话，准确、鲜明地突出主题或者作为新闻由头的导语形式。

（4）评论式导语　把对报道的主要事实进行简要评价，将结论放在首位，揭示其内涵和意义，再进行深入阐述的一种导语形式。

例如，《乌干达邪教组织大规模集体自杀》导语：乌干达警方今天说，世界上第二大邪教集体自杀事件发生，一个信奉世界末日来临的邪教组织有多达230名成员用火把自己活活烧死。

这则导语就是一则评论式导语，导语的最后一句话表达了记者对这起事件的看法。

例如，安徽人民广播电台播出的消息《合宁铁路今年开行首列动车组列车》导语：今天上午8点24分，合宁铁路首列动车组列车缓缓驶出合肥车站，59分钟以后到达南京。这为安徽东向发展，融入我国"长三角"经济圈，又增添了一条新的快速通道。

这则导语就是一则描述式导语，它将首列动车组的始发时间、路程等进行了详细的描述。在这几种导语形式中，用得最多的导语形式则是称述式导语，它用概述的方式在导语部分交代出新闻发生的时间、地点和主要事件。广播消息为了强调新闻的重要性，导语的主要内容还可以在新闻的主体部分重复播读。

（二）广播消息的主体

广播消息的主体部分是对导语之中已经提及的主要事实进行详细展开，使事实更加清晰，对导语中没有提及的次要事实进行补充。在写作主体时，应该注意用事实说话，详略得当，利用背景资料突出新闻价值。

（三）广播消息的结尾

广播消息虽然短小，但是也应该具备一个好的结尾。广播消息的结尾有以下3种形式。

（1）总结式　对全文的内容进行概括、总结、归纳，通过总结再一次强调新闻报道的主要新闻事实。

（2）引语式　引用与新闻内容相关的人物或新闻人物本身的语言作为结尾。

（3）背景式　用背景资料作为新闻报道的结尾，用以交代新闻的来龙去脉或提升新闻价值。

（四）广播消息的结构

广播消息的结构是指如何组织安排采访收集的素材，体现在如何安排消息中的导语、主体、背景、结尾等内容。常用的广播消息的结构有以下 4 种。

1.“倒金字塔”结构

“倒金字塔”结构是广播消息常用的一种结构形式，也就是按照新闻价值的重要程度来排列新闻事实。最重要的事实放在开头，其他材料按重要程度依次排列，各段独立存在。采用“倒金字塔”结构，需要做好每一段落的过渡，可以用过渡性的词句，也可以用音响过渡，还可以通过强调新闻来源或新闻要素来过渡。

北京有个总理也是你的亲人[1]

［现场问候，压混］一直密切关注新疆巴楚地震灾区的国务院新任总理温家宝，今天（3 月 29 日）来到重灾区琼库尔恰克乡看望六村党支部书记达吾提·阿西木和震区灾民。

突然袭来的“4·24”大地震夺走了 268 人的生命，达吾提·阿西木家 5 位亲人丧生。震后，他强忍巨大悲痛，不分白天黑夜，带领党员干部抢救伤员、照顾孤儿，迅速解决全村灾民的吃、住和孩子上学问题，加紧春耕生产、重建家园。乡亲们称他为“废墟上的钢铁脊梁”。

温总理紧紧握着达吾提·阿西木的手，明亮的眼睛里浸满泪花：

［出录音：“支部书记，你的悲痛就是我们大家的悲痛。在这场大的地震灾害面前，你是个好党员，党员干部都要向你学习。你记着，北京有个总理，也是你的亲人。”］

温总理轻轻拍着达吾提·阿西木的肩膀，鼓励他和在场的维吾尔族乡亲们：

［出录音：“齐心协力，生产自救，重建家园。”］

在这则广播消息中，采用了倒金字塔的结构。最重要的事实就是“3 月 29 日，国务院新任总理温家宝，来到重灾区”。在主体部分对总理看望的过程进行了详细的报道，并且用现场实况音响的方式进行段落的过渡。

2. 时间结构

指记者完全按照事件发生的顺序来安排结构。适用于故事性、情节性较强的事件新闻。例如《万里长江第一条越江隧道建成通车》。[2]

---

[1] 新疆人民广播电台 2003 年 3 月 29 日播出。
[2] 武汉人民广播电台 2008 年 12 月 28 日播出。

听众朋友，万里长江第一条越江隧道今天在武汉建成通车，从而开启了长江地下过江的历史，使国人近百年的梦想成真！

上午 10 点 15 分，省长李鸿忠在长江隧道江南入口处举行的通车仪式上宣布：

［出李鸿忠音响："武汉长江隧道通车！"］

［鞭炮，锣鼓声压混］

1919 年，孙中山先生在他撰写的《实业计划》中提出了在武汉修建长江隧道的构想。上世纪（20 世纪）30 年代，国民政府还曾经邀请美国专家到武汉考察长江隧道的选址，这个计划后来因为抗日战争爆发而搁浅。1979 年，武汉重提这一构想并列入国家重点项目。

历时 4 年建成的武汉长江隧道投资 20 多亿元，全长 3630 米，为双洞双向四车道，设计流量为每天通过 56000 台机动车。这条隧道连同武汉已经建成的 6 座长江大桥，使武汉的过江交通变成了立体交通网络。武汉市市长阮成发：

［出阮成发录音："51 年前，万里长江第一桥——武汉长江大桥建成，天堑变通途。今天，万里长江第一隧——武汉长江隧道建成，梦想成真。（隧道通车）对于缓解我市过江交通的压力，加快武汉现代化综合交通体系建设，提升城市功能具有十分重要的意义！"］

通车仪式后，记者随着 6 辆敲锣打鼓、披红挂彩的花车，从江南隧道入口出发驶向西北出口。车队沿着平坦而舒缓的坡路进入隧道，首先映入记者眼帘的是隧道里柔和的橘红色灯光。各种醒目的标志牌让人们清楚地知道哪里是逃生通道，哪里有消防设施。隧道两头出口处矗立的巨大的自动化钢闸门，可以确保紧急情况下城市的安全。

长江隧道联合体指挥长万姜林介绍说，武汉长江隧道的安全逃生和通风排气系统都具有世界领先水平，这些先进技术可以保证长江隧道安全使用 100 年。隧道和江底之间距离最近的地方虽然只有 3 米，却能够承受长江 300 年一遇特大洪水的巨大压力，抗震等级超过汶川大地震震级。

［出万姜林录音："在中央控制室可以看到隧道每一个角落，没有盲区。逃生通道可以自动控制，还可以手动（控制）就跟提（机动）车行李箱后盖一样，非常轻松，只要进入了逃生廊道都可以确保安全。"］

车队不到 5 分钟就钻过了隧道。隧道江北出口就是繁华的汉口大智路。大智路两旁和附近的天桥上，挤满了赶来观看隧道通车盛况的市民。市民章红用照相机不断拍下隧道通车的情景。她的父亲章用是新中国成立后武汉第一批特等劳动模范，今年 8 月份因病去世。章红告诉我们，她要把这些照片放在父亲的遗像前。

［出章红录音："我爸爸也是很爱这个城市的，老武汉嘛！哪里通车了，哪个桥做

好了，他都要去玩一下。很遗憾，爸爸没看到这个（隧道）。"]

车牌为鄂 AY7211 的出租车成为通过隧道的第一辆社会车辆。的姐赵丽：

［出赵丽录音："我的心情特别激动，特别激动呀！感觉蛮好！。"］

坐在赵丽车上的一位老年乘客也抑制不住激动的心情：

［出采访录音］

乘客："我 76 岁，从东西湖新沟镇来，早上 5 点起床赶车子来的。"

记者："就是想见证一下这个成就？"

乘客："对！"［录音完］

这则报道以万里长江第一条越江隧道通车仪式过程为报道的时间线索，穿插运用了相关的背景资料。整个消息线索清晰、报道全面，并且很好地体现了新闻报道的主题。

3. 由点到面结构

这种结构主要是从具体生动的情节场面入手，先声夺人，引起听众的注意力。然后，再概述全局，增强可听性。这种结构要注意采用的个案事实应该生动、具体，场面描写的语言应该简洁、概括。

4. 逻辑结构

这种结构形式是按照事件发展的逻辑联系，按照事实的内在联系和逻辑关系进行组织、安排材料。主体部分层层深入、环环相扣。常见的逻辑关系包括因果关系、对比关系、并列关系等。请看下面这则广播新闻报道。

耗水大户"水疗城"竞相出现在缺水边城乌鲁木齐[1]

各位听众，今天（2005 年 12 月 18 日）上午 12 点 30 分，乌鲁木齐水务局在友好路图书城举办了"我为节水出点子"的颁奖仪式。就在同一时刻，位于天山区昌乐园的某水疗餐饮广场隆重开业，下面请听本台记者从两个现场发来的报道。

［出记者现场报道："听众朋友，大家好，我是记者赵萌，我现在在乌鲁木齐市国际友好图书城。"］

［现场音响起："欢迎大家参加由乌鲁木齐市水务局主办的'我为节水出点子'现场颁奖活动。"］

乌鲁木齐市水务局局长在活动现场呼吁。

［出局长的现场讲话："乌鲁木齐市是一个水资源极其缺乏的城市，节约用水是我市发展的迫切需要，我们的目标是 2008 年把乌鲁木齐市建设成为全国的节水型城市。"］

［出记者现场报道："各位听众，我是记者乌拉木，您现在听到的是某水疗餐饮

---

[1] 新疆人民广播电台 2005 年 12 月 18 日播出。

广场开业仪式。"]

[出现场音响:"我宣布某水疗餐饮广场剪彩仪式正式开始。今天前来参加庆典的市委领导有,市委副书记×××,"我现在在采访的是某水疗餐饮广场总经理××。"]

[出餐饮经理讲话:"某水疗餐饮广场现在的投资规模(略)。"]

据了解,某水疗餐饮广场的开业只是乌鲁木齐大兴水疗洗浴娱乐场所的一个缩影。今年以来,乌鲁木齐市大大小小的水疗洗浴场层出不穷,遍布大街小巷。

[出出租车司机录音:(略)]

乌鲁木齐市自来水公司负责人透露,今年以来仅在天山区、沙依巴克区兴建的水疗城、洗浴中心就达150多家,其数量和规模在全国其他城市中也属罕见。一个大型水疗城平均每天耗水量相当于400个普通人家的用水量,而被称为离海洋最远城市的乌鲁木齐,人均水资源量不足全国人均水资源量的1/4。近年来,城市生活用水连连告急,特别是今年夏天的缺水量由前些年的3万立方米上升到10万立方米。

[出乌鲁木齐市东后街居民录音:(略)]

一边是城市用水紧缺,社会各界献计献策建设节水型社会,另一边耗水量巨大的豪华洗浴城纷纷上马。面对记者的疑问,前来参加某水疗餐饮广场开业典礼的乌鲁木齐市政府官员不置可否。

[出官员录音:"这个我……我说不好,我说不上这个。"]

在这则报道中,记者将水疗城开业这一新闻事实和水务局"我为节水出点子"的颁奖仪式这一新闻事实进行对比。通过对比,表达了记者的观点:对于乌鲁木齐这个缺水城市来讲,水浴城的数量应该进行限制。

总的来讲,在选择广播消息报道的结构时,应该从实际出发,灵活运用,要根据题材和表达的需要来选择最恰当的结构。使其既适应广播新闻报道的特点,又能让听众接受、理解,这样的报道结构就是好的结构。

二、广播消息的采制要求

(一)口播消息

消息是新闻报道中最基本,也是应用最广泛的体裁。口播消息是广播消息里面的一种,它完全由有声语言构成,是将新闻记者写成的文字稿由播音员在演播室内播发出去,不包含新闻当事人和新闻现场的音响。一般在重大突发性新闻事件发生时采用口播消息,它能充分发挥广播新闻的时效性。

(二)录音新闻

录音新闻,或者称录音消息也是广播消息里面的一种。录音新闻通常是由广播记者对新闻事实和新闻现场的阐述、人物谈话也就是记者的采访录音以及现场实况音响这 3 个部分组成。从声音与新闻事实的关系来说，录音新闻里面包括的音响可以分为主题音响、气氛音响、过渡音响。录音新闻比口播新闻更具有现场感，可以根据新闻中出现的音响录制的地点不同，分为现场录音新闻和非现场录音新闻。

1. 现场录音新闻

现场录音新闻强调记者在新闻现场边观察、边说明、边录音，所有的解说和录音资料都是在新闻现场完成的。现场录音新闻有录播和直播两种方式。录播的现场录音新闻需要将现场录制的音响资料带回广播电台，进行剪辑后再播出。直播的现场录音新闻包括现场直播报道和现场连线报道两种报道形式。直播的现场录音新闻不需要将音响资料带回广播电台进行重新剪辑，而是在新闻事件现场一次性播出。

2. 非现场录音新闻

非现场录音新闻是指新闻的解说和录音并不都是在新闻现场完成的。记者只是在新闻现场将实况音响录制下来，解说词是后期写好，由记者或播音员诵读，再与前期录制的实况音响组合制作完成。非现场录音新闻是录音新闻中最重要的部分，它虽然不及现场录音新闻的现场感强，也不及现场直播报道的时效性强，但非现场录音新闻有相对较长的制作时间，可以让新闻报道的语言和结构组织得更好。

3. 录音新闻的制作要求

录音新闻作为广播消息类重要的报道形式和报道体裁，在制作上有一定的要求和技巧。

（1）制作要求　录音新闻一般时间很短。不超过 1 分 30 秒，最长不超过 4 分钟。使用精练的新闻语言，音响不拖沓，要选用最能说明问题的精华部分。客观真实，不必抒情也不用配乐，解说常由记者自己承担。

（2）制作技巧　①录音新闻在制作时，可以用音响开头，这样符合广播先声夺人的特点。但是要注意，采用这种方式开头应该抓住最能体现本条新闻内容或特点的现场音响，时间不能太长，最多 3~4 秒，然后压混、出解说。②如果用语言开头，语言则应该精练，最好开门见山，用"倒金字塔"的结构来处理。③音响的剪裁要避免突兀，人声和音响的转换要自然、干净、完整。④主述音响和背景音响的混响比例要适当。主述音响包括解说和被采访者的声音。为了增强新闻的现场感，可以将主述音响和背景音响混录，但背景音响不能声音过大，通常情况下，主述音响如果是在 0 dB 位置，那么背景音响的位置应该比主述音响少 20~30 dB。⑤音响的修补。如果现场采录的音响播出效果不理想，可以用解说来代替。可以先出几秒关键的音响，然后压混，用解说来代替内容，用音响来衬托印证新闻的真实性。此时，解说和音响的衔接应该自然、流畅、紧密。⑥虽然录音新闻时间不长，但信息量要足，在播读录音新闻文字稿件时，该有的停顿也必须要有，不然就会给人一种很憋闷的感觉。⑦很多录音新闻都是由记者来播读的。一些记者喜欢离录音话筒很近，这样很容易造成"近讲效应"，造成音响低音过重，使一部分声音模糊不清，还可能造成"喷话筒"的情况。⑧注意对背景音响的修补。例如，有的背景音响不连贯，可以通过对声音的复制、粘贴然后淡出的方式进行修补，让背景音响听起来连贯、真实。⑨人声、音响的合成要注重整体效果。首先，音量要协调一致。其次，人声和音响之间有一定的间隔。最后，如果为了强调人声和音响的连贯，可以用音响前入或音响后出，将人声和音响交叉重叠。

第四节　专题类广播新闻的采制

广播专题也称为"广播专稿"，它是就新闻事件或新闻现象，采用叙述、描写、议论、抒情等手法，或结合实况音响、人物谈话录音等手段做成的专题作品。广播专稿相比广播消息篇幅更长，内容更丰富，报道内容更加深入。不仅要报道新闻的"五要素"，还要报道新闻的原因、意义等，表现手段更加多样。与广播消息多采用叙述性的语言不同，广播新闻专稿会用叙述、描写、抒情、议论等语言，还会采用对播、问答、互动参与等手段。专题类广播新闻节目侧重于编排，包含多种广播新闻报道体裁和方式，如广播通讯、广播特写等。

一、广播通讯

运用叙述、描写、议论、抒情等多种手法，将新闻事实、新闻人物、工作经验、风光面貌等材料及有关实况音响、人物谈话等，制作成广播新闻报道。这种广播新闻报道的体裁就是广播通讯。

（一）广播通讯的类型

广播通讯的分类方式有多种，按照报道对象的不同，可以分为事件性通讯、人物通讯、工作通讯、概貌性通讯等；按照是否使用音响，可以分为口播通讯和录音通讯。

1.事件性通讯

事件性通讯是详细报道社会上发生的新闻事件，重在记述和再现新闻事件发生、发展相对完整的过程，显示事件的内在逻辑和社会意义的报道。事件性通讯要能够用典型事实讲故事，并且可以通过抓细节、设置悬念等方式，让听众产生画面感；同时，可以用适当的议论、抒情等表现手法，烘托和深化主题。

2. 人物通讯

人物性通讯是用来展示新闻人物事迹与形象的报道，一般用于对典型人物的宣传。作者在采制人物性通讯时，要通过扎扎实实的采访，梳理出能够体现出人物特点和精神世界的典型事件。再通过对这些典型事件的选取和运用，将人物放在具体的环境中，以事写人，而不是将典型人物的事迹泛泛地堆砌出来；同时，也应避免对人物的塑造过于"高大全"，从而使听众对作品产生距离感和排斥感。

3. 工作通讯

工作通讯主要反映不同领域中的新情况、新办法、新经验、新矛盾、新问题或新趋势，从中找出某些规律性的东西，以此指导、推动实际工作的新闻报道。报道的对象既可以是展示新经验、发现新思想的正面报道，也可以是关注难点问题、探讨发展对策的中性报道，还可以是揭示问题的负面报道。记者在采写工作通讯时，首先，要具有全局性观念，要明确党和政府现阶段的工作重心，要研究所报道的行业领域中的重心话题和亟待解决的问题，才能够准确选择和提炼报道的主题。其次，记者要通过第一手采访，获得各种鲜活的细节和典型音响，塑造正面典型或揭露问题。最后，记者应当寻找和把握工作性题材与受众利益的结合点，用他们喜闻乐见的形式凸显他们关注的主题。

4. 概貌性通讯

概貌性通讯也称"风貌式通讯"，是着重描绘社会变化、时代风尚及风土人情、名胜古迹的报道。主要表现某地的今昔对比和建设成就或某地的风土人情、精神面貌等。此类专稿要尽量通过记者的见闻增强报道的真实感，并且尝试用新的角度来诠释主题。此类通讯的时效性相对较弱，新闻特征没有其他几种专稿体裁明显。

5. 口播通讯

口播通讯是指单纯运用有声语言反映现实生活的专稿形式，也就是以记者的文字稿为基础，由播音员进行播读的通讯。口播通讯的文字稿件在写作时需要遵循为听而写的原则，语言过于晦涩、结构过于复杂，都不利于听众收听，自然会影响听觉效果。

6. 录音通讯

录音通讯除了运用叙述、描写、抒情、议论等语言手段外，还把音响作为表现事实、思想情感的不可或缺的符号。录音专稿利用音响自身的表现力，增强报道的现场感和想象性，发挥记者的主体作用，增强报道的直接性和亲切感、交流感。

（二）广播通讯的写作要求

1. 主题要反映时代精神

广播记者要在对新闻事件和新闻人物进行深入了解的基础上，结合对局势的宏观把握来提炼报道主题。

2. 新闻要故事化，人物要个性化

广播新闻记者在采制作品的过程中，应尽可能追求新闻事件的故事化、情节化，注重细节与现场描写，使新闻一开始就有声有色，吸引听众。现场场景及相关细节、典型音响、关键人物、关键时刻等都可以成为广播专稿的兴奋点和关注点。在报道人物时，记者要仔细观察采访对象的动作、表情、态度、观点，并在相关的同类人中选择最有代表性、最能说明新闻主题的人作为故事的主角。通讯一开始要尽快吸引听众，切入新闻主题。

3. 表现形式多样化

广播通讯除了可以用多种写作手法，还可以采用男女对播、访谈、配乐等多种表现手段，增加专稿的可听性。

4. 充分利用音响效果

音响效果是广播节目形态的重要组成部分，是广播区别于其他媒介的独特优势。音响选用得当，有助于渲染气氛，揭示和深化主题，刻画人物形象，展现环境风貌，让听众如临其境。

5. 音响与文字相辅相成

陈述性语言有助于表达观点、描写细节，音响有助于刻画人物、展现环境、渲染气氛。二者相辅相成，相互衬托。

6. 结构清晰

广播通讯一般以单线结构为基础，强调内容之间的联系，或是时间顺序、空间顺序，或是逻辑顺序、情节发展顺序。一般来讲，一事一报，一篇通讯只写一件事，避免两件事交叉叙述。段落过渡要合乎逻辑。除了常用的过渡手段，还可以用总片头或分片头来过渡。总片头是广播节目栏目标志后出现的关于报道的介绍性内容，在广播报道中表现为音乐加解说，不但起到导入的作用，还有广告的作用。分片头是在报道中间出现的承上启下的说明性内容。它既可以是上一节内容的精华荟萃，也可以是下一节内容的介绍。此外，通讯制作还要注意详略得当、主次分明。请看下面这则通讯。

造林还是造字[1]

听众朋友，您平生见过的最大的标语字有多大？最近，记者在湖北省郧西县算是大开了眼界。今天的《焦点时刻》请听湖北台记者杨宏斌、通讯员胡成采制的录音报道：《"造林"还是"造字"》。

今年 11 月 28 日，记者乘车经过郧西县电子镇太平寨时突然发现，公路旁陡峭的高山上，一个巨大的水泥字扑面而来。因为离得较近，记者无法看到它的全部，只有

---

[1] 湖北人民广播电台 2002 年 12 月 9 日播出。

跑到 500 米开外的地方抬头仰望，才看清这原来是一个硕大的"禁止"的"禁"字，而它只是一幅巨型标语的四分之一。记者驱车十几分钟，才终于将山体上用石头砌成的这四个大字看清——"封禁治理"。四个大字连成一排，挺立在群山之间，十分壮观。

"封—禁—治—理"，这四个大字是什么意思呢？

［出音响］

记者："封"就是封山，那"禁"呢？

郑××："禁"就是禁止砍伐，禁止放牧——放牛放羊；"治"就是治理荒山；"理"就是管理的意思。［音响止］

说话的人是原店子镇林业站职工郑××，他曾参加过这幅巨型标语的设计建造。他告诉记者，这幅巨型标语是电子镇政府 1999 年组织 5 个村的 2000 多名劳力，大干一个半月建成的。

这每个字究竟有多大？郑××说，每个字严格按照 840 平方米来建造的，一个字大约是 29 米长、29 米宽，足有 9 层楼那么高，比两个篮球场还要大！"封禁治理"的"封"字，就右边"寸"字里的那一点，就有 9 米宽、4 米高，能坐下 40 多个人。

是谁想起在山上造字的呢？

郑××介绍说，当时，县里号召退耕还林、封山植树，周边乡镇都在山林上做巨型标语，显示抓这项工作的气魄和决心。店子镇的领导见别的乡镇的山体标语很气派，受到上级表扬了，不甘示弱，决定也要做几个大字。字的大小一定要超过周边乡镇。镇里安排郑××和文化站站长桂××对标语字进行设计。刚开始，领导对他们的设计还不大满意。

［出音响］

郑××："开始就是按照领导意图，一个字做一亩那么大，结果做那么大，他们下来一看，小了，最后又重搞，重搞就是按照 840 个平方（米）这样设计的。"［音响止］

设计的字体大小超过了周边乡镇，领导满意了，才开始施工。郑××说，这山体大字的做工很讲究。

［出音响］

"先挖槽子，开这个字的笔画；再用石头一个一个给它往上拍。槽子好像是 40 公分深吧。石头砌好了以后，就和砂浆、和水泥，再灌；灌了以后再抹平；抹平之后上涂料，刷白，石灰的不行，石灰的水一冲就没得了。"［音响止］

太平寨山高坡陡，做字的地方坡度达 45 度到 50 度，农民们从河里运砂石，挑水上山，行路艰难。造字时正是高温酷暑的夏天，2000 名劳力每天从早上 6 点半开始干，一直干到下午 7 点才收工。

［出音响］

郑××："太热了！就说我们，我们作为干部上去还没干啥子呢，整天脸上的汗都没干过，身上的衣裳都汗湿完了。如果扛沙、扛石头、扛水泥，那更辛苦了。"［音响止］

造这几个标语字共花多少钱？郑××告诉记者，每个字至少6000元，4个字总共就花24000元，这还不包括群众投工在内。农民给记者算了这样一笔账：如果花24000元买树苗的话，可以买松杉苗16万株；按常规每亩栽127棵的话，可以栽1259亩，能把这座山绿化12遍。

为了显示退耕还林的力度，郧西县很多乡镇都像店子镇这样，把"造林"变成了"造字"。据县林业局有关人士介绍，全县造的300多平方米以上规模的大字近100个！

［音乐混播］

夹河乡建有两处大型标语：一处在金銮山，"封禁治理，美化汉江"这8个大字，共投入2500个劳力，做了3个月。每个字667平方米，8个字全长2公里，跨越3座山。另一处标语在腰滩河，"做好水土文章，绿化湖北山川"12个大字，每个字667平方米。2500个劳力，做了4个月，标语全长5公里！

在羊皮滩建的"泥沟乡退耕还林示范区"10个大字，全部先用水泥浇筑，然后用白火石砌表面，两个村1300个劳力做了3个半月才建成。建这些字的白火石，是乡政府要农民自己掏钱买的。为了买白火石，农民最远得跑到12公里外的陕西月儿潭；没钱买，就下河捡或上山找。

羊皮滩的这10个大字的脚下，就是景阳乡官亭村。当年建字时，官亭村村民就说，与其花这么多钱造字，不如给官亭村修一条村民们盼了18年的断头路。

在各乡镇竞相开展的"造字竞赛"中，店子镇终于后来居上，拔得头筹，凭借"封禁治理"这4个大字创下了字体最大的纪录！

郧西县一些乡镇1999年开始"造字"，一晃三四年时间过去了，巨型标语字体任凭风吹雨打，依然坚不可摧。相形之下，这些地方的退耕还林状况却不容乐观。

原店子镇林业站职工郑××说，建了大字后，店子镇政府搞了几次植树造林的"大会战"，还请来县电视台记者摄像。可一阵热闹过后，剩下的是一片冷清。站在"封禁治理"4个大字前，郑××说：

［出音响］

"你看那山上，现在还不是那个样子！年年植树不见树，岁岁造林等于零。"［音响止］

说是"封、禁"，可是记者在店子镇看到，造了字的山上，树木稀稀拉拉，零零星星地种着黄姜和小麦；牛、羊在随意地吃着草，没有人来管。

羊皮滩的"泥沟乡退耕还林示范区"10个大字中，"退耕还林"的"还"字里面还种了农作物。红岩寨"封禁治理"4个字中的"封"字，从远处看，隐约有几个黑点，爬到字上一看，原来不知是谁种了两分地的黄姜！

红岩寨的大字标语下有两个村，因山高坡陡，水土流失严重，泥石流经常冲毁农民的房屋，从造绿化标的那一年起，两个村的村民就强烈要求实施退耕还林。去年他们还挖好了树坑，等上级发树苗种植，可至今没人理这个茬儿！

个别乡镇为了造字，竟然不惜毁林。夹河镇金銮山大型标语字，跨越3座山，其中有一座山的天然林比较好，但镇里为了造"封禁治理"的"封"字和"禁"字，砍掉了不少天然林木。

谈到这几年造字的经验，郧西县林业局的干部们很是得意。他们特别向记者说明，郧西的造字声势已经影响到了郧西相邻的陕西6个县。

［出音响］

干部甲："对陕西有震动，有促进。"

干部乙："我们这个郧西呢，和陕西6个县交界，他们看到这个声势以后呢，就你追我赶，湖北人了不起嘛！（笑）哈哈……"［音响止］

可是，在汉江南岸的陕西省白河县和旬阳县的两个乡镇，记者驱车20多公里，沿途只见树木不见字。郧西县的关防乡和湖北口乡，没有造一个大字，却造出了成片成片的树林。看来，"造林"还是"造字"效果不大相同。

好，感谢收听《焦点时刻》。

在这篇通讯中，我们可以看到报道围绕湖北几个乡镇为了政绩，做造林工程的表面文章，不是造林而是造字，造成山林破坏，社会影响恶劣。整个报道是按照逻辑结构来组织材料的，从造字的现象说起，调查这种现象产生的背景、经过，最后用精练的语言指出这种现象带来的后果。整个报道线索清晰、层次分明，语言生动形象，音响运用典型准确。

二、广播特写

广播特写抓取新闻事实或报道对象富有本质特征的片段或瞬间，通过音响、语言进行生动、形象的描写，放大片段，鲜明地再现典型事件、人物和场景。其构成要素主要是人物个性化语言，展示主题的现场音乐和音响。

（一）广播特写的分类

1. 按照篇幅分类

时长为4分钟以内的称为消息型特写，运用录音通讯的结构方法和篇幅要求，加上一些特写技法采制的特写称为"专题型特写"。

2. 按照题材分类

广播特写按照题材分类可以分为人物特写、事件性特写、风貌特写等。

（1）人物特写　重在描绘人物，往往抓住某一典型且富有表现力的事件、场面、行为和生活细节，侧重报道新闻人物最有特点、最具价值的言行。

（2）事件特写　选取重大的，有典型意义或听众关心的事件的特殊场面、特别镜头和典型细节，集中进行描绘和刻画。特写刻画的事件比消息更为具体和细致，比通讯更加侧重镜头感和细节的描述。

（3）风貌特写　以具有典型特征和特殊意义的风光、景物和民俗作为反映对象，形象、生动地再现记者的所见、所闻、所感和所思。

（二）广播特写的写作要求

1. 选材片段集中

广播特写要运用大量的现场音响及一定量的语言描述，集中表现新闻人物或事件的某些富有特征的侧面或片段。与录音通讯不同，广播特写不必展现新闻的全过程，不强调事件的完整性。特写需要抓住新闻事件发展变化中最关键、重要、生动感人的一幕或人物最有表现力的侧面，围绕"瞬间"场面，采用描写的手法，对所报道的对象作传神、细腻的描绘和渲染，从而打动观众，令听众有所愉悦和感悟。因此，广播特写中展开的是最有新闻价值的一段事件过程，通过绘声绘色的描述达到令观众"窥一斑而知全豹"的效果。新闻特写注重再现新闻现场和新闻细节，换句话说，无论事情多么繁杂、范围多么广泛、事件经过多么曲折漫长，广播新闻特写总是写事件的关键、情节的高潮处。因此，广播特写比广播通讯更加凝练。

2. 音响真实、典型、传神

广播特写有别于录音通讯的一个重要特征就是能够用音响说话。音响是广播特写的精华所在，广播特写的采制者要懂得音响的内涵，要用音响设定场景。音响比文字更加生动形象，内涵更加丰富，更具有感染力。广播特写不需要记者大段的文字叙述，凡是能用音响表达的地方就用音响来表达。当然，广播特写的音响必须是真实的，能够以真实的声音表现真人真事，典型音响要能起到"画外音"的效果。

3. 注重细节描写

描写是新闻特写基本的表现手法。广播新闻特写需要通过对新闻事件和事实中具有特点的细节进行精心描绘，通过具体细致的细节描述刻画富有特色和动感的"瞬间"形象，从而增强新闻报道的感染力。广播特写中如果缺少了这些丰富生动的细节，就不可能成为成功的作品。在一些特定体裁的广播特写中，需要对新闻事件发生和新闻人物活动的现场气氛和周围景物作出细节上的描述，以帮助听众了解新闻事件的本质和新闻人物的内心世界。经过恰当处理的对周围环境和现场气氛的刻画,可以生动传神地告诉听众发生了什么样的事件以及事件是如何发生的。描写分为细描和白描两种,广播特写中的白描和细描应恰当地相互配合。所谓白描,就是用尽可能简洁的话语,贴近自然地勾勒出新闻事件或新闻人物的真实面貌。在广播特写中,对现场景物、背景情况以及新闻人物的体貌特征等适宜采用白描手法,通过简单勾勒可以清晰真实地再现景物、事件、人物的自然状态。对新闻事件中精彩的"瞬间"片段,则采用细描,对其进行具体、细致、传神的细节描述。白描是细描的先声和铺垫,细描是白描的发展和高潮。新闻特写中缺少了白描,故事的梗概、人物的特征就不能交代清楚;缺少了细描,就失去了感人的细节,也就失去了新闻特写最重要的特点。下面就以广播特写作品《巴勒斯坦送别阿拉法特》[1]为例,看看细节描写的手法和重要性。

巴勒斯坦送别阿拉法特

[音响一,巴勒斯坦国歌出,数秒后混播,渐隐]

……

[音响二,出直升机抵达声,数秒后混]

约旦河西岸城市拉姆安拉当地时间 12 日下午 2 时 10 分,运送巴勒斯坦民族权力机构主席亚西尔·阿拉法特灵柩的埃及军用直升机出现在拉姆安拉总统官邸南侧临时停机坪上空。这时,在那里守候多时的送葬人群再也抑制不住自己的悲伤心情,呼号声、哭声、枪声响成一片,人们纷纷以不同的方式表达着对这位被誉为巴勒斯坦"民族之魂"的领导人的崇高敬意。

……

"为了亲爱的阿布·奥麦尔,大家让一让!"随着一名泪流满面的巴(勒斯坦)保安部队军官的哭叫声,拥挤的人群立即闪出了一条通道,里侧的人们还主动手拉手帮助维持秩序,数名因悲伤过度而晕倒的送葬者随后沿着这条"生命通道"被及时抬出了官邸。巴勒斯坦人日常大都喜欢亲切地称呼阿拉法特的名号"阿布·奥麦尔",为了能让他顺利入土,送葬现场人们的配合与理解无处不在。一名警察手持木棍拦截人流,立即引来周围人群的同声指责,认为他的行径低估了送葬者的觉悟,后者则立即表示道歉并放下了手中的木棍。

[音响五,出祷告声,数秒后混]

在总统官邸的小清真寺里传出的祷告声中,阿拉法特的灵柩随后被安葬在总统官邸西南的墓穴里。墓地旁有青松相伴,其外围铺有墨绿色的大理石,而墓穴等核心部位则都以阿拉法特生前十分熟悉的、白色的"希伯伦石"砌成。

---

[1] 中国国际广播电台 2004 年 11 月 13 日播出。

......

在为阿拉法特送葬的人群中，有年仅 4 岁的孩子，也有年过六旬的长者，还有拄着双拐行走艰难的残疾人。穆罕默德·哈姆迪头戴"阿拉法特式"黑白方格头巾，身披巴勒斯坦国旗，声音嘶哑，让人一接触便能认定他是位热血青年。为参加安葬仪式，哈姆迪前一天便从 25 公里以外的家乡赶到了拉姆安拉总统官邸，晚上就露宿在官邸外。

......

在总统官邸院墙外，一群巴勒斯坦妇女流着眼泪唱起了古老的阿拉伯挽歌，声声呼喊着"阿布·奥麦尔"的名号，歌声凄惨，催人泪下。这歌声表达了巴勒斯坦人对阿拉法特不尽的哀思，也表达了他们继承阿拉法特未竟事业、实现巴勒斯坦和平建国理想的坚定决心。

......

在这篇录音特写作品中，充分运用了细节描写，来表现送葬人群的悲伤情绪。在描写细节的过程中，既有白描的手法，也有细描的手法。例如，对阿拉法特安葬墓地的描写就是一种白描的方式。而对送葬的巴勒斯坦人穆罕默德的描写则是用细描的方式，也从侧面反映出阿拉法特在巴勒斯坦人民心目中无比崇高的地位。

三、录音通讯和录音特写的采制要求

录音通讯和录音特写的制作方法与录音新闻没有根本区别。但是，录音专稿和录音特写毕竟是一种信息容量较大的广播报道体裁，其文字的表现力相对丰富，音响的使用更加频繁，因此制作手法也更多、更讲究。概括起来，有如下 6 种。

1. 用音响来还原新闻现场

在录音新闻中，音响的使用常常是一段一段的，音响与音响之间是有声语言。而有的新闻特写为了突出新闻现场感，音响往往不是时断时续，而是持续不断的。这就需要用现场音响做有声语言的衬托与铺垫。在使用现场音响时，应先做好对现场音响的反复审听和准确理解，再将音响的关键点与解说或讲述的关键点准确衔接，即用背景音响制造出一种音响的"波峰"或"波谷"，"波峰"往往是音响的关键点，而音响走到"波谷"，则是有声语言的关键点。这样一来，现场的背景音响既形成了起伏的节奏感，也可以表达音响自身所包含的信息。在实际操作中，我们将音响的"波峰"确定后，很可能会发现背景音响的"波谷"长度不够，无法完全陪衬有声语言。此时，可以采用复制、粘贴的方法，使这种音响的"波谷"得以延续。

2. 用语言与音响之间的逻辑相关来进行连接

在录音新闻中，通常都是先出介绍性语言，再出相关音响。这种有声语言接音响的方式比较直接，容易被听众理解。而在录音专稿和录音特写中，我们时常会发现在音响

之前一些引导或关联的字句都没有了，音响与解说之间的连接变得更加含蓄。但是，这种连接更凝练、更有韵味。在采用这种方式制作专稿时，需要作者精心选择音响，找出音响与解说之间的内在逻辑关系，然后通过精心的合成，才能完成。

3. 用音响来转换场景或叙述角度

在录音通讯或者艺术性较强的广播特写中，音响常常备用来转换场景或转换叙述角度。

4. 用音响来造势

在一些录音专稿或大型报道中，常常使用音响来制造声势，或者用来体现报道所产生的影响。

5. 用音响产生强烈反差或对比

在录音通讯或录音特写中，音响如果使用得好，会产生一种强烈的对比效应。

6. 用音响来进行象征

在录音通讯或录音特写中，让音响富有象征意味，这常常是广播新闻所追求的目标。

第五节　评论类广播新闻的采制

广播新闻评论，简称"广播评论"，就是广播媒体对具有普遍意义的新闻事件、公众普遍关注的问题、社会现象或思想倾向等发表看法，阐述立场、观点、态度的广播新闻体裁。在今天，主流媒体的竞争已经由信息竞争进入观点竞争，广播新闻评论作为表达观点、立场的舆论场，其节目质量的高低决定着媒体的权威性。

一、广播评论的特点

1. 短小精悍

广播的传播特殊性决定了广播评论的短小。广播评论要选单一的小的论题，且以小切口的形式将问题讲透彻。但论题要选择在某一个领域、某一个方面带有全局性、倾向性的问题，立意必须对全局具有针对性和指导性。因此，广播评论应该短小精悍、言之有物。

2. 深入浅出

广播新闻评论强调深入浅出，深入是深入题旨，浅出是通俗易懂。用大众化的语言来处理较为深刻的政论性内容；通过比较、概括的方法，将抽象的道理讲得明明白白，让听众听得清清楚楚。

3. 形式灵活多样

广播评论的文风活泼、风趣，编排形式上灵活多样，可以是本台评论或者记者述评，也可以是广播大家谈、本台短评、编前语、编后话、广播谈话、主持人评论等。

二、广播评论的写作要求

1. 有观点，有思想

广播评论相对于其他体裁的广播新闻报道，其报道的深度就在于，评论的内容要言之有义。这个义包括了两层含义。第一层含义就是观点。没有观点的评论，就不叫评论，广播评论是通过提出观点、论证观点来引导舆论。观点就是评论的生命。第二层含义是思想。评论所表达的思想，既要新颖，又要积极向上，能够代表社会的主旋律。

2. 摆事实，讲道理

广播评论的观点和思想，要让听众理解信服，其语言应该是朴素的，内容应该是充分的。广播评论应该紧扣观点、结合事实，通过分析事实来论证自己的观点。寓理于事，讲实话、讲真话，以理服人。

3. 有感情，有趣味

广播评论不是干巴巴地说事、说理，既要晓之以理，更要动之以情。应该充分挖掘新闻事实所蕴涵的情感，让这种情感的力量成为评论的有力支撑。评论者应该报以一种与朋友交流谈心的状态，亲切自然地表达出观点想法。广播评论的语言应该幽默风趣。评论的构思要有新意，语言要引人入胜，写作手法也要不断创新。

三、广播评论的制作

1. 选题

广播评论的选题强调新闻性和言论性的结合。要选择那些公众关注度比较高，又能够谈得开、谈得深的新闻事件。广播评论的选题不光看新闻价值，还要看是否有理论价值，是否有现实针对性的评论价值。特别是新闻快评，就要考虑选题的时效性，要充分发挥广播传播迅速的优势，第一时间传达观点，让重大新闻事件成为评论焦点，占领新闻舆论的制高点。

2. 立论

新闻评论成功的关键在于立论。立论的核心是要有针对性。立论要正确、新颖、集中，并且具有一定的引导意义。

3. 论述

广播新闻评论的论述过程，需要在评论的思想深度和广播的伴随性播出这一传播特点之间找到平衡点。要充分发挥声音的力量，用音响说话、说理、述评，增强广播新闻评论的可听性、权威性和说服力。广播新闻评论既要有强烈的感情，鲜明的立场观点，也要像拉家常般有人情味，让观众能够接受评论的观点。既要有理论、道理，也要有情感、形象。

四、录音评论

录音评论是一种具有广播特点的评论形式，是将新闻事件的现场音响实况或者人物谈话录音作为论据的一种评论形式。录音评论中的音响并非可有可无的点缀，而是评论的重要组成部分。音响与有声语言的结合运用才能完成整个评论的论证过程。录音评论因其信息量大，针对性更强，更富有说服力和感染力，更能发挥广播特色，因此在广播言论节目中的比例日益上升。

在录音评论中，评论音响的运用主要有以下 3 种情况。

1. 充当评论由头，引进观点

充当评论由头的音响往往是一段录音采访，它能表达采访对象的内心想法，而这也成为评论的对象。

2. 充当评论论据，形象说理

广播音响反映的新闻事实，更加生动形象。将其安排在广播评论的中间，可以为评论的观点服务，成为一部分论据，这样的论证过程也更加让人信服。

3. 贯穿论证过程，活跃全篇

广播音响能够反映新闻事实的现场感、时效性，比起单调的有声语言，更能让整个广播评论听起来有声有色。

总的来讲，录音评论实质是带音响的新闻述评。所谓新闻述评，就是以新闻事实为依据，对某一事件或问题进行剖析。其形式夹叙夹议，述是手段，评是目的。录音评论是评述结合、以评为主、述中有评、评中有述，论述过程是从感性到理性，从形象到规律和经验。

例如第 17 届中国新闻奖获奖作品《绝不许亵渎英雄，歪曲历史》。

绝不许亵渎英雄，歪曲历史[1]

［出恶搞短片录音 1 压混］

潘冬子："我爸说，民族唱法容易上春节晚会，我们唱民族唱法吧，听说刀郎一场演唱会能赚 100 万，那该多少钱啊？"

春芽子："好，民族就民族，我们一起'走穴'，那能赚多少钱哈？"

潘冬子："对，去年'超女'那么火，今年也轮到我们了！"

听众朋友，正在播放的是网络上下载的恶搞红色经典短片《闪闪红星之潘冬子参赛记》片段。短片中，小英雄潘冬子变成了整日做梦挣大钱的少年，其母亲一心想参

---

[1] 浙江广电集团《城市之声》2006 年 12 月 30 日播出。

加"非常6+1"，只因为"梦中情人"是主持人李咏。近来，恶搞红色经典，恶搞英雄，恶搞历史成为一种时髦。一时间，"雷锋是因为帮人太多累死的""黄继光是摔倒了才堵枪眼的""董存瑞是因为被炸药包上的双面胶粘住了""狼牙山五壮士跳崖是假的""岳飞、文天祥不能算是英雄"等说法甚嚣尘上。搜索网络上所谓的"人品计算器"，雷锋的人品只有2分，岳飞的人品不如秦桧。更有甚者，有人要捕风捉影地拍摄电影《雷锋的初恋女友》；某电影专业期刊竟刊登文章称没有人看见董存瑞托起炸药包的情景，董存瑞的英雄事迹是根据一些蛛丝马迹推测出来的。

恶搞，作为一种新的娱乐形式，本也无可厚非。然而，任何娱乐都不能歪曲事实，都必须坚守道德和法律的底线。高尚的娱乐应该给人以健康向上的精神愉悦之感。如今流行的对红色经典、英雄人物、人文历史的戏说或恶搞，以颠覆历史、丑化英雄为乐事，是对民族精神的亵渎。

74岁的虞仁昌老人是雷锋生前所在连的连长，说起电影《雷锋的初恋女友》，老人十分气愤：

［录音2］

"雷锋没有谈恋爱，不要说雷锋，像我这个二十七八岁当连长的，看到女同志都脸红，都没谈过恋爱，这个是没有的。"

所幸的是，该电影即将拍摄的消息一经公布，就遭到了雷锋生前17位战友的投诉抵制，严肃要求"导演要尊重真正的历史"，坚决反对"娱乐式游戏地对待雷锋"。该电影也被国家广电总局及时叫停。

原董存瑞生前所在师副政委程连九，当年是师政治部宣传干事。在攻打隆化的战斗中，他正好在董存瑞所在的六连。程连九回忆道：

［录音3］

"对董存瑞这个连攻打隆化中学东北角的全部情况，我都知道。我看他用一只手托起炸药包，把导火线拉了冲着我们喊：'连长，冲啊！'我都愣了，连长喊了一声'董存瑞'，这一声喊得撕心裂肺啊！"

程老忍不住要质问那些恶搞的人：

［录音4］

"你们享受着这几十年的和平时代，享受着这么美好的生活，这是哪儿来的？你们现在享受的是以前他们牺牲的成果，你好意思这么享受他们牺牲的成果吗？你们的良心哪儿去了？"

屈原、岳飞、文天祥，承载者中华民族的民族精神，当代红色英雄是我们今天过上幸福生活的功臣，他们都是中华民族的脊梁，是中华民族最宝贵的精神财富。

何祚麻院士认为：那些恶搞英雄和历史的人，

［录音 5］

"对我们老祖宗当时的奋斗了解得太少了……他们享受着现成的比较富裕的生活，但是没有去认真想一想这个富裕生活是怎么到来的……自己需要承担什么责任，怎么去做一个现代的人。"

他更直斥这种恶搞行为：

［录音 6］

"等于是亵渎自己的祖宗啊，亵渎自己的先辈啊！"

是的，对于先人的奋斗，对于英雄、对于历史，我们应该常怀敬仰、感恩之心。

沈阳军区《前进影视报》前主编刘国彬大校花了大量心血，考证了董存瑞英雄事迹，维护了英雄的尊严。他对记者说：

［录音 7］

"任何一个民族，都是有道德底线的，真善美与假恶丑历来是泾渭分明的。圣女贞德是法兰西民族的英雄形象，对她调侃就被视为违反道德的极端行为。在印度，圣雄甘地是一位民族英雄，老百姓对他指手画脚是犯法的。在美国，黑人领袖马丁·路德·金是反种族压迫的无畏战士，对他有不恭敬的言辞，也会受到美国民众的痛斥。我们自己的民族英雄，我们自己一个个把他们全都颠覆了，全都摧毁了，全都歪曲了，全都否定了，这是民族的悲哀。"

郁达夫先生在悼念鲁迅的时候说："没有伟大的人物出现的民族，是世界上最可怜的生物之群；有了伟大的人物，而不知拥护、爱戴、崇仰的国家，是没有希望的奴隶之邦。"

联合国前秘书长斯特朗提醒我们："西方的文化有很强的物质主义倾向，在中国变得富有、追求物质的时候，千万不要丢失了自己的灵魂。"

一个伟大的、优秀的、生机勃勃的民族，一个正在崛起的大国，不能没有自己的英雄，不能不敬仰自己的英雄。老连长虞仁昌说得好：

［录音 8］

"人民需要雷锋，时代需要雷锋，改革开放更需要雷锋。"

我们应该理直气壮地宣传雷锋、董存瑞这样的英雄，大张旗鼓地宣传社会主义核心价值体系，坚守民族的精神高地。用道德和法律的规范，来坚决制止对红色经典、对英雄和历史的亵渎和歪曲，还历史以真实的面貌，让英雄的浩气长存！

这篇录音评论以"绝不许亵渎英雄，歪曲历史"为评论的立论观点，用了多段人物采访的录音。通过采访录音，用被采访对象的语言还原历史的真相，表达了对英雄与历史的尊重，从正面角度论证了立论观点。在这篇录音评论中，采访录音既作为论据存在，也在表达观点态度。采访录音的叙述与解说的评论有机结合在一起，形成了夹叙夹议的评论风格。

思考与练习

思考题：

1. 如何进行音响采访的录制？
2. 广播消息有哪些写作结构？
3. 如何录制广播通讯和广播特写？

练习题：

1. 将一篇消息类的报纸新闻稿件改写成一篇广播消息稿。
2. 分析一篇录音通讯的报道结构。

▼

第 4 章

电视新闻的采访与写作

电视新闻是通过电视这一大众传播媒介进行传播的新闻，它通过声音和画面这两种传播符号来传递信息。相对于报刊新闻，电视新闻不仅能对"过去式"的事态进行即时报道，还能对正在发生的新闻事态进行即时报道。直播化的电视新闻现场报道时效性更强，它完全可以做到对正在发生的新闻事实进行同步报道。尽管当前网络信息的传播发展迅猛，但在信息传递的可信度和权威性上，网络信息传播依然不及传统的电视新闻报道。因此，在这一章里，我们将着重围绕电视新闻采制的特点、方法、技巧、规律等展开论述。

第一节　电视新闻的构成要素与采制特点

在了解电视新闻的采制特点之前，我们首先应该明确电视新闻节目的一般构成要素。因为，今天的电视新闻报道已经实现了节目化播出，不管是哪一种类型的电视新闻节目，都是由以下这些常见的电视新闻报道形式和制作节目的辅助手段构成的。

一、电视新闻的报道形式

1. 图像新闻

图像新闻是指以新闻事件现场图像为主，对新闻事件进行报道的电视新闻节目。图像新闻要求摄像机必须记录下新闻现场的画面和声音，运用画面和声音进行信息的传播。这种形式一般需要经过后期编辑和包装，配以解说词播出；有的图像新闻在播出时，还要配上由播音员出镜播送的"口播导语"。随着电子摄录系统（ENG）的广泛运用，图像新闻的时效性日益增强，已经成为电视传播最新信息的主要形式之一。

2. 口播新闻

口播新闻是一种由主持人或播音员出图像播报新闻的电视新闻形式。它主要通过由文字稿转化的声音来传播信息，有时还配合新闻稿运用图片、图表、动画和屏幕文字等表现手段。在电视发展早期摄录技术尚未发展成熟的阶段，口播新闻发挥了重要作用。

尽管口播新闻被认为缺乏电视特点，形式较为单调，但由于它的制作方便、灵活，具有很强的机动性和题材适应性。迄今为止，口播新闻仍是电视媒体在迅速、及时地为观众提供重大信息时首先采用的新闻报道形式。此外，在新闻节目中适当穿插一些口播新闻，也具有调整节目节奏或间隔新闻组合的作用。

目前电视新闻中的口播新闻，主要用于以下几种情况：一种是方针政策性新闻，如重要公报、决议，新出台的方针政策，国家领导机构或首脑发布的命令、通知等；另一种是来自其他媒介的消息，由于没有图像素材，多采用口播形式对新闻事实进行简要报道。此外，还可用于最新消息的插播。有些重大的突发性新闻事件，在电视记者赶赴现场之前，也常用口播新闻及时报道刚刚收到的最新消息，如 2008 年汶川地震后央视第一条关于地震的消息，就是通过口播新闻的方式发出的。

3. 图片新闻

图片新闻是运用新闻摄影图片或漫画，配合新闻解说的电视新闻报道形式。它能弥补电视新闻现场影像的不足，增加新闻的可视性。

4. 现场报道

现场报道是记者在新闻事件现场直接向观众口头报道正在发生的新闻事实的报道形式，它是最具电视特点的一种新闻报道形式。与传统图像新闻相比，它的现场感更强，能够充分体现人际传播的优势。

以往电视新闻的主体形态多为演播室播报加上提前剪辑好的新闻内容，现场报道的篇幅和力度不足，尤其是现场连线报道使用得不够充分。如今，许多新闻的制作越来越多地使用内外结合的方式。内外结合即演播室内的播报和演播室外的连线报道、外景现场报道相结合。通过连线驻外记者或新闻当事人，大大增强了新闻的时效性和现场感。

在现场报道中，出镜记者的作用相当重要，因此对其综合素质也有较高的要求。一方面，应具备一定的新闻敏感性，有识别新闻的能力，面对被访者善于提问、善于挖掘有价值的信息。另一方面，还应具备良好的口才，能够及时地把自己对问题的认识与理解，流畅地向观众传播。

二、辅助表现手段

1. 串联词

串联词，顾名思义其作用为穿针引线，重要性不可忽视。串联词包括导语、新闻节目的开篇语与结束语、两条新闻报道之间转折连接语等。串联词是新闻编排中的一种表现元素，通过其来体现节目风格，实现两条新闻之间的平滑过渡。通过串联词，主持人可以展现自我，体现亲和力和个性特色，体现节目的特色。

2. 演播室

演播室是利用光和声进行空间艺术创作的场所，是电视节目制作的常规基地，除录制声音外，还要摄录图像。嘉宾、主持及演职人员在里面进行工作、制作及表演。例如，央视名牌新闻栏目《东方时空》就是以虚拟演播室为调度中心，用直播方式，将新闻、实用资讯、新闻专题等诸多内容有机串联，构成浑然一体的新闻杂志型节目。

3. 节目包装

节目包装可以突出新闻节目的个性特征和特点，确立并增强观众对新闻节目的识别能力，确立新闻节目的品牌与地位。节目包装通常包括片头、片尾、片花、节奏音乐、栏目宣传与推广等。

4. 主持人或播音员

电视新闻报道节目化播出后，出现了电视新闻主持人和电视新闻播音员。电视新闻播音员是在镜头前，借助一定的播音技巧，按照文字稿件进行有声语言创作的专业人员。电视新闻主持人是掌握和处理电视节目的人，他以个体行为出现，代表群体观念，参与和把握节目的进程。大多数新闻栏目的主持人都是从一线记者中选拔出来的，如《东方时空》《焦点访谈》等栏目中的白岩松、水均益。

5. 特邀嘉宾

节目的特邀嘉宾是指特别、专门邀请的，以参加某项活动、某个节目的主持人或嘉宾。在一些评论类电视新闻节目中，特邀嘉宾是必不可少的要素，他们通过发表言论、观点，参与节目的制作。

三、电视新闻的采制特点

在采制电视新闻的过程中，应该充分发挥电视这一大众传媒的传播优势。电视新闻的采制具有以下 4 个特点。

（一）立体信息传播

在电视新闻采制过程中，声音和画面是同步拍摄录制的，声音承载的信息和画面承载的信息是以一种立体的方式组合在一起。声音传递的信息和画面传递的信息组合在一起，应该发挥"1+1>2"的传播效果。因此，在电视新闻采制过程中应该注意以下 3 个方面。

1. 重视同期声的运用

同期声是指伴随画面形象而存在的声音，包括采访对象的同期声、记者的同期声、新闻现场的环境背景声。前两种声音是传递采访信息的重要途径，环境背景声则能传递出新闻现场的氛围，让观众身临其境。特别是现场采访，它缩短了观众与屏幕的距离，具有一种亲近感，容易激发观众的参与性。

2. 重视非语言符号的信息传播

电视传播的非语言符号包括伴随人物同期声的体态语言，如手势、神态、表情、语气等；还包括环境语言，如空间环境、氛围等非语言符号。这些非语言符号能传递出语言符号以外的潜在信息，可以增强语言传播信息的效果。非语言符号信息的传播能增强电视新闻报道的个人色彩、情感色彩和现场真实感。

3. 思维的直观形象

电视图像是直观的形象系统，这一系统里包含视觉因素和听觉因素。电视传播把视听因素同时存在的实物原生状态直接呈现在屏幕上，给观众直接的认知感受。形象化的视觉冲击力和感染力要远远超过听觉。形象比语言更为重要，用直观的画面报道新闻是电视新闻的特色。电视新闻的权威性从很大程度上就来自电视新闻的直观性、真实性和感染力。用直观形象思维报道电视新闻，要求记者做以下两点。

（1）善于抓拍典型的细节和情节　典型的细节和情节承载了具象化的信息，是形象化的事实，同时具有真实感和故事性。细节和情节所包含的形象，能具体、生动、典型地说明某种思想。因此，记者要善于在新闻现场捕捉典型的形象。

（2）蒙太奇思维　电视新闻的制作要经过前期拍摄和后期剪辑。但无论是前期拍摄阶段，还是后期剪辑阶段，都需要画面意识，也就是蒙太奇思维。这种思维要求记者在拍摄时，就要考虑到所拍摄的画面在后期剪辑时能否用到。画面要成组进行拍摄，就要考虑怎么安排采访环境以及采访段落应该放在报道里面的什么位置等。在后期剪辑时，则需要对画面进行剪接组合排列，用画面来进行叙事。记者是否具备蒙太奇的思维，会直接影响到电视新闻报道的画面感、叙事性，影响到电视新闻报道的现场性和真实感。

（二）现场纪实再现

从某种意义上讲，电视新闻的魅力在于发挥其记录再现现场的程度。要真正充分发挥电视新闻的现场性，必须要以现场这个视角去报道新闻，必须用纪实的手法去拍摄新闻。

1. 现场的视角

电视新闻报道的对象绝大部分是正在发生的，具有动态性的现场。电视新闻的现场性是指记者必须到现场采访、摄录，要把现场的场景、氛围传达给观众。记者在现场的聚焦点应该是人，新闻事实也总是围绕人展开的。摄像机要展示人物的行为、语言和情感，而人物行动又是在一定空间中。记者应立足于"现场"，把新闻现场的环境、氛围、细节以及现场各方反应等都直接展现在观众面前，直接诉之于观众的视听感受，从而给人以身临其境之感。

2. 纪实手法

立足于现场，从现场的视角观察新闻事态，用纪实的手法再现事实。运用跟拍、抢拍、抓拍等纪实手法拍摄，符合新闻传播的客观规律。对时空相对集中的新闻题材，宜用追随事件报道的方式以及再现生活原生态的拍摄手法。对多时空的新闻题材，则适宜用追随记者足迹，再现记者调查过程、采访过程的纪实手法。特别是对消息事件类电视新闻，需要记者在现场以敏锐的新闻眼光，运用纪实性拍摄手法进行拍摄报道。

3. 表现多元素综合性

电视新闻的传播方式是通过电波，传送载有信息的图像、文字、色彩、声音等。因此，新闻信息的载体是丰富多样的，主要有视觉元素和听觉元素。从符号的角度来看，视觉元素包括人物形象、环境形象、照片、图片、幻灯、动画以及文字图像；听觉元素包括语言对话、旁白、解说、音响等。现代电子技术提供的电子特技，更加丰富了电视画面的表现力。每一条电视新闻报道，每一个电视新闻节目，都需要综合运用上述的视听元素。作为记者、编辑，要善于调动协调各种视听元素，让传播效果最大化。

（三）报道的多工种配合

电视新闻的制作，从选题策划到现场拍摄，再到后期剪辑，需要多人、多个工种配合来完成。一般情况下，消息类的电视新闻都需要两个人：一名文字记者，一名摄像记者。文字记者负责采访、写作以及后期剪辑，摄像记者要负责现场的拍摄。文字记者通常承担着主要的制作任务，需要具备较好的组织能力，能组织好每一个制作环节。

（四）观众多层次参与

电视新闻的现场报道和现场采访，不仅仅是展现记者与采访对象的面对面交流，而且要把这一过程直接传播给观众，激发观众的参与感。观众还可以通过提供新闻选题线索，间接参与电视新闻的制作；也可以在新闻事态现场接受记者采访，直接参与电视新闻的制作。对一些重大的电视新闻报道，观众在收看后还可以通过口头、网络等方式将看过的新闻进行再传播。

第二节　电视新闻的拍摄与采访

一、电视新闻的拍摄

电视新闻的拍摄与电视纪实作品、电视艺术作品的拍摄不太一样，在拍摄中应注意以下8个问题。

（1）电视新闻报道中，有些突发事件的报道，现场拍摄环境比较复杂，不适宜用摄像机脚架。因此，在扛着摄像机进行拍摄时，要注意保持摄像机的平稳；在边走边拍摄或在车上拍摄时，除了构图上的特殊需要外，务必要注意不得因走动或车子的颠簸而使镜头左右摇摆，从而影响画面的平稳。

（2）在使用推、拉、摇、移等各种运动镜头进行拍摄时，除了特殊需要之外，镜头的运用应该匀速，不得忽快忽慢或变动得过于突然。

（3）很多消息类电视新闻都是单机拍摄，为了方便后期画面剪辑，在拍摄中，现场的每个拍摄对象，最好都能分别摄下其远景、全景、中景和特写镜头。尤其是人物活动的动作，更要注意通过近景或特写来把其运动过程的细节完整地记录下来。

（4）在采访拍摄中，若是要拍摄记者与采访对象交谈的画面时，多采用近景来拍摄被采访者，可以拍一些带记者的过肩镜头以及记者的反打镜头。在完成记者与被访者的对话镜头后，还应根据被访者回答问题中所提到的有关情况再拍些相关内容的画面以及采访时的一些空镜头，这样方便采访段落的后期剪辑。

（5）在采访拍摄中，还应设法选取一些能够交代新闻要素相关信息的画面，如建筑物、地名牌、墙上的日历、名胜景点等。这些镜头可以让观众了解事件发生的季节、时间、地点等情况。

（6）电视新闻的采访拍摄，既包括对核心事件现场画面的拍摄，也包括对与事件、事实相关内容的采访拍摄。有些信息无法用画面呈现，可以拍摄一些与信息相关的空镜头。总之，素材应该尽量丰富一些，这有助于整个节目的后期制作。

（7）在拍摄中，还要注意观察，勤于思考，善于抓拍和抢拍。很多新闻的亮点就在于抓拍到的那些意外出现的新闻细节。

（8）在电视新闻的采访拍摄中，绝不可以为了制造新闻、美化人物或"突出主题"而按自己的意志去组织场面、安排情节和设计场景。在拍摄中，也不能为了满足"宣传需要"而去充当"导演"，安排拍摄对象的行动。

二、电视新闻的采访

（一）电视采访的特点

1. 原生态地呈现采访事实

电视新闻通过声画记录，立体、原生态地再现采访内容和采访过程。原生态记录再现要求记者在采访时，从生活中直接采集形象素材，以生活自身的形态来反映生活、传播信息，通过摄像机有选择地记录生活。

2. 采访背景的特定性

电视采访记录的信息既包括了记者与采访对象的交流，也包括了对现场环境的记录。现场采访的环境本身带有很多信息，因此在采访时，对采访背景的选择很重要，它直接关系到采访的现场性和真实感。电视采访背景的选择一方面要从拍摄构图的角度考虑突出被采访对象，另一方面也要考虑让采访过程传递出现场的环境氛围。

3. 采访思维形象直观

电视采访的特殊性在于采访的方式，它本身也是电视新闻报道整体中的一个部分。电视采访不仅仅是新闻事实信息的采集手段，它还可以单独成为新闻报道的一个段落或是一种节目形式。电视采访要服务于电视新闻报道的直观性、形象性和生动性。因此，在采访时，需要有画面意识，也就是说，记者要树立一种观念：电视新闻是靠具有形象特征的画面进行信息传递、叙述事实的。电视记者从接到报道选题任务的那一刻起，就要全力以赴地围绕主题进行画面构思，考虑用什么样的画面来表现选题，考虑采访的画面、采访的内容、采访的段落如何与电视新闻报道的其他部分相结合。在采访过程中，要迅速果断地选择，抢拍、抓拍到有特色、有价值的新闻画面，要善于捕捉细节，提高对视觉形象的敏感度。

4. 采访手段多样

电视采访相比其他媒介的采访，所需要的采录设备更为复杂。从早期的 ENG 电子新闻采集、EFP 电子现场制作、SNG 卫星新闻采集，再到 DNG 数字录像设备，科技的进步促使电视新闻制作手段不断发展，因此电视新闻的采访离不开现代电子化的采集手段。从信息传播的角度来看，电视新闻的信息符号有多种，如动态图像、图表、字幕、解说、音乐、同期声等。为了达到更好的采访传播效果，采访过程中应该注意运用好这些信息符号。此外，电视采访的拍摄方式也有多种，如镜前采访、电话采访、航拍、偷拍等。通过这些多种多样的采访拍摄方式，可以呈现出最真实的采访现场。

（二）电视采访的策划

1. 新闻线索的来源

电视新闻线索的来源和其他新闻媒介的线索来源一样，主要来自以下 6 个方面：

（1）从党委、政府的中心工作及活动安排中获取　电视台作为党委、政府的舆论宣传工具，必须要密切联系党委、政府的宣传部门。一般来说，党委、政府各个时期所要开展的中心工作，大都会下发相关文件材料到电视台。党委、政府近期要开展什么样的重大活动或将要召开什么会议，一般也要通知电视台的记者参加。另外，地方政府的各个职能部门、各企事业单位、驻军和各社会团体开展的活动，也常主动与电视台取得联系。

（2）从中央的重要会议、文件和领导的讲话中获取　要随时关注中央的政策动态，中央重要会议所作出的各种决策及所提出的新观点，中央近期文件和中央领导的近期讲话精神等。对照本地的实际情况，挖掘本地目前有哪些事实正好符合当前中央的这些精神，从而明确哪些题材可以作为新闻报道的线索而加以发掘。

（3）从别人的言论中获取　记者外出采访，经常接触到社会上各行各业、方方面面的人物，能经常与人交谈和听到别人闲聊，经常采拍各种会议新闻，也常有机会在会场听到各级领导的报告。尽管这类交谈、闲聊和报告的新闻信息含量可能不大，但其中或许会含有某些具有新闻价值的线索。在留心倾听的同时，勤于思考，多换几个角度来分析，也可能有意外的收获。

（4）从其他新闻媒介中获取　网络、报刊以及外地同行媒体的相关报道，往往也能为本地的报道提供线索或启示，而这些线索和启示有助于我们去发现和挖掘新闻题材。另外，当我们从报纸、杂志上获知哪里出现了什么样情况以后，还可以顺藤摸瓜，根据报纸、杂志报道所提供的线索，去挖掘蕴藏在该报道后面的更有价值的新闻。

（5）从各种来电、来文、来信、来访中获取　电视台作为舆论宣传和发布新闻信息的机构，常有社会各界为反映情况或联系业务而打来电话或寄来各种材料，群众来信来访也比较多。这些来信、来文、来电和来访也会给电视台带来了不少信息，其中很多信息本身就具有新闻线索的属性，加以发掘，常常可以从中获得不少有价值的新闻。

（6）在观察对比、分析思考中获取　我们常说的新闻敏感性，很大程度上是指记者所具有的观察及对比分析的思维习惯。记者要善于从不同的角度，对我们身边的人和事以及日常生活中的所见所闻加以分析、思考，把这些人和事以及日常生活中的所见所闻拿来进行横向和纵向的比较与分析。在横向上，把本地和外地，本地各单位、各部门、各行业或各方面情况和外地相同单位、部门、行业或同一方面的情况相对比；在纵向上，则是将本地某单位、某部门或某行业、某一方面的现状与其过去的情况相互比较，从中找出它们之间的不同点、变化或差异。进而分析这些不同点、变化或差异能说明什么问题，其对社会会产生什么样的影响或能够给人以什么样的启示，思考对其进行宣传能对社会的文明和进步起到什么样的影响，对其进行宣传是否符合当前的舆论导向等。通过这样的观察、分析和思考，可以发现许多人们早已见惯不怪的平常事，其中却包含着很多极富价值的新闻线索。

2. 新闻线索的取舍

从新闻线索到新闻题材，这中间还要经过记者的选择与取舍。如何对新闻线索进行取舍，这需要了解电视新闻选题的一般要求。电视新闻的选题与报纸新闻的选题要求既有相同点，也有不同之处。电视媒介有其自身的传播特点，因此在题材的选取上，也有一些特殊性。适合电视报道的新闻选题，最好有一定的现场感、可视性、动态性，能有一定的画面支撑。此外，在题材选取上，也要注意选题的全面性和特色性。首先，要兼顾各行各业各阶层。电视传媒是一种大众传媒，它的受众覆盖了整个社会各行各业和各个年龄段的人们，覆盖的区域也相当大，因此要注意兼顾好整个社会的方方面面。其次，在确定新闻的采访选题时，也应考虑各种纪念日、民间传统节日和春夏秋冬的季节特点等节气时令，一是不要遗漏各种节庆题材的适时安排，二是也要注意结合不同的季节时令来安排相应的报道题材。最后，还要注意，有的新闻虽然观众感兴趣且不与党和国家的方针政策相抵触，但因最佳报道时机还未到来，可以暂缓拍摄报道。

3. 选题的确认与策划

通过对新闻线索的取舍，基本确定了报道的题材范围和采访意图，接下来就需要对具体选题的确认策划。这包括报道主题与报道角度策划、采访的安排策划、明确采访目的。

（1）报道主题与采访角度的策划　报道主题是新闻作品所体现的观点和态度，是记者认识和提炼新闻事实的思想结晶，是新闻作品内容所具有的新闻价值体现。报道主题的确定要经过3个阶段：采访前期对报道主题的考虑，采访进程中对报道主题的验证，采访后期对报道主题的深化。如果事先的策划主题与记者现场采访发现的情况不符，就需要记者在现场对主题进行调整。

报道角度是记者寻找、挖掘和表现事实的着眼点和侧重点。报道角度与报道主题密不可分。报道角度是记者认识新闻事实的出发点，从不同角度观察和认识事物，就会对事物形成不同的认知。特别是电视新闻报道，它以现场背景作为衬托。因此，地点、环境、时间、人物的选择都可以构成不同的角度。采访方式、拍摄方式、报道手法都不能脱离角度的选择，不同的报道形式对报道角度也有不同的要求。报道主题是对新闻事实价值的判断，报道角度是表达新闻主题的途径、新闻主题的落脚点。

（2）采访安排策划　这里的采访安排策划侧重于微观策划，也就是由记者自己完成的策划。

第一，记者在报道前要了解采访事件的基本情况、相关背景。了解所要采访的人物及其相关信息。掌握了这些基本情况后，可以把握住采访提问的重点。

第二，选择恰当的采访方式。电视新闻报道的形式是选择电视采访方式的重要依据。对于新闻专题，特别是调查性的深度报道，需要展现全部的采访过程。而一般的消息类电视新闻报道，则只需要插入现场采访片断即可。电视新闻报道的题材也是选择电视采访方式的重要依据之一。有些动态性强、现场感强的事件新闻可以选择现场同步采访，有些民生服务类新闻可以选择体验采访，有些批评性新闻报道可以选择隐形采访。不同场合、不同情况下发生的新闻，需要采用不同的采访方式。

第三，记者现场存在方式的策划。电视采访的策划还包含对记者现场存在方式的构思。记者的存在方式是指电视画面中出现的记者与采访对象之间的关系状态。明确记者的存在方式就是确定在采访过程中，记者是否出图像，或者只出声音不出图像。记者在现场的存在方式有3种。①旁观式。采访中不出现记者的形象和声音，在后期的编辑中尽量消除摄制组在采访中的存在痕迹。旁观式介入的特点：首先，记者尽量减少对现场的干预，能比较完整地保留采访现场原生态的生活状态。其次，能充分突出采访对象。②声音参与式。记者在现场的采访中出现声音，在关键处进行提问或者通过谈话与被采访者交流。这种方式的特点：首先，能突出被采访对象。其次，记者声音的加入增加了现场感，可以让观众体会到其中的互动过程，比较生动。③出镜参与式。电视记者在采访现场出现，记者的形象、言行都出现在镜头中，也称为"出镜采访"。出镜采访的特点：首先，现场感强，增强新闻的可信度。其次，通过镜头组织电视语言，使新闻人物、事件的现场信息更加条理化。最后，评述新闻事件，帮助观众理解新闻现场。

第四，明确采访框架。在采访前，记者对这些问题应该做到心中有数，如事件应该采访谁、要提哪些问题、通过什么渠道找到需要采访的人等。总的来讲，明确采访框架，一方面有利于提高采访效率，不容易出现差错；但另一方面，采访框架一旦形成，容易僵化思路，不利于采访创新。所以，记者要随时保持对突发事件报道的应急反应能力，能够及时、灵活地调整采访框架。

第五，确定采访的重点。在采访框架的指导下，接下来是要确定采访的重点。采访的重点是由采访目的所决定的，目的越明确、重点就越集中。采访的重点包括重点采访对象的选择、声音的选择、主要画面的确定。

采访对象的选择有3种方式：一是定向选择，这种选择一般是在采访前就确定好重点人选。二是阶段选择，往往是随着采访的深入，按照新发现的人物线索进行特定选择。三是随机选择，主要是在采访现场临时选择。定向选择侧重典型性，阶段选择带有指向性，随机选择具有代表性。

电视记者在采访时，除了对采访对象进行选择，还要对声音进行选择。在采访过程中，对可能会在后期剪辑中运用的声音，要有先期构思。例如，哪些环境背景声在后期剪辑中可以用，人物采访的声音和环境声可不可以叠加，哪些音响是重要的因而需要录制等。这些都要预先考虑到。

记者在采访时还需要明确主要画面，这也是电视记者采访具有画面意识的表现。因此，记者在拍摄采访之前，必须设想：

①未来的报道在画面表现上大体怎么样。②估计能够拍到哪些画面。③哪些画面是必须要拍到的。④期望拍到哪些画面。⑤如果这些画面没有拍到，可以用什么镜头来替代。⑥采访对象怎样拍。⑦采访环境怎样选择，怎样拍。⑧无法用画面传递的信息，还可以通过什么样的方式来传递。

第六，采访问题的设计。在确定了采访对象并进行了背景研究之后，则需要进行提问设计。设计问题要有利于正式的提问，有利于记者抓住报道的关键。设计问题有这样3种方法。

①通用原则。通用原则这样要求的：其一，记者头脑中必须清楚，应该从访问对象口中得到哪些要点，用以阐明所报道的主题。其二，记者必须能够使提出的问题准确地传达给被采访者，防止对方对问题迷惑不解。其三，记者提出的问题应该使观众一听就懂。相对来说，这一点尤为重要，但最容易被忽略。

②辅助公式。辅助公式是由美国内华达新闻学教授拉鲁吉尔兰德推出的，主要针对提问缺少逻辑联系这种情况。辅助公式简称为"GOSS"，"G"代表目标，相对应的问题是："你们要实现的目标是什么，贵组织的目的是什么。""O"代表障碍，相对应的问题是："你们遇到什么样的难题，目前有什么样的阻力。""S"代表解决，相对应的问题是："你们是怎样对付这些难题的，你们有解决矛盾的计划没有。""S"代表开始，相对的问题是："这一设想是什么时候开始的，是根据谁的意见。"GOSS公式中的提问具体且关键，问题之间逻辑性强。但要明确的是，辅助公式不是万能公式，要根据具体的新闻报道活动来灵活运用。

③总体设计。电视记者采访时的提问，大致上可以分为两类：一类是话筒后面的提问，一类是话筒前面的提问。

所谓话筒后面的问题设计，是指在镜头外，记者通过与采访对象直接交谈的方式，灵活地选择提问方式，弄清新闻事实。话筒后面的问题设计，需要记者尽量把所想到的问题都提出来。这些问题一般以开放性的问题为主，但也不能漫无边际、毫无关联。可以将这些问题进行分门别类的整理。根据采访对象的回答，在此基础上进一步理出重点问题，重点问题更加具体、更有针对性，并且能反映出记者的提问思路，而这些重点问题是可以在话筒前进行提问的。

话筒前面的问题设计是指在镜头前的提问，应该做到准确、具体、简洁、口语化。问题与问题之间要有逻辑性，一环扣一环，并且能反映报道主题。特别是在直播报道中，镜头前的采访提问无法剪辑，记者要做到快速反应；问题要简短。

4. 采访的物质准备

电视采访需要一定的技术设备支撑，在采访前应该作好这方面的准备。如摄像机及电池的检查、话筒的检查等。如果遇到大型的报道，采访人数多、采访区域比较广，还要做好后勤保障方面的工作。

（三）现场采访

1. 现场采访与现场

电视新闻报道中，现场采访是重要的采访方式。它是指电视记者在新闻事件现场，对新闻的当事人或有关人士进行的采访活动。

从广义上讲，电视新闻现场采访有3个层面。

①在新闻事件现场用画面连续记录事件的过程以及经历，包括同步记录事实发展的关键环节、捕捉事实现场的典型细节。

②用声音记录现场的音响和采访同期声。

③用声画记录记者对现场的认识，记者从一个现场到另一个现场的过程。从狭义上讲，现场采访则是依托于现场，在现场与被采访对象进行交流。

现场采访离不开现场。那么，什么是现场呢？现场是指新闻事实发生的真实时间和真实空间，它强调事实发生时的过程性状态。这里现场包含了两个方面的含义：一是正在发生的事实的过程性状态，包括事实的发生发展过程及环境状态，它强调事实发生的"现在时"。二是指记者在场见证了事实发生的过程，它强调事实发生时报道者"在场"。在电视新闻现场报道中，现场采访是报道中最生动、最能吸引观众的部分。因为它记录了事实现场的环境、声音以及与被采访对象交流的同期声。现场采访增强了新闻报道的可信性、现场感和真实感。

2. 现场观察

现场采访离不开现场观察。采访问题往往在观察中产生，在思考中得到提炼。观察采访时记者亲临新闻事件的现场，观察事件的发展进程、事件所处的特定环境以及事件引起的影响，从而获得第一手材料。

现场观察采访的技巧如下。

①抓取最有特色、最能表现主题的典型事例。

②抓取具有新闻价值的生动细节。

③注重观察人物活动和特征。

④全景观察和微观观察相结合。

⑤在现场采访中有一种重要的采访方式，就是体验式采访，也可以称为"参与性的采访"。就是记者在报道过程中一边亲自尝试感受，一边采访提问；同时，在电视屏幕上直接展现记者的体验感受过程。这样的体验感受采访不仅能吸引观众，还能拉近与被采访对象的距离，增强新闻报道的可信度。

3. 现场采访的要求

①现场采访中，采访过程是声画同步结合，这样能加强信息的优化组合。要发挥电视现场采访的特点，记者在采访过程中必须深入现场的信息，提问不能流于表面，要注重现场信息的挖掘，要反映记者的思考和观点。

②电视新闻着重表现人的活动，现场采访也应突出人的活动。采访过程中要注重挖掘人物内心世界、展现人物个性。电视新闻报道要引发观众的共鸣，必须加强节目的情绪感染力，引发情绪的提问可以使采访对象的回答更加有感情色彩。同时，记者的提问又不能有记者个人的感情色彩，提问应该基于用事实说话，尽量客观公正。

③电视新闻的采访内容应该对新闻画面进行补充、深化，用现场采访来深入主题，开拓报道的思想内涵。

④为了增强电视新闻报道的可信性与传播效果，现场采访应该尽量发挥人际交流的特点。采访的过程是双向交流的过程，记者既要善于提问，也要善于倾听。

例如，在"5·12"汶川大地震电视报道中，《新闻调查》的特别节目《杨柳坪七日》[1]中记者的现场采访。

记者（采访回乡的小女孩）："你这背的是什么啊？"

小女孩："家里的东西。"

记者："我看看沉不沉。（掂量小女孩的包）哟，这怎么也有三四十斤啊？"

记者："现在回去害不害怕？"

小女孩："害怕。"

记者："为什么还要回去啊？"

小女孩："毕竟是自己的家。"

记者："那现在家里什么样，知道吗？"

小女孩："不知道。"

记者（转身面对一对夫妇）："您是去哪啊？"

男："我们都是擂鼓的，都是到北川的。"

---

[1] 曾祥敏. 广播电视新闻采访报道 [M]. 北京：高等教育出版社，2013.

记者："那家里的帐篷够不够,知道吗?"

女:"不知道。"

记者："那帐篷不够怎么办啊?"

女:"我们家里的房子垮了,还有其他的篷布什么的。我们山上的树木多,就可以把它弄下来自己搭。"

记者："你们要是多等几天的话,也许那里的帐篷可以给你们建好。能够多运点过去,你不就省点事吗?"

女:"不,我们自己好脚好手,我们自己回去盖。因为在这里,他们对我们确实太好了⋯⋯"

又如,中央电视台《焦点访谈》栏目《土地变绿的秘密》,[1]其中有一个为了揭示当地政府应付"违法用地检查"而采取的欺骗行为的采访段落:

记者："这个网铺在地上起什么作用啊?"

香伟忠(广东省东莞市六甲村党支部书记):"那个土不要给它流走。水应该可以补一点。"

记者："它又不是一个斜坡而是个平地,就是下雨土也流不走啊。另外这么透明的网,你要它水分不蒸发也不太可能。"

香伟忠:"蒸发一点吧,应该可以,有一点作用。"

4.现场采访的技巧

记者在新闻事件现场的提问,往往是快速即兴式的采访。这要求记者的采访语言要准确、直接,目的要鲜明,同时也要照顾采访对象的情绪。现场采访提问的要求如下。

①问题要具体。

②问题要简短。

③问题要反映新闻报道的角度和主题。

④记者要有镜头意识,一方面,要引导摄像师拍摄重要的新闻细节;另一方面,要考虑对采访环境的选择,挖掘画面表现力,展现新闻现场感。

⑤能从现场信息切入提问。

⑥为了增强新闻报道的视听感染力,还可以运用全感采访。全感采访是指记者在采访时,运用视觉、听觉、触觉、嗅觉、味觉等所有的感觉器官,获得对事物全面的感性印象,并由多种感觉综合为对事物整体的质的认识。全感采访充分体现了电视新闻报道中感性与理性的结合。

⑦明知故问。记者在现场的提问并不仅仅是为了自己获得新闻事实来提问,更要学

---

[1] 曾祥敏.广播电视新闻采访报道[M].北京:高等教育出版社,2013.

会为观众提问。有些新闻事实在现场已经被记者了解并掌握了，画面传递的信息也已经确定了这样的新闻事实。但是，为了强调这个新闻事实的重要性，为了揭示报道的主题，记者还是要再次提问来强调。

⑧现场采访提问要求快速直接，但有时问题因为记者没有仔细斟酌，提出的问题让采访对象不明白，那么记者应该快速转换用语，但问题的意思不变，也就是同类替换。

例如，电视新闻《农机千里走中原》[1] 的问题就十分具体。简短的问题易产生与采访对象唠家常般的亲切生动感。

记者："老乡你好，你是哪儿来的呀？"

农机手 1："我从陕西来。"

记者："你们那儿像你这样跑到河南来收麦子的人多吗？"

农机手 1："多啦，多啦，100 多台。"

记者："在河南这儿收完了还往北走吗？"

农机手 1："我们在河南这儿收完吧，大概 9 号、10 号我们就往河北走。河北估计打完的话吧，我们就上山西。山西割完吧，又上内蒙古。"

记者："你从哪儿来呀？"

农机手 2："石家庄。"

记者："一个夏天跑下来你觉得大概能赚多少钱啊？"

农机手 1："嘿，赚不了多少钱。"

另一农机手："大概弄个四五千块钱吧。"

当地农民："再加个零。"

记者："他说四五千块钱，你说得再加个零？"

（四）不同电视新闻节目类型中的采访

1. 人物专访的采访

人物专访是有准备的访谈。在访谈过程中，采访者是整个访谈的提问者、倾听者、引领者。被采访对象是与记者在相对稳定的环境中有思想的碰撞和交流。

（1）人物专访的采访技巧　主要有以下 3 种：

①重视开场，创造谈话基础。好的开始是成功的一半，记者的第一个问题可以奠定整个专访的基调、氛围。开场可以从最有价值的新闻点出发提问，显示出观众和记者对这次访谈的关注和重视。开场还可以拉近与专访对象的距离，创造良好的氛围，引发专访对象的谈话热情。开场提问要表现出记者为了这次访谈作了充分的准备，对专访对象有充分的了解。开场的提问还要注意能暗示专访对象此次专访的目的，这样有利于专访

---

[1] 曾祥敏. 广播电视新闻采访报道 [M]. 北京：高等教育出版社，2013.

对象有的放矢地回答记者的提问。好的专访一开始应该让专访对象放松，就像聊天一样，对方一旦打开"话匣子"，尽量不要打断专访对象的谈话。

②不断梳理、总结、提炼专访对象的观点与想法。不是所有的专访对象都能紧扣谈话的重点，语言传递信息是稍纵即逝的。为了帮助观众抓住专访对象谈话的中心思想，需要记者在现场不断地总结专访对象的谈话内容，提炼出明确的观点想法，这样也让专访对象感觉到记者理解了他的内心世界，从而更加信任记者，交流也变得更加默契。

③灵活把握访问对策和思路。为了从专访对象那里得到有效的信息，在设计采访问题时，要有技巧、有对策地引发对方的谈话兴致。

（2）常用的提问技巧　主要有以下6种。

①充当对手，展开讨论。对于一些观点方面的提问，记者可以从对立的观点着手进行提问，这样可以让专访对象充分表达自己的观点思想。

②抛砖引玉，唤起回忆。专访不仅要传递信息，还要表现人物个性。为了充分展现人物个性，可以借用一些细节进行提问，引起专访对象的回忆，打开"话匣子"。

③探索询问，留有余地。一些提问要试探专访对象对某些事件、现象的态度，可以选取一些具有伸缩性的问题进行提问。

④恰如其分地肯定，鼓励对方讲下去。当专访对象在谈话时，可以通过一些微表情，或一些手势，肯定对方的表达。这样可以鼓励对方继续说下去，也让采访过程更有双向交流的感觉。

⑤适当质疑，引发对方全盘托出。当谈论的内容本身具有争议性，不被人理解时，记者可以用一种否定性的、疑问的口气来提问。

⑥人物专访还应该注意从现场信息切入，结构自己的采访提问。例如，中央电视台《东方之子》采访卡斯特罗，第一个问题就是：

我们注意到您今天穿了一件非常漂亮的军装，实际上自从您当上古巴领导人以来的几十年中，一直是穿这身衣服。但是，最近几年来呢，人们注意到您在有几个场合穿上了西服，那么这种服装的变化对您来讲仅仅是一种个人服饰上的变化呢，还是有更深层的意义？

例如，《60分钟》[1]主持人麦克·华莱士在采访邓小平时，首先以漫谈的方式同邓小平进行交流，巧妙地表露了他的意图。

华莱士："我把今天同你的交流看成是一次非常难得的机会。因为像你这样的人物，我们记者不大容易得到专访的机会。"

邓小平："我是一个普普通通的人。"

---

[1] 曾祥敏.广播电视新闻采访报道 [M].北京：高等教育出版社，2013：208.

华莱士："我希望我们在一起的一个小时对你是有趣的。"

邓小平："我这个人讲话比较随便。因为我讲的都是我愿意说的，也都是真实的，我要我们国内提倡少讲空话。"

华莱士："你有没有接受过一对一的电视采访？"

邓小平："电视记者还没有。与外国记者谈得比较多的是意大利的法拉奇。"

华莱士："我读了那篇谈话，感到非常有趣，法拉奇问了你不少很难回答的问题。"

邓小平："她考了我。我不知道她给我打多少分。她是一个很难对付的人。基辛格告诉我，他被她剋了一顿。"

华莱士："是的。我采访过法拉奇，但我也问了一些她很难回答的问题。"

在这个专访的开始部分，记者的提问既表达了对这次专访的重视，也引发了对方的谈话兴致，更是为整个专访奠定了风格、基调。

又如，在《杨澜访谈录》[1]节目，杨澜在北京奥运会期间采访美国篮球明星布莱恩·科比。其开始的提问是这样的。

杨澜："你们的第一场比赛就是中国队，挺不容易的，因为他们是主场作战，对这场比赛你的预期怎样？"

科比："我的预期是这个环境对我们是很特别的。我想，我们今后也不会再体验到这样的比赛环境，现场气氛会极其热烈。但是，总有人要首当其冲，去迎战东道主，而我们轮到了，我们都很振奋。对我们来说是一个很好的机会，能够在奥运会的舞台上展示自己。"

在这个专访的开始部分，主持人的提问所引发的回答，充分体现了专访对象对于这次比赛的态度，从侧面也反映出专访对象的个性和价值观。

再如，《面对面》栏目的《杨利伟，飞天圆梦》[2]中，《面对面》记者王志的采访。在采访之前，节目组人员进行了仔细的身体检查和消毒防护措施。

记者："你好，请坐，手就不用握了。"

杨利伟："我们非常希望跟你握握手。"

记者："等你回来以后我们就握手。"

杨利伟："假如有这机会，肯定是没有问题。"

记者："拥抱都可以。"

杨利伟："没问题。"

记者："我先作一个自我介绍，我1965年5月生，身高1.76米，体重就不说了。"

杨利伟："那咱俩你比我大了一个月，身高还比我高了很多。"

---

[1][2] 曾祥敏. 广播电视新闻采访报道 [M]. 北京：高等教育出版社，2013：209.

记者："你身高是多少呢？"

杨利伟："我 1.66 米。"

记者："体重呢？"

杨利伟："体重现在可能有 63 公斤左右。"

记者："你们的要求是什么？"

杨利伟："我们现在要求身高一般不超过 1.72 米，一般在 1.65 米到 1.72 米，体重一般在 70 公斤以下。"

记者："需要什么条件呢？当宇航员？"

杨利伟："他们来有一个条件，飞行基本上要在 1000 小时以上，最少在 800 小时以上。咱们现在空军这种飞行（时间要求）的话，当时我们来的时候在 30 岁左右，基本上年龄都在这个年龄段，你才能有这个空中经历，才会飞这么长时间。"

记者："不是你的年龄控制，而是你的飞行时间，这个就画一道杠。"

杨利伟："对，本身他招的时候，选拔的时候，也有个年龄段，从 25 岁到 35 岁这个年龄段去招我们。但是，你带有飞行的东西（资历），正常飞行的话，基本都差不多。"

在这个专访的开始部分，记者与专访对象像拉家常一样，为接下来的专访创作了良好的谈话氛围，同时也传递了一些观众感兴趣的信息。

还有，中央电视台《小丫跑两会》[1]的一期节目，采访重庆农民工冉长明。

记者："我们的同事在拍照片的时候，他（冉长明的儿子）为什么不愿意面对我们的镜头呢？"

冉长明："没有钱，好像他就不愿意面对镜头。"

记者："孩子的学费有多少？"

冉长明："整个是 8000 多。"

记者："你一天能挣多少钱？我们在短片中看到的都是一块、两块这样的收入。"

冉长明："一天有十几块钱，好的有二十几块钱，最好的三十块钱，如果扯平的话，（每月）600 块钱都不到。早上 7 点起来，晚上菜摊子收完，我们才回去。一天要十几小时。"

记者："冉大哥今年 50？"

冉长明："今年 54 了。"

记者："有没有生过病呢？"

冉长明："有，病得没得法的了，只有拖，没有钱。担重担我也很喜欢，可以

---

[1] 曾祥敏. 广播电视新闻采访报道 [M]. 北京：高等教育出版社，2013：219.

发点汗，人就好了，像伤风感冒就用这种方法。"

记者："冉大哥还有一位老母亲，有多大年纪了？"

冉长明："74，我妈妈单独住。"

记者："那妈妈的生活怎么办？"

冉长明："纯粹独立生活，她开了一个店，一天找到个三四块钱、两三块钱来维持生活……"

在这期节目中，记者一开始采访用开门见山的方式，正面提出了问题。这种提问方式有利于直接、清晰地获取信息。

2. 调查性报道采访

调查性采访报道最早起源于西方报纸，其目的是揭示事实的真相。调查性采访报道的选题广泛，涉及社会生活的方方面面。调查性报道采访是电视新闻深度报道中的重要类型，其要求如下。

（1）注重调查采访过程　调查过程也是展现新闻事件的发生、发展过程，并且从历史全局的角度对事件的背景进行分析，这有助受众更为深刻地理解事件的来龙去脉。采访过程应该多方面、多层次地进行立体展现。

（2）需要展示记者的调查行为　电视应该发挥电视声画传播的媒介特性，展示电视人性化传播的特点。电视在还原事件过程时，必然要展现记者的调查过程。记者的调查行为和调查现场的展现是同步的。调查性采访报道作为深度报道的重要类型，记者的调查行为既体现了记者观察分析事件的视角以及对新闻事件的思考，也体现了报道的深度。而记者的调查采访行为主是通过镜头前的提问以及在调查现场的出镜报道来体现的。此外，记者的调查行为还可以起到对整个报道的结构作用。记者的调查行为可以成为报道的结构线索，调查过程的逻辑性还决定了报道的结构层次。

（3）调查过程围绕悬念展开　对于电视新闻深度报道来说，叙事是非常重要的。因为调查性报道采访本身就具有叙事的特点。调查过程是围绕悬念展开的。从悬念的提出、悬念的求证，到悬念的解决，这个过程也是调查的过程。而这个过程因为悬念的存在变得更有故事性。当然，为了让报道的结构层次清晰，多个悬念之间应该有一定的逻辑关系，这种关系主要是递进关系，即一个悬念提出、解决后，引出下一个悬念，直到完全揭示出事实的真相。

（4）记者的质疑精神　所谓质疑就是提出疑问，请人回答。质疑有时表现出来是对采访对象回答内容的怀疑，有时表现出来是对新闻事实细节的怀疑，但质疑精神实质上是对事实真相的探寻。调查记者要相信，事实的真相并不是如它所表现出来的，而是被遮蔽的。质疑精神要求记者要不断地深入下去，进行深层探究。质疑精神是获得采访成功的保障。

（5）记者的平衡意识　从新闻报道的内容来看，这里的平衡包括了事实平衡和观点平衡。事实主体信息本身没有价值倾向，但涉及的相关信息会有对立性质。如果只报道主体信息，就容易导致受众是非价值一边倒的判断。因此，事实平衡是对报道中所涉及的事物诸多方面的事实信息作较为完备的展现。在调查性报道中，涉及观点的表达时，应该给不同观点的双方或多方以表达意见的权利和机会。这样有助于让受众更为理性地看待问题。总之，记者的平衡意识，就是在采访报道过程中不能一边倒，而是两边报道。事实平衡和观点平衡，有助于报道的客观性。

（6）记者的平等视角　在采访过程中，记者与采访对象的关系是平等的关系。不管采访对象是什么职业、什么身份，只有在平等交流的前提下，记者的提问才可能得到采访对象认真、真诚地对待。记者在采访时要很好地把握交流与审视的分寸，既要有一定的质疑，也要给采访对象留出表达的空间。

（7）记者的客观态度　调查采访报道时需要特别注意，记者不能轻易下结论。记者在采访过程中的客观态度，可以让采访对象对记者产生信任感。记者的客观态度也遵循了新闻报道的一般规律。

例如，在中央电视台《新闻调查》栏目中播放的《透视运城灌溉工程》[1]这期调查采访报道中，记者的调查行为展示得非常出色。

调查背景：1995年，运城地委和行署共同提出，在半年内，投资2.8亿元，完成100万亩的渗灌面积，并迅速采取了行动。然而，工程动工之初就有专家对大面积推广此项技术表示担心，结果如何呢？

记者调查行为：临猗县、芮城县是渗灌工程的两个重点县，记者先到临猗县进行调查。

记者随意在路边停下来："这些田间地头的渗灌地，有哪些用过？"

农民："没有用过，劳民伤财。"

记者："为什么呢？"

农民："没有水，用啥？"

记者又来到了芮城县节水渗灌典型乡学张乡，全乡共有34个渗灌地。

乡长任干军说，全乡渗灌90%配套。

记者的观察很敏锐："为什么很多渗灌池要建在路旁边呢？"

任干军（愣了一下，然后脸上堆笑）："我被你给问住了，我也不知道这咋说。"

为了查实全乡到底有多少渗灌池用过，记者请任乡长一起来到了学张乡建有渗灌

---

[1] 赵淑萍. 当代电视新闻采访教程[M]. 上海：复旦大学出版社，2010：274.

池的公路边，先看了 4 个渗灌池。乡长说，这 4 个中有 3 个都用过。最后，来到了离乡政府最近的一个渗灌池边。乡长说这个池子也用过。

记者："下水管在哪儿呢？"

任干军："那不是。"

记者："哪儿？"

任干军："那不是。"

"这地里有没有埋管子？"记者问身边的一个农妇。

"没有埋管子。"农妇的回答很明确。

"那个池子用过没有？"记者又问。

"没有。"农妇说。

"从来没用过？"记者又一次核实。

"没有用过。"农妇说。

任干军："她一个老太婆，整天不在地里，她怎么能知道？"

农妇："我老在地里。"

记者："那个池子有没有放过水？"

农妇："没有放过水。"

镜头马上甩到远处的任干军（咆哮）："谁胡说了，我马上就收拾她！你哪能这样搞？咱们实事求是，你如果再这样说，我不管你，你随便上哪儿去就上哪儿去。"

在平王村，记者拔起一个渗灌池上做样子的水管问农民："这样的还有吗？"

一位妇女回答："不知道。"

旁边一位男人轻挥一下手："那边乡镇干部都在……"（欲说又止）

又如，在《新闻调查》栏目播出的《绛县的经验》这一报道中，很好地展现了调查采访中的质疑精神。

这是记者对绛县主管农业的副县长、农业科技示范工作的负责人的一段采访。

记者："您告诉我一个确切的数字，全绛县种了多少亩的无籽西瓜？"

副县长："5300 亩，比较成功的是 3700 亩。"

记者："比较成功的标准是什么？"

副县长："成功标准就是老百姓的收入。"

记者："收入怎么衡量呢？"

副县长："去年好的卖 2500 亩，单亩收入 2500 块钱。"

记者："普遍都能达到这个水平吗？"

副县长："普遍是 1500 元左右，成功的是 2500 元左右。"

因为实际了解的农民收入和县里的统计差别极大，记者再次就农民收入问题对副县长进行采访。

记者："关于农民收入的数字是怎么统计出来的？"

副县长："这个数字我们下去以后一家一户走，问你卖了多少钱，他卖了多少钱。有的笑得跟花一样，有的很满意：'还不错！差不多！明年继续干！'"

记者："这样的户多吗？"

副县长："10个人种习惯了，8个人挣了钱了，一般不向外张扬。"

记者："为什么不张扬？"

副县长："一个是收入一两千块钱有啥张扬的。如果收入十万、八万老百姓还有点儿小思想，真正有两户不好，他就吵得特欢，政府让我咋了咋了，这个不对，那个不对。"

记者："您能不能具体地告诉我这个统计是怎么做出来的？"

副县长："因为总共我们是8个乡镇就是几十个村子，而且面积就3000多亩，我们有包乡镇的干部，有包项目的领导，没有准确到像测量小麦产量那样，因为也没有必要把它弄那么准确。农业动态，只要把整个动态了解清楚，以利于我们今后更好地指导农业工作。"

记者："不经过精确的统计，怎么能够知道种得好的有多少，种得不好的有多少？"

副县长："因为我们熟悉农村工作的，基本上统计情况都能弄出来。像你吧，你肯定弄不出来，你就要靠一家一户统计，走访调查。"

记者："您觉得通过这几种方法统计出来的数字可信、可靠吗？"

副县长："比较可靠。"

……

记者："绛县在去年一年建成了142个科技示范区、2687个科技示范点。我想知道，在这么短的时间内建设这么多的示范点当时是出于什么考虑。"

副县长："这个示范园区说多也不多，说少也不少，因为搞这么一个活动就是把方方面面的力量都调动起来。有力量的、有条件的都在参与这个示范。"

记者："那么多的科技示范园、科技示范点，真正能够起到示范作用的您估算一下到底有多少？"

副县长："真正起到示范作用的还是多一半。"

记者："外界曾经有说法，绛县搞农业科技示范县的很多做法是在搞'科技大跃进'，您怎么看待这种评论？"

副县长："因为1958年我才3岁，我也没有参加过'大跃进'，我不知道'大跃进'是个啥概念。"

第三节 电视新闻的写作

电视新闻的写作与广播新闻的写作相比，基本原理是相同的，如口语化、形象化等。但是，电视新闻是通过画面和声音共同传递信息，因此电视新闻的写作必须要照顾画面、配合画面，这样才能起到"1+1>2"的效果。

一、电视新闻文字稿件的功能

1. 信息的传递与补充

电视新闻报道在传递信息时，主要是通过解说和画面来进行。二者互为补充，相辅相成。对电视传播来讲，电视画面具有时空的局限性，在进行新闻报道时，画面较难展示事件的过去和未来。而文字可以不受时间和空间的限制，准确、清晰地表达事件的过去和未来。对电视新闻报道而言，解说词不需要重复画面已经明确的信息，而是应该补充画面、深化画面，告诉观众看不到的信息，传递画面无法说明或没能说明的信息。如果解说只是简单地重复和描述画面内容，则无法充分体现电视视听传播手段的优势。

2. 叙事的整合和过渡

电视新闻的画面与画面之间，采访同期声与采访同期声之间，有时没有直接的联系，逻辑关系比较松散，如果没有解说，就无法说清楚新闻事实。解说通过语义的逻辑力量，将画面、同期声等各种素材整合成一个整体，完成叙事。

3. 多义的分辨与引导

电视画面虽然具有具象性，但是缺乏概括性，并且表达的意义具有多种解释、多种指向的可能。电视画面叙事的模糊性和多义性就与电视新闻报道要求的准确性、真实性有一定的冲突，因此需要解说来明确报道的意义。

4. 主题的揭示与深化

电视新闻的画面不擅长表达抽象性、思辨性的主题，这就需要发挥解说逻辑性强、概括能力强的特点，用简短精练的语言来点明新闻报道的主旨。

二、电视新闻写作的一般要求

1. 清楚

在写作电视新闻的文字稿件时，需要作好统筹规划。确定哪些信息主要通过画面来传递，哪些信息通过采访来传递，还有哪些信息通过解说来传达。总之，在选择承载信息的方式上，要分清主次。一些生动形象的信息适合用画面来表达，一些抽象的、不能通过画面传递的信息，则可以选择解说的方式。另外，电视新闻信息的传递具有稍纵即逝的特点。因此，电视新闻文字稿件在写作时，尽量要注意文字层次之间的逻辑性。内容叙述要多用顺叙手法，对关键性的内容可以同时用上画面和解说词，起到强调的作用。

2. 准确

电视新闻文字稿件在写作时，要准确地传达信息。这里讲的准确包括了事实的准确和表达的准确。对于电视新闻而言，内容表达上的准确尤为重要，这意味着解说与画面的关系要吻合、贴切。画面上所展现的事实与解说中传达的事实要吻合，声音和画面不能脱节、错位。画面所讲的事实、解说也要围绕这一事实进行。解说在对画面内容进行讲解时，措辞也要准确。

3. 简洁

电视新闻的语言要简洁，多用短句，语言要精练、口语化，这一点和广播新闻写作的要求是一样的。特别是对于消息类的新闻来讲，受制作时间的限制，为了最大化地传递信息，语言就要更加简洁精练。有些可以通过画面来传递的信息，就尽量简化解说。

4. 善于叙事

电视是一种讲故事的媒介。电视新闻报道也要讲故事。观众关注新闻故事，其实是关注故事中的人物。因此，电视新闻报道在叙事方面首先应该注意去表达人物形象的信息，如电视采访其实就是表达人物形象信息的重要手段。其次，注重对细节的挖掘。故事是由情节构成的，情节是由细节构成的。细节能够表达情感，也能反映主题。再次，注意悬念的设置与冲突的挖掘。故事的吸引力就在于悬念和冲突。在写作稿件时，就要考虑报道的事实中有无这样的冲突因素。最后，对密切相关性信息的挖掘。例如，对故事中所蕴涵的与人以及人所处的环境密切相关性信息的挖掘，也是讲好故事的重要方面。

5. 叙事结构的跳跃性

电视新闻文字稿件和报纸、广播新闻稿件最大的不同，就在于叙事结构的跳跃性。之所以有这样的跳跃性，主要是因为电视新闻报道的叙事不仅仅依靠文字性的解说，还可以运用画面、采访同期声、字幕等方式。在电视新闻文字稿件中，文字段落与文字段落之间甚至不需要文字过渡，看似没有逻辑关系，其实，在文字段落与文字段落之间可以插入采访段落、一些纪实性的画面段落，这些段落同样可以和文字段落相互渗透，形成逻辑关系。

总的来讲，电视新闻的文字稿件是为画面而写，不像广播新闻通过有声语言和实况音响来描写新闻现象。电视新闻因为有画面，可以用解说传递出更多画面以外的信息。如果从视听语言的角度来看，在电视新闻报道中，解说和画面的关系主要是两种：一种是声画合一。解说和画面在传播的内容、情绪、节奏等方面是统一的、相辅相成的。声画合一的特点是声音和画面同步发生、同时发展和同时结束，视听高度统一，观众能观其形又能闻其声。这种组合方式能体现电视纪实的本性，能够加强传播内容的真实感和可信度。电视记者在写文字稿件时，心里要装着画面，要找到能够充分反映画面内涵的语言，避免声画两张皮的现象发生。声画两张皮是指电视新闻的画面和配音各说各的，两者之间没有内在的联系。另一种是声画对位。声画对位体现了解说和画面之间在传递信息时，更高层次的信息整合。声画对位有 3 种情况。

①当画面不能表现新闻事实，但新闻事实又很重要时，只有通过解说配上相关画面来展现。

②当需要交代一些画面以外的信息时，通过解说可以在限定的时空中扩大信息量。

③利用声音和画面的反差，形成强烈的对比效果，能够增强新闻的感染力和说服力。

在写作中，声音和画面是不能够完全划分开的。有时以画面为主，解说为其展示抽象的内涵；有时以解说为主，画面作为形象的展示和证实；有时解说为即将出现的画面作必要的铺垫；有时画面为已经出现的解说作必要的补充。不管是声画合一还是声画对位，最终的目的是为了更好地完成新闻报道，发挥"1+1>2"的效果。

例如，这篇全国获奖的电视新闻报道，《金旺乡农民贴对联》。[1]

解说词：

12 月 1 号是全旺乡秋粮收购的一天。一大早，就在全旺粮站发生了一件新鲜事：几位卖粮的农民给全旺乡党员干部送来了一副对联。

画面：推成卖粮的村民，扛粮上垛的村民，村民在乡政府大门上贴对联。

解说词：

上联是"笑声喊声赞声声声入耳"，下联是"急事难事大小事事事关心"，横批"群众欢迎"。

画面：对联内容，笑逐颜开的村民。

［同期声］

问："你为啥贴这副对联？"

答："因为干部和过去不一样，抗旱时他们自己田不种，帮助我们抗旱、浇水。"

画面：记者现场采访农民甲。

［同期声］

村干部和乡干部来帮我们抗旱，没有设备，领导到外村去借；我家劳力不够，领导组织力量帮我们种下去。

画面：记者现场采访农民乙。

[1] 黎炯宗. 电视新闻学 [M]. 广州：广东高等教育出版社，2008：114.

解说词：

今年全县遭受百年不遇的旱灾，两个月没有下过一场雨，全县十万亩良田严重受灾，4000亩晚稻无法下种。

画面：资料画面，春旱情景。

解说词：

旱情在加重，全县35万农民心急如焚。为此，全县几千名乡、县干部和群众日夜抗旱。旱情最重的全旺乡300多名党员干部提出："宁愿损失自己一亩，也要照顾群众百户。"坚持十天十夜为群众挖沟引水。

画面：担水栽苗，干裂的土地，从山沟内取水，开沟引水。

［同期声］

今年大旱年，多亏人民政府把铜山源水库的水放下来，加上集体灌溉，得了大丰收，收了9000斤。没有人民政府，水稻就会全部旱死。

画面：采访开拖拉机的老农。

解说词：

一桩桩、一幕幕，党员干部在灾害面前的一言一行，农民看在眼里、记在心里。他们盼望的党员干部形象又回来了。

记者采访了全旺乡党委书记徐光化。

画面：村民争着接受采访。

［同期声］

农民群众给我们送来了这副对联，我作为一个乡干部，我（的）心情是非常感动的。我很感谢乡村群众对我们乡村干部的理解。去年，作为干部我们一年忙到头，忙着生产、要钱、搞计划生育，群众说我们是"要钱、要粮、要命"的"三要"干部。所以，今年我体会最深的是只要我们和群众一起心连心，创业，自力更生，我想群众会理解我们、支持我们的。

画面：推车卖粮的村民。

三、不同类型的电视新闻报道的写作

（一）消息类电视新闻报道的写作

消息类电视新闻报道由这样几个部分构成：导语、背景、主体、结尾。导语是一篇新闻稿的开头部分，它的职能一是交代新闻要素，二是介绍消息的内容提要，三是吸引观众看完整条报道。电视新闻报道的背景，主要用于介绍新闻事件发生或存在的历史背景、地理背景、时代背景、情况背景、社会背景、人物背景、事件背景或知识背景等，通过对背景的交代来揭示出新闻事件发生或存在的诱因、地位或意义。主体，

是电视新闻的主体部分，是对导语已经提及的新闻展开叙述。结尾，则是电视新闻报道的结束。

1. 标题

对于消息类电视新闻的标题而言，标题是新闻的眼睛。电视新闻报道中的标题不仅要简要说明内容，具体通俗，表明观点，还可以具有提示转换的作用。电视新闻的标题分为两种：提要标题和屏幕标题。提要标题是供节目主持人说的，观众只能听、不能看。因此，语言要通俗易懂、朗朗上口。屏幕标题是出现在电视屏幕上供观众看的，节目主持人不用播报。因此，屏幕标题就兼有报纸新闻标题的特点，需要凝练有文采。电视新闻标题没有引题、主题和副题，它仅仅是一个短句，可以让观众在很短的时间内获得一个比较完整的消息，所以句子宜短不宜长。电视新闻的标题字数最多控制在 20 个字，字幕以一行为宜。如果是两行标题，上下句的字数要相等，句式要对仗工整。

2. 导语

（1）消息类电视新闻导语写作的要求。

①开门见山。将最新鲜、最重要的新闻事实"拎"出来。导语要突出最具有新闻价值，最有吸引力的事实，或表现最能反映最新事态的新闻要素。

②简明扼要。导语要用短短的几句话概括新闻事实，这就必须言简意赅。只突出一两个新闻事实，不要罗列过多新闻事实，不能面面俱到。

③具体形象。导语要抓典型事实、形象化的细节，避免概念化、抽象化。

④照应主体。导语是新闻的有机组成部分，它不管以什么形式出现，在内容语言上都要与新闻主体协调一致、相互呼应，防止相互脱节和矛盾。

（2）常见的电视新闻消息的导语写作手法。

①叙述式导语。这类导语尽可能用朴实的语言突出新闻事件的兴奋点。兴奋点通常是这个新闻事件中最突出且最有新闻价值的，也是受众最想知道的。

②议论式导语。电视新闻擅长用画面报道新闻事实，但对于呈现新闻报道的主题，画面有些力所不及。因此，在导语部分，可以通过评论、议论的方法表达内在、抽象、理性的主题，以此吸引观众对主题的关注。

③描写式导语。描写式导语通常抓住典型的细节，通过描写调动受众的想象力。它不需要过于细致的描写，只是为了营造声势、引起受众对即将出现的图像的关注。

3. 主体

对于消息类新闻的主体而言，结构很重要。消息类电视新闻常见的结构如下。

（1）"倒金字塔"结构　按照新闻事实重要性或受众的关心程度递减的顺序安排报道的结构。用简洁的导语提出背景，按重要性的递减顺序安排新闻内容。尽量多地使用同期声，运用过渡语进行场景的转换。

（2）时间顺序结构　或者称为"金字塔结构"。在导语之后，按照新闻事件发生、发展直至结束的先后顺序来安排材料，展示新闻事件的过程。

（3）沙漏型结构　开篇与倒"金字塔"结构很相似，在报道的开头给出最重要的新闻信息，然后按照时间顺序叙述其余的部分。沙漏型结构的新闻事件一般有戏剧性的情节，而且情节按照时间顺序叙述出来。

电视新闻消息的结构一般比较简单，这是由于电视新闻传播信息的过程是一种线性过程，信息稍纵即逝。因此，电视新闻消息的结构多为顺序和单线结构。这是因为，在新闻报道中，经常会用到现场采访或相对完整的新闻现场的镜头段落，文字稿经常呈现出的是一种不完整的结构。此外，按照人们线性的收看、收听习惯，电视文字稿上一段落的最后一句与下一段落的最后一句之间，不宜出现倒叙或者插叙的关系，而且否定或者疑问的内容最好不要后置，转场的画面也最好配合过渡句。

此外，电视新闻的主体部分还经常出现图表及字幕。在电视新闻报道中，图表具有替代功能、揭示功能、强调功能。字幕在电视新闻中可以发挥解释、弥补现场采访不足的作用；通过提示性字幕或小标题，也可对所述内容起到强调、提示的作用。字幕还可以起到简化解说、美化屏幕的作用。

总的来讲，电视新闻结构的完整是文字与电视采访、画面、字幕、图表等相互配合、相互照应，最后形成的一个统一整体。

4. 结尾

对于电视新闻消息报道的结尾写作，应该注意到结尾与前面的新闻内容要紧密相连，结尾必须同整篇文章的结构以及表达内容联系起来。常见的几种结尾方式有以下 7 种。

（1）自然式　当结尾的解说把新闻的信息讲明白了，新闻就自然结束了。

（2）总结式　在结尾将内容作一个概括，使全文的内容最终归纳在一个点上，进一步点出主题。

（3）照应式　结尾与导语提到的主要事实相互照应。

（4）展望式　在结尾展示新闻事件发展的趋势，预测其发展方向和结果。这种结尾的新闻，一般都是重大或者群众普遍关心的新闻。

（5）评论式　对报道的事实进行议论，发表看法和观点，说明其实质和意义，以深化主题。

（6）呼吁式　以呼吁的话语引起广泛关注，以便促成新闻报道中涉及的问题早日解决。

（7）发问式　对问题进行追问、反问，以引起思考、关注。

（二）专题类电视新闻报道的写作

相对于消息类电视新闻，专题类电视新闻的节目时间更长、容量更大、内容挖掘更深。专题类电视新闻通过多侧面、多角度、多方位的立体报道，满足观众对于社会生活深层次的信息追求。专题类电视新闻报道在报道新闻事实时，角度多、视点多、层次多，不仅要说明事件本身，还要说明事件的来龙去脉、前因后果。

1. 新闻事件专题报道的写作要点

新闻事件专题报道是以新闻事件为主，对新近发生或正在发生的重大新闻事件的发生发展过程的记录，对其进行完整、详细、深入的报道。这类专题报道要求详细地展示事件的发生发展过程，深入发掘事件的本质。事件性专题报道的写作要注意尽可能把事件发生、发展、高潮、结束的整个过程展示出来。

（1）叙事清晰　这类专题侧重于报道新闻事实，讲清楚故事是该类专题写作的基本要求。新闻事件专题主要是以时间，也就是事件发展过程为顺序组织内容，主要的叙事方式是顺叙和倒叙。

（2）现场感强　新闻事件专题报道要还原新闻事件现场的氛围、细节，通过电视采访、解说、同期声等方式，展现现场的环境、细节，使观众有现场感和真实感。解说和画面应该形成声画互补，以增强节目的感染力。

（3）叙事完整　新闻事件专题报道是对事件的集中专门报道，从事件发生、开始到事件尾声，全程记录，事件跨度大。一般是在事件已经接近尾声或者是一个阶段结束后，才进入节目制作程序。对于有时没有记录到的事件过程，解说就发挥了重大的作用。它可以通过文字弥补镜头没有记录下来的事件过程，把画面中没有的事实信息补充上去，保证让观众了解到事件的完整信息，满足他们的信息需求。

2. 新闻人物专题报道的写作要求

新闻人物报道是以人们普遍关注的人物为报道对象，报道人物的活动，反映人物的思想状态和精神风貌。新闻人物专题报道的写作要求如下。

（1）以事写人　人物个性的刻画离不开具体的事件。人物专题新闻报道要做到用事实说话，主要可以通过以下两种方式。

①先有主题思想，然后用事实和细节加以证实。这种方式需要对人物的生活、言行进行长期的记录，然后选择其中最能体现人物思想、情操和精神境界的典型事件，围绕主题来组织材料。

②通过完整记录一个新闻事件来表现人物。这种方式新闻性强，时效性高。

（2）以情感人　新闻人物专题报道要以真实朴素的情感来打动观众。通过故事的叙述，记录人物的生活点滴，引起公众或同情或钦佩或赞赏等情感上的共鸣，调动起公众的情感参与，共同关注人物的命运，与人物一起经历生活的悲欢离合。

（3）突出个性　新闻人物专题报道要体现人物的个性。在写作上要从人物不同的经历、职业、文化背景、社会背景等方面的差异着手，善于观察和发现人物形象、气质和言行的个性特征，运用细节描写来表现人物"非他莫属"的个性特征。在人物专题中，解说词的写作要抓住最能代表个人特色的肖像、话语、装扮，最能体现人物个性特征的言行，并用生动形象的语言描述出来。

3. 新闻调查报道的写作要点

电视新闻调查报道是对某一新闻事件或公众关注的社会问题、社会现象进行多方位、详细，有思辨性的深度报道。它通过纪实性的采访录制，对事件追本溯源，分析比较，挖掘事件的真相和本质，既立足现在又展示背景并预测未来，以期达到对问题的共识或起到"解疑释惑"的作用。根据调查对象不同，电视新闻调查可以分为事件性调查和主题性调查。事件性调查就是对新近发生的某一有重大社会影响的事件作出的调查报道；主题性调查是对某一社会问题或现象进行调查。电视新闻调查的题材也不单纯是揭丑、曝光，还有大量的结合政府某一时期的中心工作、针对群众所关心的热门话题所进行的专题调查。

（1）新闻调查报道的特点

①层层深入，形象生动。电视新闻调查报道在报道深度事实、传递观点意见时，一定要遵循从易到难、由具体到抽象、由感性到理性的报道方式，更强调观点从事实中来、从情节中来。

②强调事件的过程性和动态性。将画面、现场同期声与记者的采访组合在一起，以此展现事件的情节发展过程或记者的调查经过，使观众自然而然地发现事实的本质或真相。

③直观性、感染力和说服力。调查报道要对现场、环境、人物、事件过程进行直观记录，使得观众如同事件的亲历者一样，能够感同身受，既满足了观众的参与感，也大大地增强了节目的接近性。同时，记录过程中所体现出来的故事性、情节性，使得新闻事件的情节线索和主要人物的情感变化交融在一起，矛盾、悬念、人物、命运，这些新闻报道中最能打动人的因素交织在一起，产生叠加效果，使调查报道更具有直观性、感染力和说服力。

（2）新闻调查报道在写作时的注意事项

①真实准确。这是解说词的基本要求。本质上讲，调查性报道要揭开"被掩盖的真实"，它本身就是一个发掘并展示真实的过程。真实与准确，是调查性报道的本质要求。没有真实，就没有调查性报道；没有准确，报道就没有说服力。在调查性节目的写作过

程中，记者务必要保持客观态度，把新闻事实陈述清楚，多述少评或者不评，不轻易对一时把握不准的事实下结论。

②充分发挥解说词的叙述功能。解说词在新闻调查专题报道中的主要功能是叙述。同时，在调查理念的引导下，记者要跟踪记录和剖析社会事件或社会现象发生发展的过程，通过对过程的展示，调动公众的探知心理，提高公众的参与性。解说词在叙述故事时，应该注意配合同期声和画面，体现调查的过程性。这种过程性体现为时间的延续、空间的转移以及真相被层层深入地揭示。新闻调查专题报道的解说词有两种叙述方式：一种是时空顺序式，另一种是与调查的进度一致的逻辑顺序式。时空顺序式主要用于事件性报道中，详尽展示事件发生、发展、变化的过程；逻辑顺序式主要用于主题性调查中，以记者的调查行为为线索，展示调查的过程和进度，帮助受众理解主题的背景、内涵、意义等。

③解说词要体现理性思辨的风格。新闻调查要求写作者透过纷繁复杂的表面现象，揭示事物本质和发展规律，提出独到深刻的见解，从思想理念上使公众受到启发。以文字语言为依托的解说词，可以展现同期声和画面所不能表达的理性和逻辑力量，不断唤醒和提升公众的理性思考及分析判断能力，引导公众主动参与。这样有助于解释事物本质，从而增强电视新闻调查报道的理性思辨色彩。理性思辨不仅是对解说词文字风格的要求，它也体现出解说词在节目中的作用。解说词的理性思辨色彩，主要通过两种方式实现：一是提问，二是分析。通过提问，引起公众思考，推动调查深入。分析是解说词实现理性思辨的另一个方式。在电视新闻调查中，记者对真相的揭露，对事物本质和规律的揭示，很多都是通过解说词的分析来实现的。例如，在《追踪矿难瞒报真相》[1]中，解说词采用了逻辑顺序式，成功地展现了记者的采访调查过程。

那么，在这次事故中到底伤亡了多少人呢？

……

尧都区安监局、市矿山救护大队和矿主异口同声说死了 8 人。而老百姓却都听说死了三四十人，这究竟是怎么回事呢？

……

没想到车上坐的正是一位要返回矿山取东西的四川矿工，虽然他也说不清楚矿难中到底死了多少人，但仍给记者提供了新的线索。

……

从火化人员登记表上看，遇难矿工的情况与安监局提供的名单是一样的。没有发现陈伦兵等 3 人的名字，难道真的没有这 3 个矿工吗？

---

[1] 何志武，石永军. 广播电视新闻采访与写作 [M]. 北京：高等教育出版社，2012：214.

……

在这种情况下，记者决定再上矿山，看能否从矿工的遗物中发现线索。结果不但发现了一位安监局名单上已有遇难矿工的证件，而且还找到了一个写着吕世文名字的通讯录，上面有多个电话号码。

……

在吕世文父亲的帮助下，记者很快在邻近的河南省沈丘县找到了与吕世文同时遇难的另一个被瞒报的矿工高凤新的家。

……

根据他提供的线索，记者又在河南上蔡、商水等地找到了 2 名被瞒报的遇难矿工家属。

……

日前，在当地公安机关的帮助下，四川矿工樊平章所提供的北川县陈伦兵、周丛友遇难一事也得到了证实。

（三）电视新闻评论的写作

1. 电视新闻评论节目写作的特点

（1）视角平民化　新闻评论倾向于评论与普通民众的利益密切相关、最具现实意义的问题。在论述方式和语言表达上，采用一种普通民众能够理解的通俗形式。题材和话语上有鲜明的广泛性和开放性。评论要体现平等对话的交流特质，不能正襟危坐、自上而下地说教。

（2）评论个性化　评论栏目的个性化在某种意义上就是电视主持人、评论员的个性展示。电视评论节目必须发挥主持人和评论员的个性魅力，从评论内容、节目形式到主持风格等都要彰显个性特征。

（3）表达平衡化　评论节目是引导舆论的重要手段，但引导的过程是一个渐进的过程。在今天，受众接受信息、观点的途径多种多样。对于同一个新闻事件，表达的声音也是多种多样。因此，要引导人们的思想观念向正确的方向发展，在进行评论时，关键不是评论者本人说了什么观点，而是通过节目让受众思考了些什么，体会了些什么，并由此获得了些什么。因此，新闻评论性节目不应只讲自己的观点，要同时列举、分析其他观点，对不同的观点要作对比参照，公正客观地展开和说明，最后证明自己的观点，这是一种平衡表达的思维。

（4）论述多元化　论述的多元化是指论证主体的群体性和论证过程的交流性。论证主体的群体性，即各方面人士共同参与评说。在电视新闻评论节目中，参与评说的可以是当事人、专家、记者、主持人、观众等。论证的交流性体现在观众可以通过电话、网络等方式参与交流，这使得电视评论具有了人际交流的特点。论证主体的群体性和论证的交流性使评论节目更加贴近受众，容易引起大家的共鸣。

2. 电视新闻评论在写作时应注意的几个方面

（1）选题与立论　选题立论是电视新闻评论写作的首要环节，它关系到新闻评论的社会价值。电视新闻评论的选题应该是群众关注的热点问题，具有代表性和典型性。在电视新闻评论节目中，电视新闻报道的新闻事实往往是评论的"由头"和依据。以新闻事实立论，会让评论过程更具体、自然，也更具有说服力，因此电视新闻评论节目的题材受到传播方式、受众状况等因素的制约。总之，最好选择一些与新闻事件联系紧密的选题，这样评论可以结合新闻现场记录的音响、图像，评述的时候可视性更强，传播效果会更好。

（2）画面选择　在电视评论节目中，表意性的画面语言必不可少。准确、生动而富有个性的画面语言是电视新闻评论节目成功的关键。敏锐、准确的画面语言有助于充分展示事实真相。特别是一些展示新闻细节的画面，这些画面往往是支撑评论观点的重要论据。

（3）同期声选择　电视新闻评论的客观化主要体现在同期声和现场采访上。现场同期声和现场采访成为表达评论观点的重要手段，它们使评论观点的表达变得鲜活，现场感强，还能给人以"客观化"的感受。同时，记者在剪辑采访镜头时，应根据自己的需要，将大段的采访语言浓缩成精练的观点。

3. 电视新闻评论稿件的写作

电视新闻文字稿可以分为 3 个部分：一是演播室里主持人所说的编前语和编后语；二是配合画面的解说词；三是记者在新闻现场的出镜解说。

电视新闻评论的文字稿要担负阐述观点见解，也就是说理的任务。因此，文字稿在写作时必定带有理性色彩，故应尽量多用陈述性语言，少用判断性或主观意识浓厚的语句。特别是电视评论的文字稿不是只有文字，它与画面、同期声等表现元素融为一体。在写文字稿前，应该充分考虑文字与采访、画面的协调与配合。文字是对画面的深化和补充，画面和采访同期声是评论的重要论据。

不管怎样运用文字，要牢记，文字稿单独拿出来是绝不能表达出电视新闻评论的完整意图的，它所起的只是辅助功能。对于电视新闻评论稿件的写作来讲，文字结构非常重要，常用的结构主要有以下 3 种。

（1）递进结构　这种结构是按照事物发展或人们认识事物的逻辑顺序来安排段落层次的。采用这种方式，可以使整个节目有明显的发展线索，并做到循序渐进、层层深入。随着对事物的认识由表及里、由浅入深，不断地深化主题，节目论述的力度也不断加强。

（2）总分结构　这种结构包括演绎式和归纳式两种。演绎式的结构方式即采取发散型思维，从某一个中心出发，向多方展开。具体表现形式：节目中，首先表明观点，再引入相关的材料佐证观点；然后将问题在深度和广度上进行拓展。这种方式在谈话类节目中采用较多。归纳式结构则采用集合式思维，节目围绕评论的主题，逐层运用材料进行说理，最后得出有说服力的观点和结论。采用这种总分结构，可以做到论述时条理清楚，也符合受众认识事物的逻辑顺序。由于这种结构存在较强的逻辑推理过程，思辨性较强的述评类节目更适宜采用这种结构。例如，山东电视台的《限价医疗：限掉了什么？》。[1]

主持人：……最近由山东省济宁医学院附属医院推行的一项改革措施，在全国上下引起强烈反响，因为这项改革可以为手术患者节省上万元甚至几万元的费用。那么这到底是项什么改革？它真的能给患者带来如此大的实惠吗？……

［解说词］

事实上，即使是在济医附院，实行限价前，治疗房间隔缺损的手术费也要2万元左右，限价前后为什么会产生这么大的差别？

……

记者："降得最多的是哪块？"

济医附院心脏外科医生："降得最多的一个是药物费用，一个是治疗费用。"

……

［解说词］

然而，就在这样一项让老百姓纷纷叫好的改革措施逐渐铺开的时候，限价医疗却在行业内部引起激烈的争论，不同的声音首先来自本院的职工。

济医附院妇产科医生："担心收入不行，收入降低了，科室收入就少，当然个人得的就少了，就是这么个道理啊！"

［解说词］

更大的压力来自兄弟医院，山东省卫生厅决定在一些医院中推广单病种限价的做法，受到了许多医院的抵制。

山东省立医院呼吸内科医生："实际上，有的医院就实行了偷工减料的做法。为什么这样说呢？因为很多病人需要这种药，但鉴于价格上的限价，给他用了别的药，用了比较便宜的药。但是，在治疗上达不到真正治疗的目的。"

山东省中医药大学附属医院普外科医生："比如出院的时候，该做的某些检查……比如做个CT、做个X光检查。但是，由于限价医疗，可能这些检查要省去。但是，

---

[1] 何志武，石永军. 广播电视新闻采访与写作 [M]. 北京：高等教育出版社，2012.

这就不能保证患者的治疗效果，这不好说。"

［解说词］

那么实行限价之后，医疗质量究竟有没有保证呢？为此，记者再次来到济医附院进行调查。

［解说词］

在实行单病种限价的几个月中，济医附院共接诊限价病人2000多名，其中90%以上的患者已经治愈出院，而在所有接受治疗的限价病人中，还没有出现任何对医疗质量不满意的反馈，所谓的医疗质量下降问题并不存在。那么，同行的质疑又是从何而来的呢？经过调查，记者发现，同行们的不满另有隐情：那就是限价医疗触及了医药行业多年来形成的"以药养医"的潜规则。

山东省卫生厅医政处处长："……在医院里，所有的消耗，包括用药、检查，包括占用你的床位，都不是医院的成本了，而是医院利润的来源。"

［解说词］

正是在这种不正常的利益驱使下，多开药、多检查这样的过度服务，得以在医疗行业中蔓延，而这些过度服务又直接导致了老百姓看病难、看病贵。

（略）

济医附院院长："这个药该不该用，这个检查需不需要，这个病人就不一定清楚了，谁清楚？医疗人员清楚。医生说是就是吧，医生是说的心里话，还是替卖药的说的话？还是替你病人说的话？"

［解说词］

事实上在许多医院，大夫开出的检查项目和奖金挂钩，开出的高价药品和医疗代表给的回扣挂钩，都已经是公开的秘密。大夫要想多拿奖金、多要回扣，就必须为病人过度服务，诱导病人多花钱。而在济医附院，由于实行了医疗最高限价，如果给病人多做不必要的检查，反而等于让医院赔了钱。

（略）

［解说词］

如此看来，限价医疗"限"掉的绝不仅仅是高昂的治疗费用，它"限"掉的还有医疗行业多年来存在的不正之风。也正是因为这项改革触及了许多人的既得利益，所以就注定了它推广起来不会一帆风顺。

（略）

主持人："由于限价医疗针对的主要是单一病种，范围有限，所以对整顿医风它充其量只是一味猛药，但绝算不上是包治百病的灵丹妙药。不过，最近山东省卫生厅还是决定试一下这味猛药，在我们节目播出前夕，他们要求各省级医院逐步推行单病种限价，而结果是 10 天过去了，不见任何动静。谁都知道这是因为此项改革动了某些人的'奶酪'。卫生主管部门下一步会有什么样的措施？我们拭目以待。而我们想说的是：只要能让老百姓看得起病，动谁的'奶酪'都应该，更何况这'奶酪'本来也不是哪一个人的。"

？ 思考与练习

思考题：

1. 电视新闻的采制特点有哪些？
2. 电视采访策划包括哪些内容？
3. 专题类电视新闻报道在写作时应注意的问题有哪些？

练习题：

1. 完成一份电视新闻报道的策划。
2. 完成一篇消息类电视新闻文字稿件的写作。
3. 选择一则电视新闻深度报道，分析它的结构。

▼

第 5 章

广播新闻编辑

广播是通过电波传送的声音符号来表达内容的。这种传播方式，既让广播在新闻传播领域里享有巨大的优势，也对其新闻编辑工作提出了一系列特殊的要求。例如，要做到让每条新闻都便于收听、便于理解；发挥广播的优势，在稍纵即逝的时间内，让听众获取更多的信息；合理选择来自不同渠道的稿件，将其加工、编排成为有机的整体；同时，把节目办得有声有色，吸引更多的受众。这些都是广播新闻编辑每天要思考和面对的问题。

广播新闻编辑的工作内容一般分为两大部分：一部分是单条新闻的编辑；另一部分是对整个新闻进行编排。在实际工作中，往往是记者自己完成稿件编辑的工作，而节目的编排则由专门的编辑负责。

第一节　单条广播新闻的编辑

在广播新闻的制作过程中，记者只需要完成单篇新闻报道即可。但是，编辑需要从节目的整体传播效果上进行把关，除对新闻稿件进行选择、修改之外，还需要考虑音乐、音响等因素与稿件的配合关系。

一、文字稿件的编辑

（一）新闻稿件的选择标准

在现实生活中，每天发生的新闻数不胜数。作为新闻记者，要筛选那些有价值的新闻加以报道。而编辑又需要按照某些原则对汇集到编辑部的新闻进一步"把关"，择优选用那些质量高、符合本媒体自身编辑方针的新闻稿件。

《新闻编辑的艺术》一书就新闻选择的意义进行了这样的概括："选择，作为新闻传播中的一条重要规律，并不是哪个人臆想出来的，而是事物矛盾性的客观要求与必然反映。新闻选择规律的内涵和要求就在于：对新闻信息的容量上，要优中选优；对新闻事实的社会属性在体现传播者意图上，要强中选强；对新闻传播范围与社会效果上，要好中选好。"[1]

一般来说，新闻稿件的选择有3条标准：一是政策法规；二是新闻价值；三是媒体定位。

（1）政策法规　从政治上看，要考虑新闻播出后可能产生的社会效果。要符合我国的各种法律法规，有利于宣传党的路线、方针、政策，有利于反映人民群众的呼声、愿望和要求，发挥舆论监督作用，有利于传播先进的思想、提高人民群众的思想道德水平和文化素养，促进精神文明建设。总之，从全局着眼衡量稿件，要选择符合全局利益的、社会效果积极的稿件。例如，2011年5月1日，备受关注的《刑法修正案（八）》开始实施，这一法律的正式实施，使得醉酒驾车再次成为社会大众、新闻媒体关注的热点和焦点。作为交通专业类媒体，在5月1日前，安徽交通广播围绕"醉驾入刑"相关工作进行了大量的宣传报道。4月30日，安徽交通广播再次派出多路记者，赶赴芜湖、马鞍山、阜阳等地，参加各地交警在5月1日凌晨开始的夜查酒驾行动。5月1日上午，安徽交通广播在全国媒体中率先对这一重大事件进行了报道，该报道荣获"第22届中国新闻奖广播消息二等奖"。以下是稿件的具体内容。

主持人："今天是'醉驾入刑'开始实施的第一天。今天凌晨0点02分，芜湖市司机曹某在醉酒驾车时被交警当场查获，成为我省乃至全国'醉驾入刑'第一人。请听安徽交通广播记者李蠡采制的录音报道。"

记者："今天凌晨0点，全省各地交警统一开展查缉酒驾'零点行动'。统一行动刚刚开始，参加行动的芜湖交警就发现了一辆黑色别克轿车存在明显酒后驾驶嫌疑，只见这辆轿车开得是歪歪扭扭，不断走着'S'形路线。"

0点02分，这辆牌照为皖BCJ×××的轿车在芜湖市银湖北路和天门山路交叉口被芜湖交警支队大桥大队民警拦截。轿车司机是名四十多岁的中年男子，满脸通红。交警当即对他进行了呼气式酒精测试。

［出现场音："吹吹吹，好。醉酒，严重超标。"］

轿车司机姓曹，芜湖市鸠江区人。面对检测结果，疑似醉驾的曹某这样解释：

［出现场录音："我不知道（你们查酒驾），不然我也不喝酒了。今天中午我钓鱼的，喝了一点酒，平时我也不喝酒。"］

[1] 彭朝丞. 新闻编辑艺术 [M]. 北京：中国新闻出版社，1988：99-100.

随后，曹某被交警带到芜湖市第二人民医院接受抽血检测。凌晨1点半，检测结果出炉，结果显示，曹某体内的酒精含量达到94 mg/100mL，已经超过80 mg/100mL的醉酒驾驶标准。

从今天零时起，《刑法修正案（八）》正式开始实施，将醉酒驾驶上升为构成危险驾驶罪的犯罪行为。今天凌晨2点，芜湖交警部门按照新的'醉驾入刑'规定，对曹某处以刑事拘留，曹某成为我省乃至全国'醉驾入刑'第一人。芜湖交警支队大桥大队民警：

［出现场录音："他除了要承担行政责任之外，还要承担刑事责任，处6个月以下拘役，并处罚金。"］

（2）新闻价值　在进行新闻选择的时候，要选符合政策法规的新闻，除此以外，新闻还有其自身的规定和要求，主要有以下几种。

首先要具有真实性，新闻的真实性既包括了事实本身的真实，也包括报道手法的真实。编辑一定要将真实准确的新闻信息传达给受众。例如，有些地方广播媒体为了扩大新闻来源，通常会通过招募一些基层通讯员来获取新闻线索。但是，这些非专业的通讯员由于缺乏专业训练，加上有些通讯员素质不高，功利主义严重，线索通常五花八门，有的还可能是"假新闻"。对这样的新闻线索"去伪存真""去粗存精"，是编辑的一项重要任务。如何防止诸如"最美钟点工救人""南京市民排队喝鹿血""'90后'男孩破解世界数学难题"等假新闻的出现，也对编辑工作提出了更高要求。其次，要具备重要性。选择事实变动明晰的报道，选择影响意义重大的报道。再次，要具备新鲜性。所报道的事实必须在时间上是新鲜的，内容上是有新意的；同时，选取的报道角度也是新鲜的。另外，还需具有接近性。既包括新闻事实与受众的空间、距离和心理距离接近，也包括职业、性别、年龄等方面的接近。接近程度越大，新闻价值就越大。最后，还需要有一定的趣味性。富有趣味性的新闻能对人产生某种作用与影响，满足人们心理上某种健康的合理的需要与欲望，有助于培养人们美好的情趣，因而是有价值的。

（3）媒体定位　由于不同广播媒体及栏目的定位不同，因此在选择新闻稿件的时候，必须与自身媒体的定位结合起来，适合刊发在此广播频率的节目，不一定适合另一广播频率。以2010年3月29日天津台4档新闻节目为例，来看看不同新闻节目在新闻选取和编排上的不同侧重点。这4档节目分别是《新闻909》（新闻频道）、《滨海第一线》（滨海频道）、《新闻早班车》（交通频道）和《天津早晨》（经济频道），播出时间为早上7点。

新闻频道《新闻909》前4条新闻为：

1.今年以来，本市经济运行态势良好，主要经济指标保持快速增长，经济运行质

量进一步提升;

2. 央视《新闻联播》昨天在显著位置播放消息,报道天津服务业快速发展,产业布局调整成就"海河之变";

3. 本市召开落实城市管理规定工作会议,市长黄兴国出席并讲话;

4. 滨海新区最大限价房项目开工,将解决 3.2 万名新区企业职工住房需求。

滨海频道《滨海第一线》前 4 条新闻为:

1. 滨海新区第一个限价商品房项目开工建设,解决大型企业员工住房问题;

2. 港城大道东兴路开始建设,形成公路交通主框架;

3. 天津耀明康德项目通过验收,成为科技创新生物医药服务外包行业标志;

4. 滨海茶淀葡萄科技园建设具有葡萄特色的生态景观。

交通频道《新闻早班车》前 4 条新闻为:

1. 周末大批市民走出家门祭奠故人,第一、二殡仪馆共接待 60 万市民祭扫,创几年清明节单日祭扫人数新高;

2. 铁路部门迎来扫墓客流高峰;

3. 清明节公交推出 42 条扫墓专线,增车加班;

4. 3 月 1 号机动车停放专项治理,提高市中心停车位利用率。

经济频道《天津早晨》前 4 条新闻:

1. 滨海新区最大限价房项目开工;

2. 上月本市二手房市场活跃,消费者逐步走出观望;

3. 中国上市房企 2009 年年报显示毛利率最高超过 60%;

4. 国务院发出非主业央企劝退令之后,已有两家央企退出房地产市场。

从上面的新闻内容中可以看出,由于频道定位不同,使得新闻的选择不尽相同。新闻频道是该地区最权威的新闻广播频道,担负着传达党和政府声音的责任,所以,对能够反映一个地区总体情况的新闻更加关注。滨海广播主要定位于反映滨海新区的建设发展情况,因此稿件的选择主要是滨海新区的新闻。交通频道定位于交通,因此大都会选择与交通或交通工具有关的新闻。而经济频道,在新闻选择中大多会选择与经济有关的新闻,上例中的 4 条新闻就都是与房地产有关的新闻。

当然,上述标准也适用于电视新闻稿件的选择,在此一并介绍,后文不再赘述。

(二)新闻稿件的修改

广播新闻稿件修改的基本方法有压缩、增补、改写、分篇和综合 5 种。

1. 压缩

压缩是广播新闻编辑在修改稿件时经常使用的一种方法。主要是由于广播稿件要求短小精悍、言简意赅，因此需要在修改时删除、压缩稿件中与主题无关或关系不大的一些内容，使报道详略得当。

在进行压缩时要注意突出主题、重点。有些稿件说了一大堆，但是该说的没有说清楚，主题不鲜明、重点不突出。对这类稿件，编辑要删去与主题无关或关系不大的问题，删去交代含糊的事实以及论据不足甚至不正确的观点，删去那些可有可无的背景、细节等。要在众多的内容中突出主题和重点。例如，在修改一些文字稿件的时候，可以只保留导语的部分，其他部分的内容可以删掉。因为文字新闻常常会采用"倒金字塔"的结构来写，最重要的内容都在导语中，其他部分的重要性依次递减。另有一些介绍经验或理论性文章，不需要全文广播。可以摘其概要，删掉一些具体而非必要的内容；遇到直接删除后内容缺乏联系的段落，需要采用概括的叙述手法进行过滤。

2. 增补

增补法是对稿件的有关内容进行增加和补充的一种改稿方法。根据稿件内容和需要，主要有以下几种情况。

（1）主体事实不清楚　有些稿件缺少主要报道的事实，次要的材料却较多；或者评论比较多，主要的事实却交代得不够。对于这样的稿件，就需要对主体事实进行增补，将事情的发展过程介绍清楚。

（2）新闻要素不全　一条新闻稿件要具备 6 个基本要素，也即"5W+H"：何人（Who）、何时（When）、何地（Where）、何事（What）、何因（Why）、如何（How）。通过对这几个基本要素的把握，听众可以迅速地把握其主要内容。如果稿件中某些要素不全，编辑需要及时增补。

（3）背景材料不清楚　有些稿件背景材料交代得不够，影响听众对整个事件的理解。这时，需要补充事件或人物的背景资料。另外，在连续报道中，为了使听众尽快进入节目，还要对已经报道过的重要内容作适当的回述。

例如，山东台 2011 年 3 月 11 日的《直播山东》（获第 22 届中国新闻奖新闻编排二等奖），其中排在头条的新闻是这样的。

女："听众朋友下午好，我是云竹，来听详细内容。首先来关注最新消息，据国家地震台网测定，北京时间今天 13 点 46 分，在日本本州东海岸附近海域发生 8.8 级地震，震源深度约 20 公里，震中距仙台约 180 公里。据了解，北京、天津部分高层建筑物人员有感。日本气象厅发布破坏性海啸预警。有关本次日本地震的详细信息，我们来连线《直播山东》值班编辑李静。李静你好！"

李静电话连线：云竹你好！我给大家介绍一下这次日本地震的最新情况：我从新浪网上看到的最新的一条消息是发自今天下午 4 点 51 分，关于震级的修正。那么，日本气象厅在地震刚发生的时候，最初报出的震级是 7.9 级，后来又修正为 8.4，刚刚报道的消息是气象厅修正为 8.8 级。这是日本史上最高震级的地震。目前这个地震已引发了两起煤气泄漏事故。在下午发生大地震之后，海啸已经是在下午 4 点前就抵达了仙台机场，机场跑道已经被海水淹没了，停车场的车辆也都被淹了，幸存人员呢，目前正在候机厅的顶部等待救援。据日本 NHK 电视台的直播画面显示，仙台市名曲川河口附近的海水是已经出现了逆流，一些住宅区也是被海水吞没了。那另外据仙台附近的宫城县警方透露，仙台新港海啸高度最高达到了大约 10 米。另外据了解，日本千叶县的炼油厂发生了大规模的爆炸，燃起了熊熊大火……日本首相菅直人在地震发生之后在首相官邸发表了讲话。他说，我们都会尽全力救灾，希望日本全国团结一致，政府会尽全力救灾，帮助灾区的民众。他还呼吁民众冷静互助，共同度过这场灾难。我国国家海洋预报台在下午预报说，今天中午在日本东部海域发生的地震可能会在震源附近数百公里范围内引发区域性的海啸，但是不会对中国沿海地区造成灾害性的影响。海洋预报台表示说，下午 2 点 20 分，位于日本东部海域的浮标，检测到两米高的海啸，那预计海啸波将会在下午 5 点 30 分左右影响到台湾东部海岸，浪高大约是 100 厘米。在晚上 8 点 30 分，开始先后抵达我国的广东、福建沿海，但是不会造成灾害性的影响。国家海洋预报台将会密切关注后续的检测情况，及时发布信息。"

男："好，非常感谢李静汇总的消息。据日本气象厅观测，地震发生在当地时间 14 时 46 分，北京时间 13 时 46 分，震中位于宫城县以东的太平洋海域。就本次地震的有关情况，中央电视台记者连线采访了中国地震台网中期预报部主任刘杰。"

［录音］（略）

女："本次地震已在日本沿海引起 6 米高的海浪，日本气象厅呼吁民众到安全地带避难，不要靠近海边和河口附近地区。就本次地震引发海啸的有关情况，中央电视台记者连线采访了国家海洋局海洋预报台副主任于福娇。"

［录音］（略）

男："目前正值日本的旅游旺季，是否有山东游客在日本旅游，他们的人身安全是否能得到保障？地震发生后，青岛台记者雷蕾第一时间电话采访了港中旅山东国际旅行社出境部总经理成晶。我们连线雷蕾，来了解最新情况，目前，港中旅游公司在日本有没有滞留的旅客呢？"

［电话连线］（略）

女：天灾难料，世事无常。最近几年，世界各地发生的地震灾害比较多。下面和大家一起来了解一些有关地震的背景资料：地震的震级是如何来测定的？地震震级是根据地震仪器记录的地震波的振幅来测定的，一般采用里氏震级标准，震级每相差一级，地震释放的能量相差约 30 倍。一般将小于 1 级的地震称为超微震；大于等于 1 级小于 3 级的，称为弱震或微震；大于等于 3 级小于 4.5 级的，称为有感地震；大于等于 4.5 级小于 6 级的，称为中强震；大于等于 6 级小于 7 级的，称为强震；大于等于 7 级的称为大地震；8 级以及 8 级以上的称为巨大地震。此次日本地震可以称得上巨大地震。”

男："日本是地震多发国家，我们再来为大家汇总一下日本遭遇过的几大地震：1923 年 9 月 1 号，东京发生里氏 7.9 级地震，造成 142 807 人死亡。1943 年 9 月 10 号，西海岸鸟取县发生里氏 7.2 级地震，造成 1 083 人死亡。1944 年 12 月 7 号，中部太平洋海岸发生里氏 7.9 级地震，造成 998 人死亡。1995 年 1 月 17 号，西部神户及附近地区发生里氏 7.3 级地震，造成 6436 人死亡。2004 年 10 月 23 号，中部青析发生里氏 6.8 级地震，造成 67 人死亡。"

女："日本地震对今天的证券市场也带来了大影响。今天 A 股市场主要股指重心进一步下移，临近收盘日本发生强震，引发亚太股市急跌，A 股市场也出现疯狂跳水。沪指将周一的跳空缺口完全回补，10 日线失守，收出三连阴，短线出现明显破位，两市成交 2 760 亿元，较昨天萎缩半成。有关本次日本地震的最新消息，《直播山东》节目将及时关注。"

这是《直播山东》中放在最前面的一个内容，时长约 13.5 分钟。可以看到，前面报道日本发生强震的消息只有 96 字（只用了 20 秒），但后面的补充新闻和背景介绍却用了整整 13 分钟。其中，编辑所做的工作值得学习和借鉴。

新闻之后是编辑与主持人连线，介绍最新消息。可以看出编辑对最新情况的汇集，而且采用电话连线的形式，编辑从幕后走到台前，是一种颇具广播特点的表现形式。

第二和第三部分采用了央视音频，这也充分体现了广播编辑汇集天下精华的职能。第四部分是连线本台记者，了解山东游客是否受到波及。说明编辑是个有心人，知道听众最关心什么，最想知道什么，摸准了听众的脉搏。最后一个部分是对新闻背景的补充。整个板块完整而有冲击力，彰显了广播编辑在重大事件到来后应有的新闻敏锐和智慧[1]，同时也使得整个节目既有广度，又有深度。

3. 改写

改写是广播新闻编辑运用改变原稿角度、结构、体例的手段，将其中有新闻价值的材料改写成广播节目所需要的稿件。它是广播新闻编辑必须要掌握的一项基本功。改写常用的方法有以下几种：

（1）改写文字　广播的传播具有"线性""易逝"的特点，因此要求广播语言通俗、易懂。编辑在修改广播稿时，要将单音节词汇、晦涩的词汇改为双音节词、易懂的词汇；

[1] 危羚，王萍，赵慧. 广播节目编辑与制作 [M]. 北京：中国传媒大学出版社，2013.

容易引起歧义的谐音词也要更换为其他表意明确的词汇；将一些结构复杂的长句子改为简单句。总之，广播稿遣词造句的原则是要适合于"听"，要容易听懂。而且，还要让主持人、播音员读起来朗朗上口，有一种韵律美。例如，"当地时间今天14时46分，日本本州东海岸附近海域发生8.8级地震。""14时46分"，"十"和"四"以及"时"连在了一起，听起来像绕口令，"时"也不符合口语化的表达，因此，可改为"14点46分"或者"下午2点46分"。

（2）改变角度　新闻角度的选择要能反映新闻的价值，编辑在改稿时就要注意稿件的写作角度是否是新颖的、有特点的、"以小见大"的角度，同时也要符合听众的需求。

（3）改变结构　由于广播的线性传播特征，每一条新闻在结构上都必须逻辑清楚、段落分明、线索简单，一些结构混乱、线索复杂的稿件不符合人们的听觉习惯。因此，要按照时间顺序、事件的发展顺序、事情的因果关系来结构稿件。

（4）改变体裁　由于广播新闻的稿源十分丰富，编辑可以根据节目的需要对原稿件的体裁进行修改。例如，将调查报告、采访札记改写为消息、评论；可以把专稿改成广播对话或配乐广播；可以把长篇报告、会议发言改写成短新闻的连续广播。例如，天津新闻广播一档在晚间播出的新闻杂志类节目《新闻夜谈》，在2013年4月8日播出的内容有三：演员成龙欲出售自己收藏的4栋古建筑捐给新加坡一所大学，引发争议；解密领导人身边的翻译工作；66岁的著名教授易中天要当主持人。其中第三个内容摘自当天的《北京日报》，原文是一篇问答式的记者专访，而编辑则将其改成了通讯形式。

4. 分篇

有些稿件内容比较重要，涉及几个方面且篇幅又比较长，这时，可以分为几篇稿件，每篇稿件集中谈论一个方面。一些长的政府在某方面的公告或者领导人的长篇重要讲话，就可以用分篇的方法进行处理。

5. 综合

综合是把内容相关或是反映同一主题、同一内容，但报道角度不同的若干篇稿件放在一起。或提炼为一条综合新闻；或组成专栏、专题新闻；或组编在一起，加上编者按、编后话，配写上串联词。

2015年2月22日，在中央人民广播电台中国之声《新闻和报纸摘要》节目中，《孩子们的压岁钱怎么花》就是将来自郑州、南京、秦皇岛等地的记者采录的新闻综合为一条新闻稿件，形成了很好的宣传效果。

对孩子们来说，每到过年，没有什么事比收到压岁钱更开心的了。今年的压岁钱，孩子们都准备怎么花呢？我们的记者走到各地的孩子们中间，听听他们是怎么说的。

"大概六千吧，我是三千多。"在郑州街头，孩子们说起春节收获的压岁钱个个眉飞色舞。对于少则几百元、多则上千元甚至上万元的压岁钱，孩子们各有打算。

南京小朋友："买年糕，还有香肠，还有包子，还有肉圆。""买玩具，还有烟花。""上学的时候我可以拿钱用，交学费。""可以拿现在的压岁钱然后加上长大以后挣的钱，然后给我妈妈买一辆跑车。""我想要给很穷的小朋友，给他们买新衣服。"

对于水涨船高的压岁钱，一些家长认为应该帮助和引导孩子合理使用压岁钱。秦皇岛市孙女士："我觉得把钱给孩子让孩子自主支配方法是好的，但家长要提前做一个诱导。比如告诉他钱不要乱花，或者告诉他要有自己的计划，我觉得应该上升到对孩子从小进行理财的教育（高度）。"

然而，相比于压岁钱，新的一年，孩子们其实还有更多、更重要的期盼。"我更想要陪伴，因为我的爸爸总是出差，我想让他陪我。""在我们现在这个高中时候，我觉得最重要的就是他们给我们精神支持。马上要小高考了嘛，他们给我们精神上的支持实际上要超过这些压岁钱之类的。"

二、音响的编辑

广播是传播声音符号的一种传播媒介，声音是构成广播媒介传播符号的唯一元素，也是广播媒介传播信息的唯一载体，其表现元素包括有声语言、音乐、音响。而不同的组接方式会产生不同的传播效果，巧妙的连接会产生"1+1 > 2"的效果。所以，在对于广播编辑来说，如何将这些不同的音响素材进行组接，是很重要的一个问题。

在音响编辑的过程中，主要有两个过程：剪接、合成。

（一）剪接

在对音响进行剪接时，需要注意以下问题。

1. 保留适宜的音响长度

音响的长度要适宜，不能过长或过短。过短的音响，不容易被听众听清，一句话还没来得及听清楚就结束了，会显得比较突兀。相反，如果过长的话，会使听众出现"听觉障碍"或"听觉疲劳"，也降低了报道的质量。例如，按照中国新闻奖的评奖规则，录音新闻可分为"短消息"和"长消息"两种，前者要求不超过 90 秒，后者要求不超过 4 分钟。

2. 选择合适的剪辑点

在对同期声进行剪辑时，要在语言自然停顿的地方下手。要找一个停顿符号、一个较长换气或一个结束音处来剪辑。要保留人讲话停顿的时间，半秒钟左右。不能将音响剪辑得过紧，使前后句的某些字被"吃"掉，让人听起来感觉很不舒服。音响的最后一个字不能突然结束，在剪辑点的选择上需要留下适当的停顿，否则会使原本流畅的语言有被硬生生卡断的感觉；也不能在一个人说话情绪上升或话语停留在一个升调的时候剪断它，这样会使听众觉得，这个人的话还没有说完，编辑硬生生地留下了什么内容。

3. 保证音响的内容不被断章取义

在对音响剪辑时,不能把一句话剪开后打乱顺序重新安排,不能将内容剪辑得支离破碎,更不能断章取义。如果要剪掉一个人谈话的某些部分,可以顺序删去其中的某句话,但不能让谈话的意思发生改变。另外,需要剪掉没有意义的空白段落或啰唆的内容。语气、语调、语气词、说话的速度、说话的节奏都能传递出人物对新闻事件的看法、情绪和人物本身的性格、气质、人格魅力等,同期声剪辑后应保留这些声音元素,才能增强音响的可信度和感染力。

4. 保持感情连贯

有时候,采录回来的同期声内容不是完全符合语言规范的,但如果剪掉这些内容,反而使贯穿于话语中的情感的连续性没有了,影响传播的整体效果。这个时候,那些似乎不太完整或者略有重复的内容,也应该予以保留。

(二)合成

经过剪接后的音响要重新进行组接,根据体裁和内容的需要,对它们重新进行排列组合。在广播新闻的报道中,音响的组接包括了音响与音响的组接、音响与文字解说的组接、音响与背景音响的合成、为文字解说配背景音响等。基本的组接方式有以下几种。

1. 切换

切换是在广播新闻报道中经常会使用到的方式。它是两种音响在不重叠的情况下,前一种声音结束,即刻出现后一种声音的组接办法。这种切换方式比较易于操作。音响与音响、音响与文字解说的组接都会使用这种方法。这里,又可以分为以下几种情况。

(1)前后强强组接 这种组接方式在广播新闻报道中最为常见,具有紧凑、自然的特点。它是指前一个音响以正常音量结束,后一个音响以正常音量开始,这种连接方式最常见。例如,2015年2月23日中央人民广播电台"中国之声"《新闻与报纸摘要》节目中,《新春走基层:天山牧场里的铁路养护工与牧民一起过年》中的音响组接就使用了这种方式:

北疆天山有一处叫"苏古尔"的远山牧场,是伊犁哈萨克自治州牧民牛羊转场的"冬窝子"。在这海拔1900多米的崇山峻岭中,新疆第一条电气化铁路——精伊霍铁路穿山而过,养护这条112公里铁路段的是一群多为"80后""90后"的年轻人。今年春节,坚守岗位的他们与牧民一起过年,保障铁路安全通行。

清晨,装载着生活补给和检修物资的轨道车从精河站出发,沿精伊霍铁路前往110公里外的乌鲁木齐铁路局奎屯工务段苏古尔车间。由于苏古尔地处高海拔山区,交通极为不便,轨道车成了进出作业点的唯一保障。驾驶员马洪斌:

[出录音]"我们随时在车上处于待命状态,随时接到通知随时就得出车,吃住

都在车上，不能离开车。"

走下苏古尔站台，刺骨的寒风裹挟着零下 10 多度的低温让人瑟瑟发抖。在这里，常年驻守着一百多名铁路职工，冬季除冰雪、春季防山洪，四季守护着辖区 112 公里铁路。为避免钢轨折损、夹板裂纹、螺栓折断造成的不良后果，苏古尔车间主任薛华率兵检修，用道尺和悬绳一空一拉，把规矩水平、高低轨向全都写在轨枕上，准确找出轨道病害，再进行精确修复。春节，薛华把女儿接到了山上，为的是安心工作：

［出录音］"你看这边是叉区那边是叉区，后面的叫附带曲线，它往往是最容易出现问题的地方。经过我们的处理，要让它达到安全上是有保障的。"

"都拉特·别克"是哈萨克族牧民给薛华取的名字，意思是最有权威、最受尊敬的人。每年 3 月，牧民都要赶着牛羊翻越苏古尔冬牧场转场到春牧场，路上得走三四天，有些体力不支的老羊、幼羔就会死在途中，遇上雪崩更是人畜一起活埋。薛华就利用建成的北天山铁道辅洞为转场牧民提供方便，一下把时间缩短到了半天。牧民叶尔泰·努尔哈拉提说：

［出录音］"'都拉特·别克'就像我自己的孩子一样，处处为我着想，教我们牧民种土豆，卖钱增加收入，还帮助牧民的孩子去铁路上班。"

过春节了，牧民医生阿迪江·热合木江说什么也要请薛华和养护工们到家里来吃个团圆饭。薛华盛情难却，早早准备了清油、面粉，和同事们一起登门拜访。热情的女主人端上奶茶、马肠子、炖羊肉，大家盘腿坐上炕头，拉起了家常。

为薛华弹唱冬不拉的小伙子叫加拉斯，2009 年以前，他往返寄宿制学校需要翻越天山。精伊霍铁路开通后，苏古尔线路车间每周用轨道车接送牧民孩子上下学，6 年来，始终如一。薛华听着冬不拉，心里很高兴：

［出录音］"确实一些困难你就顺手给人家做了，经过这么几年我觉得和当地牧民真正是成为一家人了。"

（2）前弱后强组接　这种组接方式是前一个音响音量渐渐变弱直至结束，后一个音响在此之后才以正常音量开始，两个音响没有重叠的区域。这样的连接会产生比较强的终止感，常在一个段落的结束、另一个新的段落开始时使用。例如，中国国际广播电台 2004 年 11 月 13 日播出的《巴勒斯坦送别阿拉法特》（获第 15 届中国新闻奖一等奖）的结尾：

［音响］（巴勒斯坦国歌出，数秒后混播，渐隐）

中国国际广播电台，各位听众！现在您听到的是巴勒斯坦国歌。在这雄壮的歌声中，在巴黎去世的巴勒斯坦民族权力机构主席阿拉法特回到了他的祖国巴勒斯坦，回到了他生前位于拉姆安拉的总统官邸。在这里，巴领导人、外国驻巴使节以及数万巴勒斯坦人参加了为他举行的遗体安葬仪式。下面播送本台记者涂龙德、贺金哲从拉姆安拉现场发回的录音报道，题目是：《巴勒斯坦送别阿拉法特》。

（中间部分省略）

[音响]（挽歌声，数秒后混）

在总统官邸院墙外，一群巴勒斯坦妇女流着眼泪唱起了古老的阿拉伯挽歌，声声呼唤着"阿布·奥麦尔"的名号，歌声凄惨，催人泪下。这歌声表达了巴勒斯坦人对阿拉法特不尽的哀思，也表达了他们继承阿拉法特未竟事业、实现巴勒斯坦和平建国理想的坚定决心。

[音响]（挽歌声突出，数秒后渐隐）

中国国际广播电台，听众朋友！刚才您收听到的是本台记者从巴勒斯坦城市拉姆安拉发来的录音报道：巴勒斯坦告别阿拉法特。谢谢您的收听，再见。

这篇专题通过对阿拉法特葬礼的报道，凸显了巴勒斯坦人民对阿拉法特的热爱之情。结尾在挽歌声渐渐变弱到消失后，听众也知道主体部分要告一段落了，再接播音员的结束语就非常自然。

（3）前强后弱组接　这种组接方式是前一个音响以正常音量结束后，后一个音响才由弱到强渐入。这样的组接可以是新段落的开始，也可以是一种情绪的转换。

（4）前后弱弱组接　这种组接方式在广播新闻中并不常见，是前一个音响音量渐渐变弱直至结束后，后一个音响才由弱到强渐入。

2.重叠

与前者不同，重叠是将两种及两种以上的声音叠加在一起，造成一种立体的音响效果。这些声音既可以是解说和音响的叠加，也可以是音响和音响叠加。一般来说有以下几种方式。

（1）前弱后强式　它是前面一段音响的声音从正常音量逐渐变弱，不等前者声音消失马上以正常音量接后者的音响。这种重叠的方式经常在稿件中标注为"压混"。这种压混的重叠方式，在广播新闻中使用得较多。例如，下面这篇天津人民广播电台的广播专稿《离家百年，钟回故里》（曾获第16届中国新闻奖一等奖）。

[男主播]听众朋友，流失海外105年的大沽钟昨天终于回到了故乡——天津塘沽。如果它有生命的话，一定会感慨万千。因为它承载过屈辱的历史，也见证了新世纪的和平、友谊。请听本台记者李贺采写的报道：《离家百年，钟回故里》。

[音响]（飞机降落，压混）

[女主播]（略）

[音响]（回归仪式：迎接大沽古钟回归仪式现在开始。升国旗，奏国歌……压混）

［女主播］（略）

……

［录音］（广东话原声，压混出普通话：我是一名中国人，我应当为这件事出力，我们不能看着屈辱的历史再继续！只要有百分之一的希望我们就要作百分之百的努力！）

……

［录音］（英语原声，压混出译音：我的曾曾曾祖父 1860 年到中国来过，在攻打大沽口炮台的时候还获得了英国的维多利亚十字勋章。也就是他所在的这支队伍在 1860 年当年，火烧了圆明园，抢劫了圆明园的大量财宝。那么，过了这么多年，作为他的后代，我想，历史应该重新解读。）

［女主播］叶锦洪先生回忆说，那些富有正义感的议员们为大沽钟的最终回归，也作出了富有成效的努力：

［录音］（广东话原声，压混出普通话：最有代表的是特瑞·霍利（Terry Holl）。他给每位议员写了一封邮件，他讲，这口钟的主人是中华人民共和国，这口钟是人家的我们就应该给人家，用来促进英国和中国两国之间的友好关系。在这点上，他们和有些国家不承认自己侵略的历史不一样，非常正视这件事。）

在这个例子中，可以看到前弱后强的重叠使用，其中有三处将广东话或者英语压混为普通话。在实践中，当采录回来的音响本身不清晰、不完整，或者采访对象讲的是方言、少数民族语言和外语时，就需要将这些同期声转变为听众能够听得懂的语言。这时，就需要用一种声音来诠释另一种声音，就需要压混。在原声的第一个意群表达完之后声音渐弱，就可以进行压混了。经常使用的"压混"形式大体有两种：一种是配音式"压混"，一种是旁白式"压混"。前者原声需要一字一句地"翻译"给听众，信息相对集中，逻辑也必将清楚，而且语言的表现力好；后者的原声在语序、逻辑上就比较差，有时候"口水话"很多，当我们告诉听众的时候，需要整理、理顺他 / 她的逻辑，这时运用旁白式的"压混"比较省力，容易交代清楚故事内容。[1] 在进行压混的处理时，两段声音在音量的处理上要有主次之分，主要音响的音量要大于次要音响的音量。

（2）前强后弱式　这种叠加的方式主要用在情感的烘托之处。前面的讲话正常结束，而后面的音乐渐渐进入，在讲话声音结束之后音乐扬起。例如，黑龙江交通广播 2008 年 5 月 27 日播出的新闻专稿《入川日记》（获第 19 届中国新闻奖三等奖）中有这样的运用。

［女主播］妻子日记：2008 年 5 月 18 号，要不是在电视里看到，我还不知道他们到了呢！老周他瘦了一大圈，也黑了。可我还是一眼就认出来了！

---

[1] 赵希源. 用声音诠释声音——说说广播录音报道的"压混"技巧 [J]. 中国广播, 2008 (3)：44-46.

　　[音响]周：这一看，黑龙江的车！一看"黑龙江"这几个字！哎呀，看咱们老家都来人啦！咱们家乡都来人啦！这是代表咱们黑龙江来看望灾民来啦！（歌曲《生死不离》淡入，歌声：我要找到你……）我们黑龙江人就是伟大！还是为黑龙江人自豪！说你们是东三省第一个救灾物资到达的！他们高兴得一下子就围上来了！给他们的州长啊、县长啊高兴得不得了，两双手握着我的手表示感谢啊！说咱这边有一个黑龙江大庆来的，还是代表黑龙江人的一片心情来的！

　　[乐声扬起]

　　在周的讲述过程中，渐渐出现"我要找到你"的歌声，适时地对情绪进行了渲染。它既表明妻子在电视新闻中找到了丈夫，也表示灾区人民看到了家乡来的亲人。而周的讲述结束之后，歌声扬起，这种情绪得到进一步的释放。

　　（3）前弱后弱式　这是前一个音响渐渐结束，后一个音响渐渐开始，两段音响中间有一部分重叠区域。它常用于两段音乐的连接，在两段讲话之间的连接则很少见。

　　另外，在进行广播新闻音响编辑时，还需要注意：能用音响说明主题和事实时，在能采录到质量较好的音响的前提下，尽量使用音响；如有可能，尽量早点出音响，吸引听众的注意，增强报道的生动性。解说时最好也有音响作为背景，使报道中现场音响不中断，形成强烈的现场感。音响和文字要相互印证、相辅相成，把生动、鲜活的音响配以精准的文字说明，才能再现新闻事件原貌，让人听后如身临其境，增强报道的可信性和感染力。

第二节　广播新闻节目的编排

　　广播节目编排有两种含义：一种是广义上的编排，指一个广播频率的节目播出安排，通常由这个频率的负责人统筹规划，人们常见的节目播出表是其表现形式。另一种是狭义上的编排，就是把经过选择与修改的若干内容、体裁不同的单篇新闻性稿件按照一定的传播意图加以组合排序，整合成完整播出单元的一个操作过程。这里所讲的编排是指狭义上的栏目编排。

　　在对广播新闻栏目进行编排时，新闻编辑一般需要做的有：设计一个有吸引力的开场和结尾；选好头条和有序编排新闻；撰写新闻提要；做好新闻的串联。

一、选好头条新闻

　　头条新闻是当天发生新闻事件中最重要、最具有新闻价值和导向意义且听众最想了解的新闻，也是一期新闻节目的"龙头"。它在很大程度上决定了该期节目的质量和收听率。

一篇稿件能否上头条，有很多因素，与新闻事件本身的新闻价值和编辑对新闻的敏锐度都有很大关系。一般来说，选择头条新闻要考虑新闻的导向性、权威性、贴近性、时效性。

（一）强调导向性

新闻节目是媒体宣传功能的重要体现，导向永远是第一位的。"舆论导向正确，是党和人民之福；舆论导向错误，是党和人民之祸。"江泽民同志的这一论断阐述了舆论导向与党和人民利益的紧密关系，同时也指明了新闻宣传工作所肩负的光荣使命和艰巨任务。例如，随着社会的不断发展，征地农民的安置、就业与再就业，医疗、社会保障、住房改革等问题逐渐凸显出来。新闻编辑必须认识到解决好这些问题是重大的经济问题，也是重大的政治问题，直接关系到国家的长治久安。在进行节目编排时，就要将与政府颁布的与这些问题相关的重大政策、具体措施以及执行情况和社会效果等新闻稿件排在头条。另一方面，也要将社会经济建设取得的成就作为新闻重点报道和反映的内容放在头条位置。

（二）注重权威性

作为主流媒体的广播新闻节目，尤其是头条新闻，必须具有一定的权威性。当然，对于中央级、省（市）级和地方电台来说，其权威性是不同的。体现在节目编辑中，就是要通过对重大事件、重大活动的报道，通过记者、编辑对重大题材的驾驭能力以及良好的职业道德和严谨的工作作风来体现。而这些报道中经常要涉及对各种会议和领导人活动的报道。记者和编辑，就要善于去琢磨、分析，在程序化的会议中发现不同之处、抓住重点、找到亮点，推陈出新，抓住听众的注意力，收到良好的传播效果。

（三）追求贴近性

人民群众是新闻的提供者，同时也是新闻信息的接受者和消费者。因此，新闻头条也要选择贴近民情、关注民生、反映民意的内容，抓住老百姓关心的热点、难点、兴奋点问题。否则，听众对于不想听不愿听的内容，可以选择随时换台，影响新闻传播效果。当然，我们所追求的贴近性，也是有底线的，绝对不能充当社会上某种不良情绪的导火索，而是要起到疏导、弱化这种不良情绪的作用，不能给社会制造矛盾。坚持把体现党的意志同反映人民群众的心声统一起来，严格体现中央精神、真实反映人民的意愿，营造朝气蓬勃、健康向上的社会氛围，表现时代前进的要求和历史发展的趋势，坚定人们的信念、鼓舞人们的斗志、推动社会进步。

例如，2006 年 1 月 4 日，珠海市政府提出三条新举措：一是建设廉租房；二是现有公房配租；三是发放租赁住房补贴，务求城镇住房特困户年底前全部"解困"。这条消息对于那些盼房心切的住房特困户来说，无疑是"久旱逢甘露"。珠海人民广播电台的编辑敏锐地感到，这是我们党践行"三个代表"重要思想的具体体现，新闻事实中包含着重大的政治意义。于是，在当天众多的新闻稿件中，编辑毫不犹豫地把《珠海市425户住房特困户有望于今年全部"解困"》排在了头条。

（四）讲究时效性

新闻是对新近发生的事件的报道，它在时效性上要求的是刚刚或正在发生、发展的事实。新闻事实与传播之间的时差越小，新闻价值就越大。头条新闻更要注意时效性。对于那些时效性差的新闻要毫不犹豫地枪毙，不然，在新闻大战中将无立足之地。

例如，"中国之声"编辑部定的《滚动新闻新标准》就体现了上面讲到的四种因素："每组滚动新闻头条必须是最抢眼、最抓人、最重要的，力求每次都给听众以耳目一新的感觉。国家新发布的政案性消息，必须将通知、文件、会议等加以消化，作为由头或信息源，尽量从百姓生活、生存角度去把握，杜绝空谈原则和意义；统计数字要有比较，必须揭示趋势性或说明问题，有分析解读；一般情况下，节庆新闻、总结式静态报道，作秀新闻、政绩工程等不予选用。"[1]

二、撰写新闻提要

新闻提要，就是对新闻内容的高度概括、提炼和评点，用于提示新闻节目要点，一般放在新闻节目内容之前。新闻节目中除了三五分钟的"简明新闻""快讯"等可以不设新闻提要外，时间较长（如10分钟以上）、内容较多的综合性新闻节目，多篇稿件组成的专题节目，一般来说都要设置新闻提要。

受众在看报纸时，可以先浏览标题来了解今天的报纸有哪些新闻，也可以通过标题决定是否继续阅读新闻的内容。在看图书时，也可以通过先看目录来了解这本书的主要内容。那受众在收听广播时，通过什么来了解新闻节目的主要内容呢？这就要靠新闻提要。通过收听新闻提要，听众就可以知道节目中有什么新闻，哪些需要仔细收听、哪些可以粗略了解。

2009年改版后的"中国之声"的新闻节目一般都设置了新闻提要。以《央广新闻》为例，每一档的《央广新闻》都对接下来半小时的主要内容和"中国之声"全天重点关注的内容作了提要。对央广新闻自身内容的提要一般为4～6条，对"中国之声"全天重点关注的内容的提要一般是2～3条，此外还有一条本时段的气象信息的内容提要。例如，4月1日，8：00—8：30档的《央广新闻》的提要是这样的。

接下来半小时您将听到：

胡锦涛离京出席三十国集团领导人金融峰会；

---

[1] 梁铭之. 帅才. 出心入心做新闻——谈中央人民广播电台"中国之声"频率改版 [J]. 新闻与写作，2009（3）：16.

英国开始从伊拉克全面撤军；

封闭半年多，北川县城再度解禁，记者现场报道解禁后的第一天；

外交部就中印和网络间谍问题回答中外记者问；

气象信息本时段为您带来今天全国天气趋势；

"中国之声"今天还将重点关注：

评奖为假，敛财是真，五花八门的评奖活动何时规范有序？

世界经济危机持续蔓延，金融峰会能否承载全球期待，记者直击，专家解析。

这段提要共提供七条信息，其中四条为《央广新闻》的提要、一条为气象信息提要、两条为"中国之声"全天重点关注的新闻提要。字数为 163 个，持续时间为 40 秒，多采用主动句式，显得精练、简洁。但是，听众能够从中了解新闻的大致内容，而且能够从提要中了解到最近的新闻焦点，那就是金融峰会。因为在这一段的提要当中，金融峰会不但出现在了《央广新闻》的提要当中，还出现在了"中国之声"重点关注的新闻提要当中。

（一）新闻提要的作用

结合以上例子我们可以看出，新闻提要具有以下几方面作用。

1. 预告新闻内容

新闻提要就要是用最精练的文字将最重要、最引人注目的事实先报告给听众，引起听众的兴趣。以上例子中就是将"胡锦涛出席三十国金融峰会""美国开始从伊拉克撤军""北川县城再度解禁"等群众关心的问题提前告诉听众，吸引听众继续收听下去。

2. 评点新闻内容

听众收听新闻，主要是从中了解外界政治发生的变动事实。提要在提示事实的同时，进一步揭示新闻的本质，可以帮助听众了解新闻的意义、作用，分辨新闻价值的大小，帮助听众更深刻理解新闻的内涵，并借此表明编辑的态度和立场。上例中的"评奖为假，敛财是真，五花八门的评奖活动何时规范有序？"就可以使听众更深刻地了解现象背后的本质，同时也表明了编辑对"五花八门的评奖活动"的批评态度。

3. 对节目"画龙点睛"

精彩的新闻提要会给新闻和新闻节目添加魅力，增强吸引力，起到"画龙点睛"的作用。有些新闻的内容一般，但是精彩的提要会在一定程度上弥补新闻内容的不足，扩大节目的宣传效果。相反，一条本来可以让听众产生浓厚兴趣的新闻，由于提要缺乏吸引力，就可能引起听众的流失。

（二）新闻提要的写作

既然新闻提要在广播新闻中起着如此重要的作用，那么编辑在写作新闻提要时，有什么需要注意的问题呢?

1. 新闻的主要内容突出

提要的内容必须把新闻的主要内容通过简练的语言告诉听众,不能违背或偏离稿件的原意,也不能避重就轻,只反映次要的内容。如上面例子中,"胡锦涛离京出席三十国集团领导人金融峰会"就简要概括了人物和事件这样的主要内容,而没有把具体的时间、地点等次要内容也反映在提要中。

2. 语言表述通俗、准确

新闻提要应该与新闻内容事实相符,同时语言表述也要准确无误。另外,广播新闻是供人收听的,因此要考虑到听的特点,使用读起来朗朗上口、听起来清楚流畅的,符合语法规范的语言来写作。

3. 形式灵活多样

由于广播新闻题材广泛、内容丰富,这就要求有与此相适应的多种形式的新闻提要。从提要形态上来分,可分为概括式、评介式、比较式和引语式等。

(1)概括式 它是新闻提要中最常见的写法,是在对新闻消息融会贯通的基础上高度提炼、概括、升华的成果,如"李克强主持召开国务院常务会议"就是典型的概括式新闻提要。但概括式提要如果不加上编辑的智慧劳动,很容易落入俗套,而好的提要常常在新闻消息中起到画龙点睛的作用。例如,"××市架起律师高压线"这条摘要,新闻内容是"某市出台律师新规则,制定措施给律师立规矩等"。提要除了高度概括新闻内容之外,还使用了一条"高压线"、一个动词"架设",这样生动、形象的词汇,把抽象的政府条文写活、说透。

(2)评介式 就是在概述事实的同时,简明扼要地进行评价。例如,"某市各级工会送温暖活动四季如春"这条摘要,既概述了新闻事实,也对该市各级工会的工作成绩进行了评价,使用了"四季如春"这样的词语,给听众强烈的听觉刺激,调动听众的胃口、打动听众的心。但是,评介式的提要在写作时要注意实事求是,不要拔高,要根据稿件中的内容来写。

(3)比较式 把相互对立的事物放在一起做比较。在新闻提要中运用对比方式,将事物之间的异同点或者同一事物的前后进行比较,引导受众去鉴别真善美与假恶丑,理解和接受新闻所要表达的主题思想。一般可以采用正反对比、今昔对比、内外对比、特色对比等方法,如"七旬老汉勇斗歹徒,围观群众旁若无人"就是把不同人对同一事件的不同做法放在一起进行比较,产生了强烈的视听效应。

(4)引语式 引语式即运用"引用"的修辞方法,引用新闻中人物具有权威性、代表性、影响力的话语作为新闻提要。例如,"山西运城蒲剧名家武俊英:退休了,梦想还在舞台"这条摘要，既简明扼要地介绍了人物的身份和状态，也表明了人物虽然已经退休，但对舞台充满了眷恋和对蒲剧的热爱。

（5）汇聚式　就是编辑把主题相近、编排位置也相近的两三组稿件汇聚在一起，向受众展示。例如，"舍小家，顾大家，解放军和武警部队、消防官兵以及普通劳动者坚守岗位，守和平、保平安"这条提要，就是围绕着"如何过春节"这个主题，对《各地过年方式多种多样　甘肃首届农民春晚乡土气息浓郁》《武警部队、消防官兵及普通劳动者除夕夜坚守岗位》和《北海舰队远海训练编队及苏丹维和部队坚持训练不放松》三条报道做的汇总提要。

（6）悬念式　不道出新闻的最终结果，以引起听众的兴趣。例如，"南京市园林设计研究所一位助理工程师最近对记者说：'学习南京市的绿化经验，要注意避免三点不足之处。'"

三、有序地编排新闻

广播新闻编辑在选择和修改好当期的新闻之后，需要对进入播出列表的新闻按照一定的顺序编辑成一期完整的节目。在编辑时，需要讲究编排艺术，运用各种编排方法使节目之间顺序合理并撞击出新闻以外的意义。常见的编排方法有以下 6 种。

（一）新闻价值大小排序法

在单位时间内进行编排新闻，要遵循新闻价值大小的原则，将新闻价值大的新闻排在节目时间靠前的位置，相对来说新闻价值小的排在后面。例如，第 13 届中国新闻奖二等奖作品《新闻半小时》播出 33 条新闻，前 12 条和最后一条都围绕"引黄入晋"一期工程展开。山西台电台从"引黄入晋"对山西经济、社会发展的重大意义到工程建设难度、后续工程建设等，整个事件的报道力求向听众传达最全面、准确的信息。在节目即将完成录制、准备播出前，连夜守候的记者发回黄河水进入太原和水质将有保证的消息，更体现了广播新闻时效性强的特点。同时，报道组发扬集团采访的优势，把对"水"的关注和报道不断延伸，节目编排紧紧围绕"水"做文章，通过对不同板块的精心采编，使饮水解困惠及百姓、河流地表水污染及治理、三晋名泉晋祠难老泉断流之思考、洗浴场所浪费水现象与呼唤公众节水意识的报道，成为体现编排思想、赢取信息传播最大值的一个个亮点。

（1）现场报道：引黄入晋一期工程全线试通水；

（2）新闻背景：万家寨引黄工程；

（3）录音专访：引黄入晋，惠泽三晋——访山西省崔长刘振卓；

（4）录音报道：引黄南干线，隧洞占九成；

（5）录音机道：引黄建设者着手推进二期工程建设；

（6）山西台评论：引黄入晋，造福千秋；

（7）饮水解困工程使山西300万缺水人口用上承诺水；

（8）广播特写：夺火村吃上解困水，牌匾送给扶贫队；

（9）录音报道：省环保局提出治理河流地表水污染硬指标；

（10）系列录音报道：《名泉水难流》第一篇：不该忘记的教训；

（11）舆论监督：太原数百家洗浴中心浪费水现象严重；

（12）编后话：为子孙多留一滴水；

……

（33）今天（10月19日）凌晨6点，黄河水顺利抵达太原市呼延水厂。[1]

（二）同类编排法

就是将相同主题、相同报道对象或题材相近、内容相同的新闻排列在一起，表达一个集中的主题。例如，山东台2011年3月11日的《直播山东》，就把两条有关地震的消息放在了一起。

男：北京时间今天13时46分，日本本州东海岸附件海域发生8.8级地震。专家表示，地震造成的海啸不会对我国沿海造成太大影响。

女：云南盈江地震已造成25人死亡，255人受伤，胡锦涛总书记、温家宝总理作出重要批示，要求把抢救生命放在第一位。

再如，北京人民广播电台2001年7月14日《北京新闻》"新北京新奥运"特别节目的编排（获得第12届中国新闻奖一等奖）。编辑分别围绕着"北京获得2008年奥运告主办权，首都各界欢庆北申奥成功，江泽民等党和国家领导人参加群众联欢活动""北京今夜无眠""全球华人共庆北京申奥成功"和"国外各大通讯社对北京获得2008年奥运会主办权作出报道"四个主题，将同类报道内容分别编排在四个小板块里，极简练地集纳了来自世界各地、祖国各地对北京申奥成功的反应。这样的组合报道，形成了很好的宣传效果，造成一种声势，给受众留下了深刻的印象，也加大了报道的深度。

（三）对比编排法

把两条或两条以上的内容相同、性质不同的稿件组织到一起，听众通过对比，能够更清楚地看清事物的本质，比单条新闻更有说服力。例如，把反映个别人不爱护环境卫生的不文明行为的新闻和一条青年志愿者关心环境的新闻编排在一起，一褒一贬，对比鲜明。

（四）配合编排法

就是在前面叙述新闻事实，后面配发言论，进行说理分析，再配发一些新闻的背景

[1] 王宇. 现代广播新闻实务 [M]. 北京：中国广播电视出版社，2009：221.

资料等。这样既可以扩展新闻的内在力量，也可以增加报道的深度和广度。例如，湖北人民广播电台在编排三峡大江截流当天的新闻时，就将记者来自三峡工程现场的报道、该台的评论和其他与三峡截流相关的新闻编排在一起，多角度、全方位地报道了大江截流的情况和意义。

现场报道：三峡工程胜利实现大江截流

三峡工程大江截流在三峡工地隆重举行

本台评论：三峡截流，迈向新世纪的里程碑

综合消息：江泽民、李鹏等党和国家领导人在三峡工地接见建设者并参加植树活动；

大江截流后，三峡工程导流明渠流量增大，通航正常；

汉川今天撤县设市；

京广线上百年老站江岸与京九线连通。

（五）区域组合编排

这种方法就是将本市、国内和国际新闻分开来排，这是最常见的编排法。其优点：一是从地域上说，由近及远，相关程度递减；二是听着不累。若忽远忽近，听众会有杂乱质感，或有跟不上之感。[1]

例如，中央人民广播电台 2011 年 11 月 1 日《新闻和报纸摘要》的节目编排，就是先排跟我们息息相关的国内新闻，再排相关程度较低的国际新闻。

板块 1：《国内要闻》

板块 2：《国内新闻快报》

板块 3：《媒体早读》

板块 4：《国际新闻》

（六）栏目化编排

目前，国内不少电台都在新闻节目中设置了相对固定的若干栏目，用栏目将节目划分为几个各具特色的单元。例如，《直播中国》节目就分为了"新闻导听""热点直击""天南地北""特写中国""各地简讯"等多个小板块，每个板块的侧重点都不一样。即使是"中国之声"的常态新闻播报节目《央广新闻》，也是按板块化模式设计，每一档的《央广新闻》部分分为四个小板块，分别是导听板块、资讯播报板块、重点关注板块、气象信息播报板块、连线报道板块。资讯播报板块又分为综合资讯播报和财经资讯播报或文体资讯播报。在各板块之间插播十几秒到一分钟不等的广告，这样就使得《央广新闻》等节目的整体感很强，层次也很清楚。同时，在板块与板块之间插播广告，不会给听众以突兀之感。

---

[1] 危羚，王萍，赵慧. 广播节目编辑与制作 [M] 北京：中国传媒大学出版社，2013：42.

四、做好新闻的串联

串联是将节目内容以合理的方式，将各条新闻编辑在一起进行播报，完成节目的转换；或形成一个统一的整体，以求达到最佳的报道效果。

以 2006 年 1 月 1 日 "北京新闻广播" 的《新闻大视野》节目为例。当天国内新闻第一条是 "中国政府网今天零点正式开通"；第二条是 "上海出台新规定，企业裁员不能老总一人说了算"；第三条是 "山西省将实行新的《城市房屋权属登记条例》"。编辑在串联时，将第一条的落脚点放在政府网开通的意义上。结尾是这样说的："它的开通，对于促进政务公开，改进公共服务，便于公众知情、参与和监督，将具有重要意义。"接下来的串词是："好消息不止这一个，对于上海市民来说，今后，企业老总因为个人不满而迁怒员工，'不由分说'突然通知某员工'明天你不用来上班了'的做法，将成为违法行为。"下面介绍相关法规。第三条的串联是："除了就业，房屋产权也是老百姓非常关注的问题，由此引发的纠纷并不少见，山西省建设厅从今天起实行新的《城市房屋权属登记条例》……"经过编辑的串联，3 条互不相关的消息前后之间有了衔接和呼应，整个节目编排上也显得自然流畅。[1]

在实践中，串联的方式主要有以下 3 种。

（一）用语言来串联

主持人用语言来串联是对节目内容进行串联的，很重要的一种方法。例如，我们经常收听到的 "本台消息……" "据新华社报道……" "本台记者从伦敦发来的消息……" "接下来半小时您将听到……" "今天还将重点关注……" 等说法。在广告和新闻之间，主持人还会播报自己的姓名，将广告与新闻十分自然地连接在一起。另外，还可以用串联词把几条新闻组合在一起，如上例中，2006 年 1 月 1 日 "北京新闻广播" 的《新闻大视野》的三条新闻之间就采用的是用串联词进行连接。

（二）用音乐来串联

在广播节目中，音乐有着十分重要的作用，用音乐可以让听众的听觉稍事休息，又可以将节目自然地分为几个不同的部分。因此，新闻节目的编辑也要懂得用好音乐。

（三）用男女播音员轮换播报

用声音的变化来转换节目，也是很常用的一种串联方式。这种串联不需要播报串联词，只需要通过男女播音员轮换播报每条消息即可。它既可以给听众带来新鲜感，也可以很自然地由一条新闻转换到另一条新闻。

---

[1] 景兵. 浅议广播新闻节目编排的创新 [J]. 中国编辑，2008（5）：55.

五、片花包装

片花的类型大体分为频率片花、栏目片花和节目片花，不同的片花所起的作用有所不同。但从总体上讲，片花的作用主要有树立品牌、包装节目、过渡分段和提示下文等。其中，频率片花和栏目片花更偏重包装节目、过渡分段等方面的作用；而节目片花则更偏重提示下文和过渡分段方面的作用。片花以精练的语言、独特的形式成了一个频率或一档节目的"点睛之笔"，所传达的效果直接关系到频率或节目的品位和层次。

（一）宣传频率片花

频率片花是宣传频率自身的片花，要能与频率的经营理念、自身定位、服务对象相吻合，表现出频率自身的风格和特点。例如，中央人民广播电台二套的频率片花："中央人民广播电台——中国之声"。它虽然言语很少，但强调了该频率在信息传播上覆盖全中国的实力，尽显中央人民广播电台国家级的实力。

而作为地方广播的郑州人民广播电台新闻广播，它就与中央人民广播电台的经营理念和地位不尽相同，因此其频率宣传也不同："用声音讲述时间、用声音记录时代——郑州新闻广播。"这样的片花，展示了新闻广播的历史责任和精神追求，塑造起频率的人格化魅力，展现出独特的人文关怀。

（二）节目片花

节目的片花通过内容不同，可以分为两种：节目宣传片花和过渡片花。

节目宣传片花是指为表达某个节目的核心特征和理念，通过制作软件的技术，将各种声音元素（语言、音乐、音效等）进行综合运用，制作出的节目包装宣传片。它可以帮助节目树立自己独有的风格。在信息的选择上，要注重节目定位和宣传理念，通过节目名称、节目宣传语、标志性的音乐将这些内容表达出来。这些内容在一段时间内是固定不变的。因此，编辑在日常工作中，一般不需要对此类片花作任何修改。

例如，中央人民广播电台的《新闻与报纸摘要》节目的宣传片花。

语言：中央人民广播电台，现在是《新闻与报纸摘要》节目时间。（浑厚的男声）

音乐：《歌唱祖国》。（雄壮的乐曲）

这个宣传片花虽然只有 20 多秒，但却将节目的名称、节目的类型、节目的播出平台传递给听众；同时，浑厚的声音和雄壮的乐曲也体现了中央级媒体的权威性。

节目过渡片花通过简练的语言表达，概括出节目最本质、最核心的内容，如提示新闻人物、揭示事情背景、追溯事情起因、预示发展趋势，也可以设置悬念，吸引听众持续收听[1]。在片花的几种类型中，节目过渡片花往往是针对某一次特别节目或某一组系列报道专门制作的，其使用和保留的时间是最短的。当然，一次或一组节目中使用的

---

[1] 吴献浩. 片花让广播节目靓起来. 青年记者 [J].2008（5）：101.

也不止一段片花,而是会制作多段片花,可能是节目总片花和每次节目中插播的片花,也可能是在一次节目中出现的多个串联上下的片花。具体采用何种方式,要根据节目的具体需要灵活变通。[1]

例如,黑龙江人民广播电台2000年8月5日播出的抗战胜利55周年特别节目《让历史告诉未来》(在2000年度中国新闻奖评比中,荣获广播编排一等奖)中使用了四段片花。其中,第一段片花出现在一组与抗战有关的消息之后,既交代了节目采制的背景价值,又对下面的内容和报道基调进行了必要的铺垫。

[起歌声"九一八、九一八……",压混]

1931年9月18日,是中国近现代史上最黑暗的一天。驻东北的日本关东军,制造借口在沈阳发动了震惊中外的九一八事变,从此东北陷入苦难的深渊。在长达14年的殖民统治期间,每一寸白山黑水都写满血和伤痛。

[资料片音响,日军的铁蹄声和枪炮声等,压混渐隐]

历史的长河可以冲刷掉人们心中的无数记忆,但是却冲不掉战争的阴影和它给人类造成的巨大伤害。

第二段片花在记者对哈尔滨工业大学学生徒步宣传、参观731部队罪证陈列馆的现场采访之后,录音专稿《半个世纪后的述说》之前。该专稿反映的是曾经在侵华战争期间被迫给日军充当"性奴隶"的朝鲜族老人的血泪控诉,该片花使用的就是老人的同期声。

李凤云哭诉(哭声)……

"我们得整天接待那些禽兽,略有怠慢就会遭到毒打。"

请继续收听抗日战争胜利55周年特别节目《让历史告诉未来》。

第三段片花使用了两个人的同期声,一个是捡到侵华日军日记的老人,另一个人是鹤岗市文管站站长。

"捡日记那年我18岁。"

"说是'万人坑',其实埋的远不止万人。"

抗日战争胜利55周年特别节目《让历史告诉未来》。

第四段片花放在关于万人坑的报道之后,对广播剧《历史的守望者》的编剧的演播室访问前,片花使用的是之前编剧采访的同期声。

"搞这部戏我就是要用我的笔,为惨死在日寇刀下的无辜受难同胞发出一声呐喊。"

"我们应当把过去不加隐瞒地告诉下一代。"

请继续收听抗日战争胜利55周年特别节目《让历史告诉未来》。

---

[1] [2] 王宇. 中国广播电视出版社 [M]. 北京:中国广播出版社,2009:213.

上述四段片花起到了交代背景、提示下文、分割并串联节目等多种功能。[1]

（三）栏目片花

一些节目在编排时会分为几个不同类型的板块，栏目片花就可以将这些生硬的板块、环节连接起来，既起到了节目宣传和串联分割的作用，也考虑了与节目风格的一致性，满足听众需求。

例如，河北新闻广播 2011 年 12 月 13 日播出的一档民生新闻节目《第一民生》（获 2012 年第 22 届中国新闻奖新闻编辑三等奖）主要包含 3 个栏目："今晨最新消息""身边的新闻""欢乐送"。3 个栏目就是直接用片花形式来过渡的，既起到间隔作用，同时连接也很顺畅。

《今晨最新消息》结束之后接了一段片花。

［片花］街谈巷议论时事，国际民生声声入耳；青梅煮酒说新闻，市井生活事事关心；百姓眼中天下事，天下情系百姓心。天下新闻，百姓声音。

［女主播］来关注咱们"身边的新闻"……

很自然地过渡到第二个板块《身边的新闻》。在这个板块中，又有几条不同的新闻，每两条新闻中间又分别以下面的片花或者音乐压混的方式进行过渡。

［片花］民生无小事，冷暖总关情。FM104.3，第一民生。

［片花］第一时间跑现场，第一观点说新闻，第一视角看社会，第一关切唤民生。FM104.3，第一民生。

在第二个板块和第三个板块之间，同样也是用片花进行过渡。

［片花］"欢乐送"标志乐，音乐起。

［压混］"欢乐送"正在进行，小奖很贴心，大奖更动心。新闻传到您耳边，欢乐送到您身边。

再比如，中国华谊广播公司的一档新闻互动类节目有几个不同的板块"新闻贴吧""新闻原生态""新闻顶呱呱"，在每个栏目开始之前，就会有一个过渡片花。

"新闻贴吧"片花：

"把新闻当作垃圾是不道德，把新闻当作知识是道德的，只把新闻当作谈资多少有些浪费，'新闻贴吧'网络与广播互动的创意空间，自由发帖、自由表达。"

这则片花，明确该栏目与传统新闻报道栏目的不同之处，概括介绍节目的意图宗旨，告诉听友可以通过网络互动的方式，时时参与，融入其中。

"新闻原生态"片花：

［新闻记者现场报道声的叠加……］

"把新闻原生态，精确还原新闻事件的本来面目，再现新闻现场的声音。"

摆事实之后，才能讲道理。这则片花告诉听众马上播出的是关于新闻现场和事件始末的客观叙述，是不添加任何感情色彩和个人观点的原生态新闻，也让听友在参与节目之前对新闻本身有个基本了解。

"新闻顶顶顶"片花：

"新闻顶顶顶，网络时代对待新闻的态度只有一个字——'顶'。顶出我们的声音，顶出我们的观点，主动参与就是我们。"

这则片花，预示着互动环节的开启。短短数十个字，开启听众参与节目的通道，调动听众参与节目的积极性。三条片花的组合运用，讲解栏目板块分割原理，不同环节逐一亮相环环相扣，增强栏目的逻辑条理。

思考与练习

思考题：

1. 广播新闻稿件的选择有哪些标准？
2. 广播新闻稿件编辑的基本方法有哪些？
3. 在剪接音响时应注意什么问题？
4. 广播新闻编排的内容有哪些？

练习题：

1. 找到历届"中国新闻奖"获奖作品中的广播新闻，尝试自己写出新闻提要并对比原作品，分析两者的异同。

2. 以下是中央人民广播电台 2015 年 6 月 27 日《新闻与报纸摘要》节目的内容提要，请按照适当的顺序进行编排，并说明理由。

突尼斯酒店遭遇武装袭击，已造成 37 人死亡；

人社部表示，7 月底前兑现机关事业单位基本工资调整；

新闻观察：夏粮收购旺季，产粮大省为何遭遇不同的收购难？

国务院新闻办发表《2014 年美国的人权纪录》，美国没有资格评判他国人权；

证监会新闻发言人表示，沪深股市深幅下跌是对前期过快上涨的自发调整，中国股市的基本格局未变；

习近平主持召开中共中央政治局会议，审议通过《中国共产党巡视工作条例（修订稿）》《关于推进领导干部能上能下的若干规定（试行）》；

今天河南、安徽、江苏、上海有大暴雨；

我国首例中东呼吸综合征输入性病例韩国籍患者治愈出院回国，接触者零感染；

李克强同来华出席"第四届全球智库峰会"的外方主要代表座谈；

国办（国务院办公厅）转发《关于促进民营银行发展的指导意见》，第二批民营银行申请受理全面开闸。

▼

第 6 章

电视新闻编辑

电视新闻编辑不同于报社、电台的新闻编辑，除了对文字和声音进行编辑之外，还需要编辑画面、加字幕协调等。电视新闻编辑的这一特性，决定了编辑是一项群体性更强的工作。要真正编好一期成功的节目，就要了解电视编辑工作在实践中形成的一些独特的表现方法和表现手段。

第一节　电视新闻编辑的蒙太奇思维

蒙太奇理论是电视画面剪辑的基础理论。蒙太奇（Montage）是来自法文"组接"（Monter），是法语建筑学上的一个词汇，原本含义是"安装、组合、构成"。借用到影视创作中来，是指画面的影视作品的组接技巧，即在后期画面编辑时按照一定的逻辑和目的排列、组合起来。这种镜头组接的技巧，就是狭义的蒙太奇。另外，作为广义的蒙太奇，它还指一种美学思维方式，贯穿于整个影视创作过程，是一种影视艺术的构成与方法。

蒙太奇对于电视新闻画面编辑的重要意义在于，它是通过生动的影视画面和独特的结构方式，使观众不仅看到影视片中的各个形象。而且，通过编辑有意识的排列组合，组接出来的镜头将发挥比原来单个镜头更大的作用。

蒙太奇有多种多样的表现形式，但总的来说可以分为两大类：叙事蒙太奇和表现蒙太奇。它们又可以划分为各种类别的蒙太奇形式，这里介绍几种较为常见的。

一、叙事蒙太奇

叙事蒙太奇是蒙太奇最简单、最直接的表现形式。它是按照事件发展的时间顺序、逻辑顺序、因果关系来将许多分镜头组接在一起，以交代情节、展示事件为主要目的，表现剧情的连贯，注重动作、形态、造型的连贯性。

1. 顺序蒙太奇

按照事物发生、发展的先后顺序、逻辑顺序、因果关系来安排镜头，这种叙述是绝大多数电视节目的基本结构方式，也是电视新闻常用的组接方式，注重的是镜头记录、揭示功能。例如，在 2015 年 3 月 5 日的《新闻联播》中报道了第十二届全国人民代表大会第三次会议开幕的新闻。整个新闻片是这样剪辑的：先是人民大会堂的全景画面，交代了新闻事件的发生地点；其次介绍了参与本次会议的国家领导和代表团成员；再次介绍事件的发展，张德江宣布大会开幕、全体与会人员唱国歌；最后介绍了会议的主要内容。新闻通过顺序蒙太奇组接，清晰地交代了事件发生、发展的基本要素。这种方式线索单一、情节连贯、脉络清楚、层次分明，符合观众的认知习惯、理解方式，但不适合用来处理多条线索同时发展的情节。

2. 平行蒙太奇

两条或两条以上的情节线索在同时同地或同时异地并列进行，分头叙述却互相呼应而统一在一个完整的情节结构之中，类似传统评书中的"花开两朵，各表一枝"。例如，2015 年 2 月 18 日的《新闻联播》，反映全国各地人民共庆新春佳节的报道，用黑龙江的中国雪乡双峰林场、广州的迎春花市、安徽的三河古镇、香港的维多利亚港等地的各种庆祝春节的画面平行组接。这种方式在综合新闻编辑中较为常见。

3. 交叉蒙太奇

将同一时间、不同地点发生的内容交叉地组接在一起，两个动作构成紧张的气氛和强烈的节奏感，造成惊险的戏剧效果。它与平行蒙太奇的不同之处在于，线索之间关联性更强，两条或两条以上的互相交织，最终汇合在一起，从而形成叙事高潮。例如，中央电视台《新闻调查》之《第二次生命》的节目。该节目通过讲述一位母亲为身患尿毒症的女儿捐肾的新闻事件，体现出父母对子女最无私的爱。该节目报道了大约一个月的事件，节目时间大约 40 分钟，采用了跟踪拍摄的方式。节目的最后重点向观众展示了换肾手术的全过程。在结构上采用了交叉蒙太奇的方法，交叉展现母亲的手术、女儿的手术、在手术室外等待的父亲三条线索，将漫长的五个小时的手术过程表现得非常紧张、扣人心弦。

4. 颠倒蒙太奇

先展现事件的现在状态，然后再回去介绍事件的始末，是一种打乱时间顺序的倒叙的结构方式。它常借助叠化、划变、画外音、旁白等转入倒叙。虽然时间顺序打乱了，但是时空关系仍需交代清楚，叙事应符合逻辑关系。事件的回顾和推理经常以这种方式结构。2014年7月1日的《新闻联播》中的《走基层·七一特别节目——我们的传家宝》中，先介绍湖南株洲一位抗美援朝的老兵将一个手工缝制的荷包收藏了60多年，现在要去与送其荷包的人见面。然后再介绍老兵和荷包在半个世纪前的不解之缘。片子在开头便使用倒叙的手法制造悬念，增强表达的力度，让观众观看后急于想看下面的报道是什么，第一时间抓住了观众的注意力，并且让观众积极地参与到电视新闻内容中。造成观众的一种主动性，从而使他们对节目产生了更大的兴趣。

二、表现蒙太奇

表现蒙太奇是为了表现某种寓意，抒发某种情绪，激发观众的联想，而不再是为了叙事，是一种艺术表现的需要。它将不同时间、不同地点、不同内容的画面组接在一起，产生一种新的含义。它以两个镜头的并列为基础，第二个镜头往往被用来暗示第一个镜头的含义，注重画面的内在联系。表现蒙太奇包括以下几种具体形式。

1. 积累蒙太奇

将一些主题形象不同，但内容和性质都相同或相近的镜头按照动作和造型特征组接起来，构成一种积累的效果。通过这些同类相近镜头的累积，可以强调一种思想、说明一个主题或者是构成一种紧张的气氛。例如，在《新闻调查》之《法律样本：孙伟铭案》中，节目旁白介绍我国法律对"酒后驾车肇事"并无明确规定，各地法官对"酒后驾车肇事"的判决差别很大；画面上则呈现了近几年来几次酒后驾车事故的现场图片，有撞毁车辆的画面，也有遗落在事故现场的鞋的特写。这些图片累积在一起，比单个镜头更能给观众造成强烈的心理震撼。

2. 对比蒙太奇

将一组性质上、内容上、形式上相反的镜头组接在一起，产生强烈的对立冲突。例如，在中央电视台《新闻调查》之《村官的价格》中，村民王玉峰花了100多万元竞选当上了村长。记者问他花这么多钱当村官有什么利益时，新任村长否认有经济利益。节目接着采访了村民，村民表示当上村长后可以从村里煤矿获取暴利。前后两相矛盾的说明形成了鲜明的对比，加强了戏剧冲突效果。再如，《新闻调查》之《第二次生命》中有一个片段，是医生和母亲对于摘哪个肾的观点对比。医生从医学和伦理的层面考虑，进行了合理的选择；母亲则考虑刀口的方向，以便在术后能看到女儿。医生和母亲的选择，一理一情，对比之下，一种独属于女人的伟大得到了彰显。可以想象，这个细节很可能是在编导拍摄到母亲的顾虑之后追加了对医生的采访，在剪辑过程中安排了这样一个对比。这样的一个对比无论在抒情还是在人物刻画上，都是一盘四两拨千斤的好棋。这个安排也体现出了编导谋划全片的意图。

3. 联想蒙太奇

通过不同的视觉形象组接在一起，使观众由乙事物联想到甲事物，达到比喻、象征等效果，类似于文学中的隐喻、象征等手法，具有强烈的主观色彩。但是，在使用时一定要谨慎，要使观众看一眼就能明白两者之间的相似处，恰当地使用可以含蓄地表达观点，使节目更有意蕴。例如，《新闻调查》之《第二次生命》的节目中有一个摇移镜头，起幅是一个"十字形"玻璃窗（图6-1），落幅是父亲站在这个窗户下的剪影（图6-2）。而此时画面的同期声是父亲的讲述：女儿请求父亲救救她，她还没活够。这个镜头让观众联想到了"十字架"，说明了父亲对女儿的病情、对妻子给女儿捐肾的手术承受着巨大的压力，也说明父母对女儿最无私的爱。

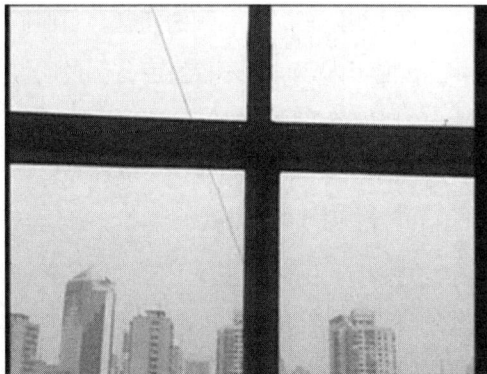

图 6-1　《第二次生命》镜头 1　　　　图 6-2　《第二次生命》镜头 2

再如，在《新闻调查》之《迟来的审判》中，一名女子被工厂领导强奸。由于犯罪嫌疑人被法院检察官庇护，女子上诉失败后服毒自杀，她的丈夫不顾层层阻挠倾其所有继续上诉。记者在河边采访他时，他表示不管任何困难一定要给亡妻讨回公道，接着画面呈现了湍急的河流中一块岿然不动的岩石。这个镜头把这位执着坚持的丈夫比喻成了湍急河流中的岩石，既形象地表现了这位丈夫不顾困难的执着，也使得节目更有意蕴。

第二节　电视新闻画面的组接

一、画面的选择

（一）画面内容的选取

电视新闻的编辑和其他电视作品的编辑一样，都要有一个对素材有意识的取舍过程。

首先，要选择与主题密切相关的画面，与主题无关或者关系不大的画面要毫不犹豫地舍弃。其次，要选择那些最新的、典型的、简洁的、直接反映事件本身的画面。例如，汶川地震发生后，时任国家总理温家宝第一时间奔赴汶川视察受灾情况、慰问受灾群众时，有一个特写镜头是他牵着受灾群众的手，同期声是他关怀的话语。最后，尽量选择信息量大的画面。信息量匮乏或者所含信息没有新闻价值的画面以及因过度追求视觉美感而使信息量大量流失的画面，都是不能采用的。对于新闻而言，传达新闻信息永远是第一位的，讲究构图等视觉美感是在不损害新闻信息的基础上进行的。在暗访、抓拍等情况下，镜头往往在构图、角度、光线上都存在问题，但只要画面是有新闻价值的，就要被选用。

（二）画面长度的确定

确定画面的长度就是要保证能使观众用最适当的时间明白镜头中的内容，理解其中的含义。如果画面长度适中，观众不会意识到眼前的镜头还有时间长短的问题。当他们来不及看明白镜头的含义画面就已切换，或者早已看懂了内容可还不换画面，都说明编辑对画面长度的控制不准确。因此，镜头适可而止的切换就是恰当的叙述长度。

一般来说，决定画面长度的选择有以下几个方面的因素。

1. 画面布局

不同的画面局部对于画面长度的选择有着重要的影响。画面中主体、陪体的位置，画面明暗以及拍摄对象的动静状态等因素都会影响画面长度的取舍。

（1）主体、陪体位置对画面长度的影响　如果主体位于画面的前景，镜头可以短一些，因为近处的对象要比远处的对象看得清楚。如果主体处于后景位置，那么为了显示画面的纵深度，可以在前景位置安排一些陪体。如果这些陪体与主体有相同的亮度、色调和速度，一旦镜头的长度过短，前景中的陪体就会比后景中的主体更容易引起观众的注意。在这种情况下，只有当镜头保持一定的长度时，观众才能有足够的时间去观看后景中的主体。

（2）亮度对画面长度的影响　根据人眼的视觉特性，在看画面时，亮的部分比暗的部分更能吸引观众的注意力。因此，亮度较低的画面比亮度较高的画面停留的时间要长一些。例如，拍摄的人物中景镜头，如果事件发生在白天，只需要 5 秒就够了；但如果事件发生在夜晚，则需要 8 秒或更长的时间，以便观众看清画面的主体情况。

（3）主体的动静状态对画面长度的影响　如果主体是运动的，镜头可短一些；如果主体是静止的，镜头可以长一些，因为动态的主体更容易吸引观众的注意。例如，一位交通警察站在马路中间，各种车辆在他的周围川流不息地运动。如果要表现交通的繁忙情况，镜头可以短些，因为观众的视线很容易被动态的车流吸引；如果要表现交警辛苦的工作，镜头停留的时间就要长一些，这样才能保证观众有足够的时间把视线从运动的物体转移到静态的物体上，领会其中的含义。

2. 画面景别

由于不同景别画面的景物范围不同，观众了解画面信息所需要的时间长短不同，因此它们在屏幕上停留的时间也不同。例如，一个水杯的特写镜头，画面上的对象相对单一，特写把水杯呈现得清晰而醒目，观众一眼就看清楚了，不需要太长的时间。如果是选用的是学校操场上学生活动的场景，画面中的对象很多，有人物也有景物，观众就需要较长的时间来观看。由此可见，大景别的镜头包含的内容多，观众需要的时间也就多；小景别镜头，镜头包含的内容简单明了，镜头的长度就要短一些。一般来说，对于固定画面，不同景别的镜头有一个大致的长度要求：

①远景：8～12秒。

②全景：5～8秒。

③中景：3～5秒。

④近景：2～3秒。

⑤特写：1～2秒。

当然，在实际编辑中，相同景别的镜头由于镜头中对象的复杂程度不同，观众要看清画面的时间不同，镜头长度也不同。

3. 画面情绪

电视画面除了叙事功能之外，还有抒情功能，可以通过画面信息的传递来渲染气氛、抒发感情，让观众产生情感上的共鸣。例如，用1秒钟表现一个男人落泪的镜头，观众只得到那个人在哭的印象。如果用10秒或者更长时间来表现，观众便会体会那个人的感情并被这种感情所影响。例如，电视新闻中报道一位重要人物去世的消息时，一般会用10秒钟左右的时间来展示他／她的遗像，给人一种沉痛、庄重、肃穆的感觉。

二、画面组接的原则

无论什么类型的电视节目，都是由一系列的镜头组接起来的。在组接后要使画面看起来自然、流畅、连贯，这是对画面组接最基本的要求。画面与画面直接的组接是否合理，直接关系到内容表达和艺术表现。对于电视新闻而言，镜头组接的目的不仅是增强艺术感，更重要的是传递新闻信息。而要让镜头匹配，就要遵循一些基本的规律和原则。

（一）内容符合逻辑

在镜头组接时，首先要考虑的就是镜头衔接、场景转换、段落构成的逻辑性，这也是整个电视编辑工作的基本内容。也就是说，故事情节的进展、人物事件的关系、时间空间的转换既要符合事物本身的客观规律，又要满足人们的思维逻辑。只有正确处理好逻辑关系，电视语言才能准确地表现电视节目的情节内容和思想内涵。例如，在一条报道某国领导人访华的电视新闻中，画面组接应是欢迎仪式、会见、参观、告别、离开，这样按照时间的发生、发展、结束的顺序进行组接，就符合事物本身的客观规律。再如，一条报道领导实地视察的电视新闻，其中一个镜头是领导手指前方说话，接下来的镜头就应该是领导所指的景物，这样才符合观众的思维逻辑。

在具体组接中，事物之间的因果关系、呼应关系以及主观镜头等都是实现画面内容逻辑性的有效手段。例如，下面两组镜头：

第一组：①消防队员用高压水枪在灭火；

②失火现场大火已灭，焦黑的房屋冒着黑烟。

第二组：①天空下着大雨；

②马路上的行人急匆匆地跑着避雨。

它们是通过具有一定因果联系的画面内容，在逻辑性的前提下组接的。其中第二组镜头可以颠倒顺序，因为两个镜头调换顺序后不会影响逻辑关系；而第一组镜头却不可以颠倒顺序，因为大火已经扑灭了，消防员为什么还要拿着高压水枪在灭火呢？很显然是不符合逻辑的。

另外，可以利用逻辑性原则，将一些不同场景的镜头组接在一起。例如，一位负责教育的领导正在谈论高考改革的情况时，画面可以直接插入学生认真学习的身影。这段内容可能涉及3种画面：一是领导讲话的画面，二是学生在教室里认真听课的场景，三是老师在讲台上讲课的场景。这3个画面都与教育有关。当领导谈及具体情况时，画面就可以把学生和老师在学校学习和授课的画面展示给观众，增强形象性，丰富信息表达。

（二）景别循序渐进

在画面的组接中，不同的景别和角度的组合会形成不同的叙述效果，其变化也代表了视域和视点的变化。这些不同景别和角度的镜头之间过渡要和谐、自然，这样才能流畅地展示情节、准确地传递信息、自由地抒发情感和深刻地揭示思想。

1.同一主体，同机位、同景别的镜头不能直接相接

对于同一背景下的同一主体，如果机位和景别相同，其构图和内容相近，不要组接在一起，否则在组接的一瞬间，画面中的主体和景物的位置突然移动，容易产生画面"跳"的感觉。当表现同一主体时，相邻画面的景别一定要有明显的变化。而相似景别画面组接在一起的话，要注意主体不同或者视角不同。

当出现同机位、同景别的镜头组接时，可以通过插入其他相关镜头来避免这种"跳动"。在电视新闻节目剪辑中，经常要删除被采访对象语言的累赘之处，可以在衔接的地方接入与采访现场相关的画面内容，如话筒、记者的反应镜头、包括记者和采访对象

在内的全景镜头、从记者身后拍摄采访对象的过肩镜头等。"在新闻或时事节目的现场采访一般只用一台摄像机对着被采访者拍摄，采访结束后，再把摄像机转向采访者，让他（她）重新再问一遍刚才的某些问题并摆出一系列的'傻瓜照'，包括反应镜头、点头、微笑、表示赞许的倾听，它们用来掩饰被采访者谈话的后期剪辑。当一段谈话被剪掉时，在剪切处插入一个'呆照'作为掩饰，从而隐藏起谈话者的言辞被剪辑过的事实。没有'傻瓜照'的掩饰，视觉上明显有'跳'的感觉就会暴露剪辑痕迹。"[1]另外，也可以在前后镜头进行叠化或白场处理。在电视新闻节目的编辑中，这种方法用得也比较多。

2.景别变化的节奏与内容的节奏相一致

景别实际上是摄像机代替观众在不同的距离观察事物，不同的景别叙述功用也不一样。在编辑时，注意景别的变化要符合人们认识事物的心理，符合人眼观察事物的方式。

可以按照景别从大到小或从小到大的顺序进行组接，不要忽大忽小，给人"跳"来"跳"去的感觉。例如，远景和特写这样的"两极"画面直接组接，可能过于跳跃，但在中间加上一个中景就能到得到缓冲。如果要用"两极镜头"造成一种强烈的对比效果或冲突感，强调或者突出人物内心情感与环境氛围也可以，但在电视新闻编辑中很少使用。

当然，不一定严格地按照远景、全景、中景、近景到特写依次变化。可以用不同景别、角度的画面交叉组接；也不一定各种景别一应俱全，可以有跳跃和间隔，也可以有重复，具有很大的自由性。

（三）主体方向匹配

画面组接时应保持主体方向的一致，应符合人们的视觉习惯和思维逻辑。电视新闻画面主体方向受 3 个方面的制约：一是现实生活中主体运动方向。现实生活中人们总是带着一定的愿望和目的在运动，电视新闻画面是对现实生活中的新闻事件的真实再现。新闻事件主体常常处于运动和变化的状态中，运动必然产生方向，主体的行动、行为又常常是错综复杂的，其运动方向也是多变的。二是摄像机拍摄角度的变化。同一方向直接运动的物体，由于拍摄角度不同，呈现在画面上的运动方向也会各不相同甚至相反。为了真实地反映主体的运动方向和空间位置，剪辑时必须让观众获得屏幕方向感和方位感的连贯性。

1.轴线和轴线规律

被摄对象的运动方向、视线方向和对象之间的关系所形成的一条假定的直线，称为"轴线"。根据被摄对象在画面中的位置或者运动状态，轴线有三种：关系轴线（如图 6-3 中的虚线）、运动轴线（如图 6-4 中的虚线）和方向轴线（如图 6-5 中的虚线）。在拍摄时，要遵循轴线规律，也就是在轴线一侧进行机位设置，在剪辑时，要将同一侧拍摄

[1] 大卫·麦克奎恩.理解电视：电视节目类型的概念与变迁 [M].北京：华夏出版社，2003：123.

的画面组接在一起。如图 6-3 到图 6-5 中，轴线将画面空间分为 A、B 两侧各 180 度。在拍摄时，只在 A 侧或者 B 侧设置机位，在剪辑时也要将 A 侧或者 B 侧同一个 180 度内拍摄的画面组接在一起，这样才能构成画面空间的统一感。

图 6-3　关系轴线　　　　图 6-4　运动轴线　　　　图 6-5　方向轴线

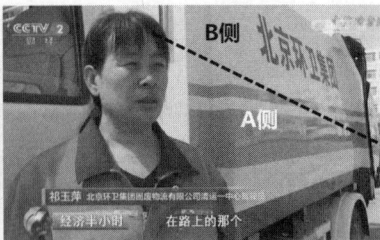

2. 轴线的合理突破

一般情况下，轴线是不可逾越的。但对于电视新闻的拍摄来说，有时由于客观条件的限制，摄像师来不及挑选和布置机位，很可能出现越过轴线进行拍摄的情况，这类镜头就叫作"越轴镜头"或"跳轴镜头"。如果在后期剪辑时，将越轴镜头直接组接在一起，会让观众有一种方向的错乱感，从而造成思维的混乱。如图 6-3 中，如果将机位设置 A 侧的 180 度内，那么拍摄的画面是拿话筒的记者在画面的左方、被采访对象在右方；如果跳到 B 侧的 180 度进行拍摄，拍摄的画面就变为被采访对象在左方、记者在右方。如果将轴线两侧的镜头之间组接在一起，就形成了跳轴镜头，让观众对人物的空间关系感到混乱。如果必须组接这样的跳轴镜头，则需要在后期剪辑时加以弥补，以冲淡由于方向改变给观众造成的心理困惑。在编辑中，常用的"越轴"处理技巧有以下 6 种。

（1）插入越过轴线的运动镜头　在违反轴线规律的两个镜头之间，插入一个越过轴线的连续运动镜头，让观众在同一个镜头内能清楚地看到被摄对象的运动方向和位置关系的变化，如转弯、调头的镜头。这样，观众就能理解画面方向感转变的原因，从而形成连贯流畅的画面方向感。

（2）利用被摄主体的运动变化改变原有轴线　在同一镜头内，随着被摄主体的运动，轴线发生变化，产生新的轴线，再按照新轴线进行拍摄和组接。这样一来，镜头组接找到新的合理依据，就不容易产生视觉跳动了。

（3）插入特写镜头　特写镜头是将被摄对象的局部放大，使其充满画面，本身不反映与其他事物的空间位置关系。将其插入越轴镜头中间，可以削弱方向变化造成的视觉跳动，消除两个画面方向的不连贯性。

（4）插入空镜头　空镜头是画面中无人物的景物镜头，它们都是无方向性的。将其插入越轴镜头之间，能造成时空的间隔和停顿，使轴线的转换显得流畅。

（5）插入中性镜头　常见的中性镜头是摄像机跨方向轴线拍摄的，与两个越轴镜头互相垂直的镜头。这类镜头的画面表现就是在正面方向迎面而来或向画面深入而去。中性镜头也没有明显的方向感，它既可以作为一种调剂，避免一个方向的镜头接在一起可能造成的枯燥感，也可以让越轴镜头组接流畅。

（6）插入全景镜头　全景镜头有展示被摄对象位置关系的作用，利用这种定位功能，再次给观众交代视点，可以对变化了的空间关系再次加以明确，使方向改变得符合逻辑。

事实上，画面的组接应当服从于新闻事实的表现和传播的目的，尽可能地满足观众的需求，提高传播效果。

（四）剪辑点选择准确

剪辑点就是在编辑过程中，两个画面相连接的点。剪辑点选择至关重要，选择的恰当与否，直接关系到电视节目中人物动作的连续性、镜头转换的流畅性、画面内容的逻辑性、节奏风格的和谐性以及是否符合观众的心理需求和视觉欣赏习惯。剪辑点可分为动作剪辑点、情绪剪辑点、节奏剪辑点。

1. 动作剪辑点

动作剪辑点是以画面中被摄主体的动作为基础来选择编辑点，可以选择在大动作转换的瞬间、主体的动静转换处、动作的间歇点或完成处进行剪辑，也可以选择主体在画面消失的瞬间、出画和入画完成后以及封挡镜头的瞬间进行剪辑。

影视剧在前期拍摄时往往会采取多机拍摄或让人物多遍运动单机重复拍摄的方法，在后期剪辑中，刻意追求蒙太奇效果，将素材中人物多次重复、连续的动作进行细致的分解和重新组合。而电视新闻节目基本采用单机一次性拍摄的方法，不提倡对人物动作的多次重复拍摄。在后期剪辑中，选择的动作剪接点要能够使一个画面在长度上完整表现一个人的运动全过程，或者运动过程中一个相对完整的阶段。

2. 情绪剪辑点

情绪剪接点是以画面中人物的情绪为依据来选择编辑点的方法。在组接这类镜头时，根据人物在不同情境中的喜、怒、哀、乐等外在表情和情绪的表达过程来选择剪辑点。

情绪剪辑点的选择，往往注重对气氛的渲染、情绪的表达。在镜头的长度取舍上，一般以"宁长勿短"为原则。这是因为，虽然有时候人物的语言和动作已停止了，但人物的心理活动仍在继续，人物的内心情绪仍在延伸，所以，要将剪辑点选择在情绪抒发完成之后。这也是常用的一种确定情绪剪辑点的方法，既可以把人物的心理活动展示得淋漓尽致，也可以调动观众的情绪，增强作品的感染力。

情绪剪辑点不同于动作剪辑点，只要掌握动作的规律就很好把握，它需要编辑人员具有一定的艺术修养。因为情绪剪辑点的确定，需要编辑人员对作品的内容、含义有透彻的理解，从而揣摩观众的内心活动，达到渲染气氛的目的。编辑人员对影片的内容和人物的心态理解程度不同、剪辑的效果就不同。只有具备一定的功力，人物的复杂情感世界才能被演绎得淋漓尽致。

3. 节奏剪辑点

节奏剪辑点是根据内容表达的情绪、气氛以及画面造型特征，以事件内容发展进程的节奏线为基础，来灵活地选择剪辑点。节奏剪辑点使用的镜头一般是没有人物语言的镜头，运用镜头的不同长度，来创造出影响观众心理感受的节奏，或舒缓或平和或紧张。

在选择画面节奏剪辑的同时，要保证画面节奏与内容节奏相吻合，画面节奏与声音节奏相吻合，做到画面形式、内容、声音的有机配合。

（五）"动接动、静接静"原则

画面中的运动主要由主体的运动和镜头的运动构成。一般情况下，镜头连接遵循的规律是"动接动、静接静"的原则，也就是说，在剪接点前后的主体或摄像机的运动状态应保持一致，这样有利于保持较为顺畅的视觉感受。这里的动、静指的是剪辑点的状态，而不是镜头的状态。例如，一个有外部运动的镜头，如果剪辑点选择在起幅或落幅的位置，剪辑点的状态就是静态；如果选择在运动过程中，剪辑点的状态就是动态。

下面，就画面主体运动及其组接方式、镜头运动及其组接方式分别加以论述。

1. 画面主体运动与镜头组接

这里所说的画面主体运动，是指用固定镜头拍摄的画面主体的运动状态。例如，采用固定镜头，拍摄人物的跑、跳，动物的奔跑、车船的行驶等属于主体运动；拍摄静静的高山、弯弯的月亮、高大的建筑、停着的汽车等就属于主体静止。画面内的主体运动状态与镜头组接方式有如下4种。

（1）静接静　静止的主体接静止的主体，是两个典型的静态构图画面的组接。例如，在会议新闻中，会场的全景接与会者在台下认真记录的画面。两个静态构图画面的组接，要尽力寻求两个画面主体在空间关系、逻辑关系以及造型特征各方面的联系，以便使镜头的组接合乎情理。

（2）动接动　运动的主体接运动的主体，可以在主体的运动中进行切换，通过两个以上不同景别、不同角度的同一主体运动的组合，来再现同一主体完整的运动过程。例如，前一个画面是一个人准备往下坐的中景，后一个画面是这个人坐在椅子上的全景；也可以将不同主体的相似的动作组接在一起。例如，在运动会中经常看到这样的画面：短跑运动员起跑的瞬间、撑竿跳精彩的跨越、游泳选手入水的瞬间等。将这些竞技运动项目的画面组接在一起，造成了一种积累的效果。这种组接的剪辑点可以选在运动当中，也可以选在主体运动瞬间的停歇处。同时，在剪接点选择上还应兼顾主体运动速度的大致相近，兼顾主体运动方向的大体一致以及动作形态的相似因素，以便使组接后的一组画面在视觉感受上更加连贯、流畅。

（3）动接静　运动的主体接静止的主体，一般应该在前一镜头中主体运动当中的瞬间停歇处或某一动作全部完成之后选定剪接点，用其静态因素和主体相对静止的下一个镜头顺畅相接，两个镜头间遵循"静接静"的原则。例如，上一个镜头是领导视察某工厂用手指某个方向，下一个镜头接这个方向的工厂内画面。上一个镜头要在领导的手部运动的动作完成后再切换，接固定的工厂内的画面。静态造型连接，视觉较为连贯，不会产生跳动的感觉。

（4）静接动　静止的主体接运动的主体，一般应从后一个镜头中主体动作即将开始的瞬间作为剪接点，使前一个镜头中静止的主体与后一镜头中主体动作即将开始的瞬间相组接，遵循"静接静"的原则。例如，剪辑一组快递人员卸包裹的画面，往往前一个镜头是快递员和车内包裹的全景，第二个镜头是以快递员准备卸包裹的动作作为开始。

2. 镜头外部运动与镜头组接

镜头的外部运动根据拍摄方式的不同而有两种不同的方式：拍摄时摄像机的焦距、拍摄方向、拍摄位置三者都固定不变时，所拍摄的镜头称为"固定镜头"；当这三者中任何一者发生变化时拍摄的镜头叫作"运动镜头"。从镜头外部运动因素上来观察镜头组接方式，有如下几种状态。

（1）静接静　即固定镜头接固定镜头。前面讲过画面主体运动因素与镜头的组接方式，所指的都是固定镜头与固定镜头的组接，这里不再重复。

（2）动接动　即运动镜头接运动镜头，不论画面中的主体是运动还是静止的，都可以视为是"动"与"动"的组接。在动接动的组接中，又可以分为以下几种方式。

上下两个镜头运动方向一致或相近时，可以去掉镜头相接处的落幅和起幅部分，遵循"动接动"原则。例如，表现自然风光时，摇镜头在运动中组接，一个摇镜头接着一个摇镜头，会使观众有接连不断地观赏美丽风光的视觉感受。

上下两个运动方向相反的镜头，一般保留镜头相接处的起幅和落幅。例如，表现自然风光的摇镜头，去掉起幅和落幅，一个向右摇突然接一个向左摇，又突然接一个向右摇，就像在用水壶浇花一样，镜头组接给人的感觉别扭，不流畅。

两个镜头的运动方向不同时，除了运动方向相反的镜头，其余的镜头组接要去掉运动镜头的起幅和落幅，遵循"动接动"原则。例如，摇、拉、摇、推这 4 组运动镜头组接时，一般只保留第一个摇镜头的起幅和最后一个推镜头的落幅，中间的衔接处要删掉起幅和落幅。同时，还要兼顾两个镜头运动的速度应接近一致，以避免速度不同的两个镜头组接后产生的忽快忽慢的不稳定感。

（3）静接动与动接静 静接动，是指固定镜头接运动镜头；动接静，是指运动镜头接固定镜头。对于固定镜头和运动镜头之间的组接，在选择剪接点时，可以把画面中主体运动因素和镜头外部运动因素综合起来考虑。

固定镜头与运动镜头组接时，可选择运动镜头起幅或落幅短暂间歇处与固定画面相组接。例如，上一个运动镜头的落幅，接下一个固定镜头；上一个固定镜头，接下一个运动镜头的起幅，遵循"静接静"的原则。这种组接方法的特点是画面过渡比较平稳、连贯。

主体运动的固定镜头与主体运动镜头相接时，可以利用固定镜头内主体的动势，寻找恰当的动作剪接点，把固定镜头内的运动剪接点与运动镜头在动作中组接。例如，上一个固定镜头中是舞蹈演员在做精彩的表演，下一个镜头从钢琴伴奏弹奏的手指拉到全景。这种利用固定镜头内主体动势与镜头运动相组接的办法，可以使主体动作的表现连贯自如。

此外，还可以利用两个画面内主体意义表达上的呼应关系来进行组接。例如，剪辑一组篮球赛的镜头，前一个镜头是跟拍运球中的运动员，是运动镜头；后一个镜头是看台上的观众在观看，是固定镜头。这就是利用两个画面内主体的呼应关系，完成动静之间的自然转换。

以上是几种常用的运动镜头组接方法，每种方法都有其各自的特点。在实际应用时，应该根据上下镜头内的主体运动、镜头动作、画面造型因素的匹配，采用适当的镜头的组接方法来剪辑。最终，使得一部片子内部结构合乎逻辑，外部结构通顺流畅。

三、场景过渡手段

电视新闻和其他电视作品一样，都是由若干组镜头相连的，这样方可叙述完整。这样，在两组镜头之间就需要选择适当的元素来过渡。而电视新闻又是线性传播的，看过之后在同一时段就无法重看。因此，适当的过渡可以让观众分清段落与层次，连接不同场景，进而很好地理解新闻的内容和含义。电视新闻的过渡也叫"转场"，常用的转场方式可分为两大类，即有技巧转场和无技巧转场。

在传统电视新闻场景的过渡方面，为保证新闻的真实性和客观性，一般都采用比较平和自然的硬切或淡入淡出等简单特技。但在一些软性新闻的报道中，会刻意使用技巧转场。这些软性新闻在新闻内容选择上倾向于选择令人感动、使人好奇、产生轰动效应、会刺激受众情绪反应的事件。而在新闻形式方面，也重视镜头策略、剪接技巧、后期特效等。

（一）有技巧转场

有技巧转场是指用特技手段生产的特效画面来完成镜头的分隔和转换。这种使用特技来转场的方式既能使两个段落平滑过渡，又能在视觉上形成明显的段落感。特技的运动要尽量简单，达到段落转换的目的就行，不能花里胡哨、喧宾夺主。常见的转场特技有以下 4 种。

1. 叠化

叠化的技术过程：上一个段落最后一个镜头画面逐渐淡化消失之前，下一段落第一个镜头逐渐清晰，两个画面有若干秒重叠的部分。

叠化转场是一种比较平缓、流畅的场景转换方式。它可以表示环境空间的转换，也可以渲染情绪、营造氛围。叠化速度不同，产生的情绪效果不同。如果长时间叠化，可以强调重叠内容之间的对列关系，表现一种形象对另一种形象的刺激和影响；如果短时间叠化，可以压缩时间、转换动作，转换色调。在情节性段落中，叠化还可以用来表现回忆，就是从现实回到过去，或从过去回到现实。当前后镜头组接有小幅度的跳动时，可以借助叠化来冲淡这种缺陷。

2. 淡入淡出

淡入淡出也叫渐显、渐隐。前一个画面由亮逐渐变暗直至变为全黑，这个叫淡出；后一个镜头由全黑逐渐变亮，最后完全清晰，这个叫淡入。在电视新闻节目中，淡入淡出的长度一般分别是 2 秒，合并使用时衔接长度为 4 秒。淡入淡出转场可以给观众留有一段理解和思考新闻内容的时间。但在编辑新闻时不宜频繁地使用，否则会使得片子结构松散，缺乏整体感。

3. 划变转场

划变也称"划"或"划像"，可分为"划出"和"划入"两种。"划出"是指前一个画面从某一个方向退出画框，空出的地方则由叠放在"底部"的后一个画面所取代；而"划入"是指前一个画面作为衬底在画框中不动，后一个画面由某一方向进入画面，将前一个画面取代。根据退出画面的方向和边界线的不同，"划变"的形式已达上百种，可以有简单左右、上下、对角线划，还有星形、圆形、扇形等多种几何图形的划像等。划像图形的选择要注意符合全片内容、风格的需要，不追求过于花哨的手法。

"划变"一般用于两个内容意义变化较大的段落，如介绍某个城市快速发展的情况，变化前后的画面可以用划像转场，形成很明显的对比。或者一个话题的现场报道部分与演播室或主持人评说部分之间的转换；另外，将"划"的边界线停留在屏幕中间，可以通过不同画面的对比来印证事实或者深化思想内涵。例如，在某新闻调查类节目中，前一个画面是某局长笑容可掬地接受采访，表明自己一直在按法律法规文明执法。这时，利用划像特技，同一个画面上划出前一天在暗访中拍摄到的他在破口大骂群众的画面。这两个画面内容出现在屏幕上，不需要编辑做任何评说，官僚作风的虚伪即被暴露得淋漓尽致。

4. 定格

定格转场是指将前一段的结尾画面作静态处理，使人产生瞬间的停顿，明确地告诉观众到此告一段落，定格结束后再展开新的场景。

使用定格可以强调前一个镜头中主体的形象，或强调细节的含义。例如，新闻调查节目，在偷拍素材中，犯罪嫌疑人在人群中穿梭，观众难以辨别。这时，选择一个较清晰的瞬间，将这一帧停留，有时还用明标记标出，待观众看清楚后，再继续画面的运动。

定格画面还可以弥补由于镜头长度不够而造成的剪辑困难。例如，在一部关于中国与澳大利亚建交的电视专题片中，前一段落是一组20世纪70年代澳大利亚执政内阁成员开会的黑白资料镜头，其中有当时力主建交的时任澳大利亚总理霍克的特写，他的目光和形象都很有感染力，可是镜头太短，不足1秒，很难让人看清。采用定格后，活动影像变为固定性镜头，达到了延长画面并强调人物形象的作用，而且这个定格镜头恰好与下一段落中二十多年后霍克的彩色头像相呼应。利用色彩渐变，这两个镜头自然转换，内容上也相应地转到对人物现状的介绍上。所以，利用定格转换镜头动静效果可以延长镜头长度，突出画面内容或者增加画面内的信息叙述时间，也是和谐连接镜头的一种手段。

（二）无技巧转场

无技巧转场是指不通过特技来实现的转场。利用上下镜头在内容、造型上的某种逻辑来转换时空、连接场景，使镜头连接和段落过渡得自然、流畅。在电视新闻编辑中，应尽量使用无技巧转场，这也体现了编辑人员的巧妙构思和创作技巧。

常用的无技巧转场有以下11种。

1. 同一主体转场

这是电视新闻转场中很常用的一种转场方式。镜头跟随着主体从一个场景进入另一个场景，很自然地就完成了转场。例如，报道一家报社时，前一个场景的最后一个画面是印刷厂正在印刷该报社的报纸，下一个镜头是在报摊前拍摄的报纸，拍摄就由印刷车间转到了马路边，由生产转到了销售。

2. 出画、入画转场

出画、入画转场是指在不同场景的两组画面中，前一个画面在结束时主体走出画面，而后一个画面主体从画外进入。出画、入画是转换时空的重要手段，在表现大幅度空间变化时，如从甲地走出画面，再从另一环境的乙地走入画。但是，要注意主体出画、入画的方向性应一致。如果是水平方向的出画、入画，一般是"左出"接"右入"或"右出"接"左入";如果是垂直方向的出画、入画，一般是"上出"接"下入"或"下出"接"上入"。

3. 两极镜头转场

两极镜头转场是指在不同场景的两组镜头中，前一画面的景别与后一画面的景别恰恰是两个极端。也就是说，在两个不同的场景中，如果前一个场景最后一个镜头是特写，则后一场景的第一个镜头就应是全景或远景；如果前一个镜头是远景或全景，则后一个镜头就可以接特写。利用两极景别来转场，前后两个场景之间的段落感也比较明显，使节奏力度增强。

4. 特写转场

特写转场是指无论前一画面的景别是什么，后一组镜头都是从特写开始。特写镜头所拍摄的往往是人物或事物的局部，较小的画面范围使观众看不清环境特征。这样，在用特写镜头做过渡时，观众不易看出环境的变化。因此，在每场景的拍摄中，都应有意识地拍摄一两个特写镜头，这样可以方便在后期编辑中遇到转场不好处理时使用。

5. 甩镜头转场

"甩"是镜头以极快的速度进行摇摄，具有快速转换的效果，既可以是在原镜头尾部直接拍摄"甩"的流动影像，也可以是单独一个影像模糊的甩画面。"甩"镜头常被用在分离时间空间，或者表现同一时空的不同主体动作和事件。例如，德国《明镜新闻》中，每一条新闻之间的衔接不是通过主持人串词，而是直接以一个镜头，从一个新闻"甩"到另一条新闻。

6. 挡黑镜头转场

遮挡转场是指在摄像机镜头固定的情况下，前一画面中的人或物"走"近摄像机，用某个部位把镜头全部挡黑；后一画面的开始镜头是从镜头全部挡黑开始，主体远离镜头，出现在新场景中，从而实现场景的转换。遮挡镜头转场中用来挡黑镜头的可以是人，也可以是物；可以是同一个主体，也可是不同的主体，但以同一个主体居多。例如，前一画面中是人物在室外走进摄像机将镜头挡黑，后一个画面则是人物在室内从挡黑走进办公室。

7. 空镜头转场

空镜头是指场景中只出现自然景观而不出现与拍摄对象有关的人物。利用这种没有明确主体的空画面，在观众心中形成段落感，以消除两组不同场景画面组接在一起时引起的不连贯性，从而顺利实现场面过渡。常见的空镜头有天空、高山、草地、湖泊、树林等。

在新闻拍摄现场，摄像师有时可能来不及考虑太多，没有拍到能够转场的画面，但空镜头是可以补拍的，可以在后期再进行补拍。还有一些情况，在新闻拍摄现场，时间充裕的话，摄像师会有意识地拍摄一些空镜头，以便后期编辑时使用。

8. 形似转场

形似转场就是利用前后两组画面中主体外形结构的相同或相似的因素实现的自然转场方式。这种外在结构的相似性可以表现在主体形状的相似、位置重合，运动方向、速度相似等。例如，前一个场景是人物在办公室工作，画面内有一台电脑显示器，下一个镜头则从显示器的影像拉开，已在家里。再例如，上一个镜头是果园里农民采摘苹果，下一个镜头则是挑选苹果的特写镜头，拉开已到超市，自然流畅地完成了场景的转换。

9. 主观镜头转场

主观镜头是指摄像师模拟画面中主体的视线方向，去拍摄主体所看到的景物。利用主观镜头转场就是指前一个场景中画面是主体观看的动作，后一个画面紧接主体可能看到的下一个场景的事物，从而实现场面的转换。例如，领导视察某个单位，前一个镜头是领导在看，后一个镜头介绍他所看到的场景，新的一场就由此开始。这里要注意的是，前一个镜头中人物扭头的方向要同后一个镜头中摄像机运动的方向一致。

10. 运动镜头转场

运动镜头转场是利用摄像机运动拍摄方式来完成地点的转换。摄像机的推、拉、摇、升、降、跟、甩、移等运动形式都可用来转场。例如，在人物采访中，可以先从一组蕴涵着人物故事的物件摇到采访者身上，就可以从第三者讲述转入对当事人的采访。由主体对象摇到天空，意味着上一个段落结束，段落间隔较为明显。再如，摄像师乘坐交通工具上拍摄的移镜头也可以从一个场景转换到另一个距离较远的场景。

11. 声音转场

声音转场是指利用声音与画面的结合，达到转场的目的。电视新闻节目中的声音转场，可以分为解说词转场，人物同期声转场和音乐、音响转场等方式。

（1）解说词转场　在消息类新闻节目中，每条新闻时间较短，内容容量却很大，很难在各个画面中寻找到连贯因素，因此可以利用解说词转场来实现不同地点拍摄的画面的过渡。例如，一条1分钟的新闻，以一幅画面平均为4秒计算，只有15幅画面，而这15幅画面往往有六七个场景，多的甚至有十多个场景。有的场景只有一幅画面，很难寻找各场景之间的连贯因素，就可以使用解说词来转场。

（2）人物同期声转场　人物同期声转场就是用另一个场景的人物同期声来做场景转换的因素，从而将画面转换到人物所在的场景。许多电视新闻都采用这种方法：前一个场景是画外解说对人物及事件背景的介绍，后一个场景则直接切入人物的同期声采访同时完成场景的转换。在调查性报道中，经常用同一问题采访不同的对象，甚至观点相左的人物。剪辑中，可以利用回答中的呼应关系连接不同的时空，甚至剪辑出相互交锋的效果。

（3）音乐、音响转场　电视新闻专题节目中音乐、音响的转场最常见的使用方法是在同一段音乐或音响的延伸中，画面自然过渡到下一个场景；也有的节目用一段新的音乐或音响来自然地引出下组画面。

利用音乐转场，常常是把音乐的间歇、节点、结尾作为画面转换的依据；利用音响的转场，通常是由声音引出新场景的画面。例如，报道一个残疾人自强不息，通过蒸馒头、开小吃店顽强生活的故事。前一个镜头是这个残疾人店面的外景，片中可以听到人物制作馒头的声音；后一个镜头是室内人物正在案板前工作的场景。这样的组接，让片子多了些意境。

通过上面的介绍，大家会发现转场的方法很多，同一场景的转换可以有不同的转场方法，需要在实践中不断地思考和运用。

第三节　字幕与图表的运用

一、字幕的运用

在现代电视新闻编辑中，字幕作为承载和传播信息的重要手段，既能对节目的内容起到解释、说明、强调以及补充的作用，也能够美化版式，其已经成为电视新闻编辑必不可少的视觉元素。

（一）字幕的分类

电视新闻节目中，字幕可以通过交代背景、说明情况，来弥补画面的不足；可以揭示和深化主题；可以帮助观众更好地理解和了解新闻内容；可以吸引和引导观众的注意力；可以增加新闻的信息量。具体形式有以下 7 种。

1. 主题字幕

主题字幕通常包括标题、主持人、唱词、工作人员名单等。它通常位于一条新闻的下方，用以表明作品的主要内容和主题思想，其重要性不言而喻。主题字幕是一条新闻的精髓，字幕及背景选择要合理，让观众一目了然。标题字幕除了在拟定时要注意语言的简明扼要和通俗易懂外，还要注意版式与节目整个包装相符。

2. 片尾字幕

片尾字幕大多由职员表、制作单位和鸣谢构成。这类字幕的意义一方面体现了对制作人员的尊重，表明了制作权的归属；另一方面也标明了制作人对所制作节目负有的责任，是受众监督的一种形式。因此，片尾字幕应清晰易辨，滚屏速度也不宜过快。

3. 角标

角标一般包括台标、节目标志或名称等。台标一般位于屏幕的左上角，是一家电视台形象识别系统的重要体现。节目标志或名称往往位于屏幕的右侧，提醒观众收看的是哪个栏目。

4. 同期声和解说词字幕

电视新闻节目中的同期声，有些因为人为的口音或语种的原因，若没有字幕，受众很难听清或听懂，这时就需要用字幕来弥补。主持人说的解说词，有时太快或是不太好理解的，也可以通过字幕来使受众更加清晰地了解事件的内容。

5. 标注字幕

标注字幕一般用来介绍解释人物的身份、事物的名称和其他需要特别说明或强调的问题。例如，在很多新闻报道中大量使用标注字幕介绍地点、事物的名称和人物身份等。这类字幕的使用相当灵活，位置不太固定，一般竖排于所要标注的事物外侧。

6. 滚动字幕

滚动字幕以前俗称"游飞字幕"，一般位于屏幕的最下方，一行排列由右至左滚动，或多行由下至上滚动。在新闻字幕使用日益成熟的过程中，受其他节目以滚动字幕的形式插入临时的节目变化通知或预告等做法的启发，近年来新闻类节目中逐渐出现了在屏幕下方用文字对突发事件标题新闻，或将全天重要新闻、天气资讯、财经消息等内容进行循环播出的形式。凤凰卫视中文台率先把屏幕下方的滚动字幕作为常规的报道形式。而中央电视台国际频道和新闻频道经常以此种形式独立发布最近的新闻，字幕内容与节目画面往往并无联系。这无疑赋予了滚动字幕更多的功能。

7. 整屏字幕

整屏字幕主要用于播报党和政府的政令、法规、公告、声明内容等；领导人的重要讲话；本台及报纸评论、社论及其他媒体言论；数字新闻等。这些非事件类新闻所传播的内容往往是用画面无法表达的抽象内容，如果配以与播送内容没直接关系但有间接关系的画面，分散了受众对新闻内涵的理解，受众反而会很快遗忘。在这种情况下，用整屏字幕的形式传播，受众会通过阅读、收听来领会和理解新闻所传播的内容，能达到更好的传播效果。整屏字幕新闻应以醒目的颜色作为标题，内文多以白色等单一颜色的字幕按声音的速度来播出。此时，应以原文为范文，不可随便加减内容。

（二）字体的选择

字幕不仅可以为画面中所表达的节目内容提供说明、注释或提示，还可以对画面起到装饰效果，而要起到装饰画面的效果就离不开字体的选择。新闻报道中所采用的字体既要符合片子真实、严肃的整体内容，又要顾虑画面的均衡和美观。而且，不同的字体、字形往往代表着不同的感情色彩，在使用时都要根据节目的需要合理选择，切忌仅凭个人好恶取舍。

在电视新闻节目中，字体的选择没有硬性的规定，但不是任何字体都适用于字幕。电视新闻节目的字幕通常用黑体字，黑体字形方正、笔画粗壮、横平竖直，起笔、收笔均为方形，粗细一致，给人以庄重、醒目的感觉。要尽量避免结构繁杂、笔画细弱、潦草、不易辨认的字体，如微软雅黑字体等。另外，除了标题字外，其余字体，如介绍人物的字体，交代时间、地点、时间的字体等，要保持完整统一的风格。

（三）字幕的色彩

字幕的色彩不仅可以美化字体、装饰画面，而且还可体现出画面的精神。电视节目字幕色彩的运用要处理好色彩与背景的关系，字幕与背景的色彩搭配时，色彩一般要选择对比明显、适合观看的搭配，力求醒目，但也要协调一致。如果字幕与背景的色彩太接近，如蓝与绿、红与紫等邻近色，字幕在屏幕上就不醒目，不易使人辨别。字幕的用色应尽量鲜艳明朗，以提高字幕可视度的范围。白色、蓝色、黄色是电视新闻节目字幕的首选。字幕的冷暖色调，特别是新闻标题字幕的色调，可参考电视新闻的内容而定。如果电视节目要表现活跃、庄重气氛的内容，可选择暖色调字幕，而要表现沉静、严肃气氛的片子，可选用冷色调字幕。另外，需要注意的是，整个节目的字幕在协调统一的基础上也要适当地有所区分。例如，新闻中人物身份的字幕和同期声讲话的字幕在同一个画面中出现时，如果字体、颜色、排列方式相同或接近，就会影响观众的理解。因此，在整体风格统一的基础上，还需有所区别。

（四）字幕出入时机的选择

电视屏幕上的文字出现的时机要根据具体画面表现的需要来灵活确定。如果是新闻标题文字，一般放在新闻播出后 5 ~ 7 秒时出现比较合适。因为观众对新闻内容有了初步了解之后，再插入屏幕文字，可以增加观众的记忆程度。如果是简讯、快讯等超短新闻的标题，或人名、地名等说明性字幕，也可以与画面同时出现。

（五）字幕停留的时间选择

字幕停留的时间以观众"看清、看懂"为原则，也就是以观众读完屏幕上的文字内容为标准。一般来说，电视机屏幕的每行最多容纳 14 个汉字，为了避免过于满屏，造成对画面的遮挡，所以通常不超过 12 个汉字，而观众每秒钟可以读解汉字的字数有一定的标准。在此基础上，可以将文字停留的时间适当延长，保证不同理解能力的人都能看清文字的内容。对于单行显示的文字，停留 10 秒钟为宜；双行显示的文字，停留 15 秒为宜。如果是整屏字幕，字幕本身就是要传递的主体信息，则其停留的时间要稍长些，可根据声音的时长来确定。显示的时间过短,观众来不及读懂文字的内容;显示的时间过长,当观众读懂字幕内容后,字幕的信息就成了冗余信息。

二、图表的应用

近年来,随着电子技术和计算机技术的日益成熟,各种图表和图形在新闻中的运用越来越多,也越来越方便。它可以让一些难以用画面和语言表达清楚的内容清晰地表达出来,还能让电视新闻更加形象生动、丰富多彩。同时,对于一些事件性的新闻节目,观众急切地需要了解到事发地点。此时,运用图表就可以准确无误地表明事发地点。另外,对于持续时间非常短的突发性事件,记者拍摄到的有用的画面少之又少,很多镜头的证明性不够强烈。此时,就只能按照事发现场目击者的回忆进行图表绘制,可以在一定程度上起到弥补替代的作用。因为用图表,可以将事情的发生过程较为清晰地还原出来。

在电视新闻中,目前经常使用的图表有以下 4 种类型。

(一)线条型

线条型图表是以坐标系数学模型为主,它的基准图是一个呈 90 度夹角的横纵坐标轴,并且在坐标平面上存在很多条不同的阴阳抛物线,即表示某个特定指标在某个特定时间段内呈现的上升和下跌趋势,在坐标轴上通常会表明时间日期以及有关的数据。一般在财经类电视新闻中会较多地使用到线条型图表。

(二)柱状型

在电视新闻中,柱状型图表得到了非常广泛的应用。其中,可以将柱状设计成多种形状,如方柱状、圆柱状等;同时,还能够按照实际需要来设计柱体的颜色。在图表中,可任意控制柱体的数量。柱状型图表通常是来表示统计结果的,在柱体的底部或者顶部罗列出统计数据。例如,在统计比较人数时,柱体长的则表示人数多,十分直观、清晰。浙江卫视开播的《经视新闻》栏目,在每天的演播结束之前,均会采用圆柱状的图表来表示参与节目互动的观众人数,另外两个圆柱状则分别用来表示针对同一个问题的支持率和反对率。

(三)箭头型

箭头型图表有着很多功能,多用来表示人员或物体运动的方向,且箭头的宽细能够表示人数的多少,还能用不同的颜色来辨别箭头的种类。在箭体上,可以用少量的文字来表述所代表的物体。例如,中央电视台在报道中俄军队黄海联合演习的新闻时,充分发挥了箭头型图表的功能作用,用红色和蓝色来表示演习双方,进而就可以将演习的态势表述得清清楚楚 。[1]

---

[1] 李静 . 图表在电视新闻中的运用 [J]. 西部广播电视,2014(1):86-87.

（四）三维动画型

三维动画型图表是运用电脑三维软件制作而成，用模拟动画呈现真实的事物。许多无法运用真实镜头记录、再现的事实采用动画方式进行还原，很大程度上可以弥补新闻事件发生时记者"不在场"的尴尬，能更为完整地还原新闻事件的发展流程。例如2007 年 5 月 1 日，中央电视台《海峡两岸》节目播出的台北县议员被害的新闻，以三维动画模拟凶手行凶过程，弥补了现场没有监控录像资料的缺憾，让观众获得更为详尽、完整、直观的信息。另外，三维动画也可以向电视受众预告、推测事件将来的面貌和状况。如在《北京奥运会火炬传递》直播报道节目中，中央电视台新闻频道对火炬传递覆盖全球六大洲的境内外详细线路进行了动画演示，既直观展示了奥运火炬先后传递的行进路线，又增强了直播节目画面的表现力。动画媒体具有形象直观的信息表述特点，对于新闻事件中涉及的物体结构、运行原理、事件过程等内容具有表现上的优势。例如，汶川地震时出现了堰塞湖，而多数受众对堰塞湖的形成过程和有可能形成的灾害根本不了解。新闻中在介绍堰塞湖的形成时用了电脑动画的模拟，从而让观众了解堰塞湖的形成原因以及危害。

三、图表、字幕运用应注意的问题

（一）风格要统一

图表和字幕字体的风格与内容风格应统一，防止花里胡哨、眉目不清。不同的图表和不同的字体有不同的形式美感，能产生不同的艺术效果。不是任何一种图表形式和字体式样都适用于任何一种新闻类型。根据具体情况，把握新闻的内容风格，尽可能打开思路，融合受众的欣赏情趣和欣赏习惯，从图表与字形的设计选择、底衬搭配、质感等各方面考虑，确定与内容风格最相宜的选择。

（二）布局要合理

图表、字幕字体设计排列要和谐统一，防止画蛇添足。对图表、字幕占荧屏的大小比例及在画面上的排列布局要有规划，应注意摆在合适的位置，疏密得当、错落有致，图字醒目、大小相宜。以中央电视台《新闻 30 分》为例，新闻标题、唱词、主持人姓名、整屏字幕都采用了与片头同色调的蓝色的长方形作为版底，标题则多加了"新闻 30 分"的节目名称，除标题字使用黄色以外，人名、唱词和结束时的工作人员字幕均选择白色这种单一颜色的字，用黑体的字体放在屏幕的下方，并停留足够的时间让观众看清楚。整个包装风格统一，布局合理。

（三）主次要分明

图表、字幕、内容标题与底衬画面的空间和色调要主次分明。电视元素中，任何一种表现形式都要为表现主题服务，图表和字幕的式样和底衬也不例外。用整屏图表、字幕，还是连接多屏图表、字幕，或是用迭现的方式留白电视画面，同屏用图表、字幕，同屏滚动电视画面，都不应喧宾夺主。还要考虑底衬色彩，使图表、字幕与标题鲜明醒目，画面和谐统一。[1]

第四节 电视新闻声音编辑

电视是声画结合的艺术，声音和画面，相互交汇，相辅相成，不可割裂。声音对电视新闻的传播来说，同样具有强大的传递信息的能力，在电视新闻传播中有着不可替代的作用。电视新闻的声音语言主要包括解说词、同期声、音响和音乐，而声音在电视节目中所起的作用已越来越突出。作为一名优秀的电视新闻编辑，对于新闻节目中声音的把握也应具备较高的造诣。

一、解说词的编辑

电视解说词，是由新闻报道者（记者、主持人、播音员）播讲、传达的一种经过新闻报道整理、思考后的间接信息。它是对画面的解说，是对画面内容的补充、解释和说明，它与画面、人物同期声、音响、字幕等共同构成了电视新闻的语言符号。

由于电视新闻是声画叠加的艺术，为了让解说词和画面的搭配产生1+1＞2的效果，在编辑过程中，要注意把握好两个方面：一是对解说词内容的把握，二是解说词与画面的配合。

（一）解说词内容的编辑

电视新闻解说词的写作和修改始终要结合电视画面来进行，各种不同类型的电视新闻节目对解说词的要求有所不同。例如，消息类新闻，其画面多起到实证的作用，因此解说词往往包含大量的信息，基本上能够独立成章；现场报道由于有现场性的要求，其解说部分往往以现场形式进行口语化的表达，从而形成完整的现场感；而专题类的电视新闻节目，解说词的发挥空间较大，表达也较为自由。但是，在对这些解说词进行编辑时，也有一些共同的要求。

1. 注意挖掘画面中的细节

电视新闻画面往往只有几秒钟的时间，如果不用一种方式提醒观众，观众经常会忽视一些细节。作为解说词，就要注意将现场发现和挖掘的而又常常会被忽视的细节强调出来，从而引起观众的注意。下面借鉴一下《本周》栏目编辑解说词时的经验。

---

[1] 尤道远. 图表、字幕在成就报道中的运用 [J]. 视听界，2004（6）：118-120.

新闻报道的内容是准新娘们到商店去抢购打折的婚纱，其中有两个镜头就是一位女士穿着泳装在试婚纱。仔细分析，就会发现这个一闪而过的镜头，其实是一个非常有趣的细节：因为人多，所以试衣间一定特别紧张。因此，这位女士有备而来，提前穿好泳装，可以不进试衣间，就能在柜台旁试婚纱了。《本周》的编辑用十分精彩的语言把这个细节强调了出来："虽然场面热烈，但大家还都挺冷静，一辈子就穿一次的衣服当然要试一试。没有试衣间也没关系，看来大家都是有备而来。"[1]

2. 注意语言表述的客观性

电视新闻的解说词应尽量避免个人主观倾向的过分显露和个人情感好恶的外在宣泄。结论性的判断要由观众自己来作，而不是由记者和编辑来说。另外，在电视新闻中，解说词不要描述人物的心理，也不要通过描述动作来传达被访者的心情，人物心理应通过采访获得。

3. 不要描述画面已呈现清楚的内容

在电视新闻中，画面能看得懂的内容，就不必用解说词来赘述。也就是说，解说词不要描绘自然景色，不要描写人物形象、行为、动作、色彩、速度等可以通过画面一览无余的信息。电视新闻中有画面，画面有动作，无须讲；画面无动作，更无须讲。

4. 表述数字时，宜粗不宜细

在电视新闻中，对数字的报道有其自身的规则和报道方式，没有必要写得特别精确和具体，一连串太过精确的数字反而会成为人们接收主要信息的干扰因素。例如，我们从国家统计局得到一组数据：截至 12 月 31 日，2014 年某地区的工农业生产总值达到 9 345 243 476 元。这个数字报道得十分准确，但观众很难记住全部数字，甚至因为数字太长、太复杂，连最重要的前几位数字都记不住。这就要求数字的报道只要能说明情况即可，不必计较精确。而确实有意义，有必要被观众了解和记忆的数字，可以借助字幕的形式将复杂的数字呈现在屏幕上，并且要停留一定的时间。

（二）解说词与画面的配合

1. 解说词应比其相对应的画面晚入、早出

在编辑时，画面的时间长短和解说词的多少要经过精心计算。如果画面太长、文字太少，会造成节奏的拖沓；而画面太短、文字太长，说话的速度过快，势必会影响观众对信息的接收。

一般来说，每一段画面都要长于相应的解说词。每段解说词最好不要与相应段落的第一个镜头同时切入，或与最后一个镜头同时切出，也就是说解说词要比画面晚入、早出，不要同时进入或切出。在解说词与画面匹配时，要遵循 1/3 或 1/4 原则。例如，某

[1] 王阳. 电视新闻节目中的创新思维 [M]. 北京：中国广播电视出版社，2004：166

个段落由 4 个长短不一的镜头组成,解说词铺满整段片子,那么解说词的第一个字应出现在第一个镜头开始的 1/3 或 1/4 处,而在第四个镜头快要结束前的 1/3 或 1/4 处结束。如果解说词不是铺满整个片段,也要遵循这个规律,在需要出席解说词的画面开始后的 1/3 或 1/4 处入解说词,到需要结束解说词的那个镜头临结束前的 1/3 或 1/4 处切出。

2. 解说词在传达理念时,要避免"声画两张皮"

"声画两张皮"是指电视镜头和解说词错位、分离,各自为政,画面和解说词缺少关联。解说词可以解释电视画面、交代新闻发生的五要素,也可以对画面作必要的补充、概括,提示内涵、深化主题。解说词在传达上述内容的时候,要避免与画面内容脱节,要从具体的画面写起。也就是说,解说词为了与具体的电视画面相配合,一般应从具体的事物逐步写到抽象的概念,从看得见的事实逐步写到看不见的道理、思想和观念。[1]

二、同期声的编辑

同期声是指在拍摄新闻时,同步采录的人物讲话。它是画面中的事件当事人或相关人发出的,包括电视新闻记者的现场报道、与采访对象的谈话、人物的讲话等。

人物同期声直接提供了新闻信息的来源,可以作为新闻事实的一部分而存在,胜过记者的转述,具有真实性、客观性和权威性。同时,讲话者的语音语调、表情神态、肢体动作等还能够展示人物的性格,塑造人物形象。有时候,同期声与解说词的穿插可以调整片子的节奏,避免平铺直叙,也可以起到贯穿节目、过渡转场的作用。因此,人物同期声与新闻事实现场画面同样重要,应同等地加以对待。

(一)同期声的选择

1. 选择清晰的同期声

清晰的标准有两条,一是观众能够听清楚。在选择同期声时,要注意挑选那些采录效果好的声音。如果效果不好而又实在很重要,则要在后期剪辑时加以技术上的调整,如调节音量或配上字幕等。二是观众能够听得懂。在选择同期声时,尽量不要选用方言很重或口齿不清的同期声。如果只能用这样的同期声,在使用时则要配上字幕,以便让观众了解同期声的内容。

2. 选择典型的同期声

典型的同期声是指新闻事件中的典型人物的典型讲话,即采访对象必须具有一定的典型性和代表性。采访人物应是新闻事件中的关键人物,如事件的亲历者、重要的目击者等;同时,这个人物的讲话必须是典型的,传达的是新闻事件的关键信息,而不是无关紧要的内容。

---

[1] 孙琳琳. 电视新闻编辑 [D]. 沈阳:东北大学出版社,2008.

3. 选择精练的同期声

在电视新闻中，被采访的对象很多都是普通老百姓，他们的语言不可能像解说一样经过精心的组织和播报，这些原汁原味的同期声很可能就有重复、拖沓等问题。所以，很多时候同期声要经过精心剪辑，使之在意思的表达上更加集中、精练，也使节目的节奏更加明快。从实践的效果来看，对于一般的消息类新闻来说，每一段同期声在 30 秒以内感觉会比较舒服。当然，在同期声剪辑时一定要尊重事实，不能歪曲或改变被访对象的原意。

4. 选择不同说法的同期声

对于有些比较复杂的新闻事件，特别是矛盾冲突比较激烈的事件，由于看问题的角度和立场不同等原因，可能会有不同的说法。在后期编辑的时候，就应注意多种观点的平衡。在新闻中，不能只选择一种说法，而忽略了其他人的看法和意见，从而造成新闻报道的不公平。

（二）同期声剪辑的要求

1. 语意要完整，语气要连贯

在节目中运用的每段同期声都要能表达出一个相对完整的意思。如果是几段同期声组接在一起，除了要保证原意不变，还要特别注意语意的通顺和语气的连贯，不能忽高忽低或者情绪不协调。将一段完整的同期声剪去一部分后拼起来的时候，要注意语意的通顺。

2. 开始和结束要留空间

除了上面所讲的同期声要渐起渐隐外，还可以在同期声的开始和结尾部分分别保留一小段讲话人的空画面（没有声音），这种静默能给受众一个提示，表示谈话将开始或结束。当然，静默的时间要合适，太长会让人明显地看到画面上的人张嘴但没声音，感觉是编辑上的失误；太短，又起不到效果。从编辑实践上来看，这个时间在 0.5 秒左右比较适宜。

3. 在同期声的接头处，要注意过渡

因为同期声语言需要精练，所以编辑常常会将完整的同期声剪断再重新组合，而这些断开又接上的地方就称为断点。这时候，就需要插入一些补救镜头，如用记者的反应镜头、谈话相关的景物或事物的特写镜头等作为过渡，从而保证画面的流畅。

三、实况音响、音乐的编辑

（一）实况音响的编辑

音响，是自然界产生的或者物体运动摩擦碰撞发出的声音，包括动作音响、自然音响、背景音响等类型。音响能为我们提供事件发生的背景特征和环境气氛，也能传达出一定

的信息。在动态感强烈的新闻事实中,巧妙运用现场音响会使新闻效果增色不少。例如,大型阅兵式、地震、空难、泥石流、坍塌事故等现场性非常强的新闻事件,在记者报道过程中,需要有相应的环境音响来烘托气氛,让观众感受到强烈的参与感;如果没有声音,就会觉得不真实。

在编辑音响时,需要做到与画面配合真实,具体指:音响素材的发声数量与画面中事物、人物的发声数量一致,如给画面上与会者配以一定的掌声,掌声的热烈程度应和与会者的人数、情绪、气氛相一致。音响的发声环境与画面显示的环境一致。如与会者的掌声在室外与室内,音响效果会不同,选配时要注意。音量的控制要参考画面的景别因素。中景、近景、特写等近视距景别,在屏幕的视觉感受上,画中主体形象与观众如同近在咫尺,音量可以相对稍大;而全景、远景等远视距景别,在屏幕的视觉感受上,画中主体与观众较远,音量可以相对小些。根据不同景别配以不同音量的音响,才能使编辑后的画面和音响效果吻合。

(二)音乐的编辑

音乐是影视艺术中一个重要的表现元素,通过人们的听觉来形成艺术形象,在影视表达中发挥着重要的作用。电视新闻报道中需不需要添加音乐,需要添加什么样的音乐,怎么实现新闻事件的现场画面、解说词等电视元素与音乐的完美结合,都是电视新闻编辑要考虑的问题。

1. 在重大事件报道中音乐能深化主题

音乐具有揭示、概括、深化主题的作用,利用音乐来揭示和深化主题是很多重大事件报道经常使用的手段。例如在四川汶川地震、青海玉树地震、2008年年初的南方罕见冰雪灾害等重大事件中,电视台在进行新闻报道时,编导精心处理的很多新闻事件报道特意没有采用解说词配画面的传统方式,而是在救援队伍奋力奔赴灾区开展救援工作的报道中采用画面配节奏感很强的激昂奋进音乐;在展示灾区设施坍塌、受灾严重等场景时,则采用现场画面配感伤音乐等形式进行展现。此举大大拓展了图像和文字都不能传递的情感,让观众在第一时间既能真实、准确地了解到新闻现场,又能激发起他们持续关注事件进程和关心灾区群众渡过难关的情怀,达到与"此时无声胜有声"的效果。"5·12"汶川特大地震发生后,中央电视台推出的《抗震救灾、众志成城》的直播报道中,往往在某一节点或时段的现场事件播报结束前,都会根据不同主题选择适当音乐配画面的形式,不断放大救援队奋勇奔赴灾区开展生命救援,灾区毁坏严重的设施,各地生产、抢运救灾物资等新闻点。从而拓展了单一电视画面或文字解说都无法传递的感人情怀,进一步深化了全国各族人民众志成城抗震救灾的主题,达到既丰富荧屏效果、减少观众审美疲劳,又适时进行报道情绪的阶段性调整,满足观众关注持续事件时不断变化的心理需求的目标。同样是 2008 年，中央电视台现场播报北京奥运会某一赛事结束前的几分钟，也完全不用解说词，而是通过激昂奋进的音乐配上选手夺冠过程中精彩的画面进行展示。电视编导运用音乐强烈的感染力渲染了现场紧张热烈的情绪，使现场或者电视机前的观众激情得以外露、情绪得以积聚，很好地满足了他们期待回味选手夺冠过程的心理预期，达到了很好的传播效果。

2. 在深度报道中音乐能增加感染力

电视深度报道中的音乐虽要服从、服务于报道主题，但却有图像和文字无法替代的作用。它不仅可以增加深度报道的可视性，还可以发挥音乐的感染力和震撼力，在进一步表现深度报道主题上达到事半功倍的效果。

例如，贵州广播电视台电视新闻中心的《贵州新闻联播》栏目每年 12 月下旬都会梳理即将过去的一年间该省经济社会发展中的重大事件，精心选择主题制作 10 ～ 15 条年终报道。在刚制作这些报道时，通过单一的画面配解说词方式编辑后，整条报道虽然画面大气流畅，也鲜明地展现了报道主题，但却难以让人产生认同感。后期尝试在描述性解说词的段落加上舒缓的叙事性背景音乐，在主题最突出、最鲜明部分加上激昂奋进的背景音乐。经过增加背景音乐的编辑制作，这些画面、解说词、音乐"三位一体"完美结合的深度报道播出后，引起了观众共鸣和业界人士的高度评价，取得了很好的传播效果。

3. 音乐可以串联、间隔和过渡节目

在电视新闻节目中，音乐常常起到串联、间隔和过渡的作用。这是音乐的结构功能在画面编辑方面的体现。

音乐可以起到串联的功能。音乐可以使多个无声的画面统一在相同的旋律中，从而产生连贯性。例如，在用多组画面表现一个主题时，光靠画面本身的造型不一定能顺利地剪接，这时音乐往往可以起到组织画面的作用，使那些看似无关、散乱的镜头组合成一个连贯的整体；又使画面显得明亮起来，从而加深观众的印象。音乐可以起到间隔和过渡的作用。一个较长的电视新闻节目中会有若干段落，利用音乐可以在各个段落之间进行分隔。这样，既有利于段落的划分，又有利于在整个节目中形成一个统一的整体。另外，音乐也可以作为段落间转换的因素。在节目中，一些时间、地点、场合、事件发展过程等的转换往往也运用音乐来进行过渡，从而使画面转换流畅、自然。

4. 音乐可以为节目进行包装

在一些属于节目包装性质的段落也会用到一些音乐，如片头、片花、一些快讯或快速扫描式的段落。这类音乐一般个性鲜明、简短凝练、相对稳定，有利于树立节目形象，帮助受众识别节目，并唤起受众接收兴趣。如让很多人耳熟能详的《新闻联播》的片头曲、

《新闻 30 分》的片头曲等，很多观众只要一听音乐就能分辨出是哪个节目，这也体现了音乐强大的标志作用。

5. 音乐的使用要"少而精"

电视新闻报道要不要运用音乐，需要运用什么节奏的音乐，这要取决于新闻报道的主题、新闻事件本身的性质和需要。契合主题的音乐无疑会给电视新闻报道很大的帮助，达到增强可视性的效果，而不贴切的音乐运用反而会影响新闻报道的可视性。我们在实践中既不能单纯地追求事物现场感而排斥音乐，也不能为了追求听觉的丰富而过频过乱地使用音乐。要懂得根据主题的需要、情节的需要和新闻报道内容的需要对音乐加以取舍，切忌生搬硬套、硬性拼凑音乐，使做出的新闻报道让人啼笑皆非。而在切合电视新闻报道主题运用音乐时，我们还要注意对音乐长度的合理控制。我们知道，电视新闻报道需要的音乐长度有严格的限制，一般只有几分钟甚至几十秒钟。总之，作为电视节目的表现元素之一，音乐不能游离于节目而单独存在，它必须服从于节目的主题思想及总体构思的需要，服务于新闻表现的需要，要尽量做到少而精。

四、声画关系及声音的处理

（一）声画关系的形式

1. 声画同步

声画同步又称"声画合一"，是指声音和画面同进同出，二者同步发生、发展，视听高度统一。在声画同步形式中，声音或者由画面中的事物发出，或者具体说明画面中的事物与情景。例如，会议新闻中需要介绍与会人员时，说到某人的职务和姓名时，画面中要出现被介绍的对象。声画同步的方式能增强内容的真实感、可信度和完整度，给观众留下深刻的印象。因此，这种形式在新闻节目中采用较多，尤其是对于一些重大新闻事实的播报。

2. 声画并列

声画并列是指电视上的画面和文字、解说表面上各成系统，似乎互不相干，但实质上，它们却有着内在的联系。在声画并列关系中，声音和画面各自独立、并列发展但又相互联系、和谐统一。也就是说，这时电视的表意内容为画面与解说之和。例如，对一些突发事件的报道记者没来得及拍摄到实况，新闻的解说词描述的是事件发生的状况，而新闻画面反映的是事发后的景象。观众通过现场的情形和解说词的描述，经过思考，就会得到有关事件的整体情况，从而产生自己的认知和判断。

3. 声画对立

声画对立意味着声音和画面在情感、内涵、情绪、情调、气氛、节奏恰好是错位、对立的，形成很大的反差，是对比蒙太奇在声画关系上的体现。声画对立要求声音和所对应的画面必须有内在的逻辑关系。例如，一场比赛结束，胜利一方的欢呼声和失败方的画面组接在一起就是一种声画对立，能产生强烈的戏剧冲突。需要注意的是，声画对立的使用必须具备一定的条件，只有在条件成熟的情况下才能使用，不能滥用这种对立的手法。使用时首先得存在两种相反的元素，其次还要看两者形成的矛盾能否推动情节发展、能否深化作品主题。

（二）声音剪辑的方法

1. 平剪法

平剪法是指声音与画面同时出现，同时切换。这种方法是最常见的一种手法，十分真实，在消息类新闻的编辑中最常使用。这种方法在剪切声音时，要剪在节奏点上，每个声音在结束时要相对完整，切忌拦腰一刀。例如，汽车喇叭只响了半声就切断，声音就不完整了。

2. 捅声法

捅声法是指下一个画面在切入之前，其声音已先于画面出现在上一个画面中了，一两句话后，再出现讲话人的画面。这种未见其人先闻其声的剪辑法可以让观众对即将看到的画面心里产生一种预感和猜测，引起观众的注意。例如，在机场上迎接贵宾，前一个画面表现机场上等待的人翘首以待，后一个镜头表现空中盘旋的飞机。如果采用捅声法剪辑，将后一个镜头的飞机轰鸣声提前到上一个镜头的尾部，那么观众就会理解成这些人听到飞机声音后，看到飞机在盘旋。

3. 拖声法

拖声法是上一个镜头画面切出后同期声拖至下一个画面上，同期声的结尾部分叠在下一个画面上并延续一段时间。这样做可以使前一个画面所表现的内容和情绪得以连贯地发挥出来，不至于因为画面的转换而中断。例如，前一个画面表现观众热烈的鼓掌，后一个镜头是演讲者走向讲台。在后一个画面上，虽然没有鼓掌的人，鼓掌的声音却往往延续下来。如果前后两个画面的主题都有产生声音的可能，如果后面一个镜头的主体所产生的声音同节目主体关系不大，则这种影响可以不用，仍将前一个画面的声音延续下来。例如，前一个画面表现夹道欢迎的群众，后一个画面表现贵宾车队缓缓驶来。汽车本来也可以发出声音，但与这场面的情绪无关；而前一镜头的欢呼声却可以制造热烈的气氛，因此汽车声在这里并不需要，而欢呼声可以延长下拉。

4. 渐起法

渐起法是指在同期声开始时先压低其音量，然后随着其内容重要性的提高而逐步调高到正常音量。这种剪辑方式可以使声音的出现比较自然。常用于两种情况：一是用于群体场面。由于群体场面中说话人不止一个，渐显的方式能给观众一个心理适应过程；

同时，也往往通过这种方法来选择合适的同期声进行新闻表达。二是用于解说词与同期声的转换。先以解说为主，在解说要结束时以较小的音量混入同期声，待解说结束时再将同期声的音量放大至正常水平。

5.渐隐法

渐隐式是指画面中同期声的主要内容表达清楚之后并不马上结束，而是将其音量逐步调小直至消失，给观众留下一些思考时间。这种渐隐式剪辑也常用于两种情况：一是用在同期声与解说词的转换过程中。在同期声渐弱的同时解说声进入并成为主音。这种方式比使同期声戛然而止要流畅得多。二是用在片子的结尾部分。如果同期声处于片子结尾部分，则多采用渐隐的方式，将画面保留一段时间，让讲话的声音渐渐消失，从而使结尾既自然又意味深远。

（三）多种声音混合时要注意的问题

在电视新闻中，常常有这样的情况，新闻事件发生时，可能会同时存在多种声音，如现场的环境效果声、人物同期声，还有新闻解说声等。在新闻传播过程中，为了真实地再现新闻事件，有时，这些声音都需要保留并运用到节目之中。在这种情况下，编辑时往往需要编辑人员将多种声音混合到一起。而编辑在混合声音时，要注意做到如下2点。

1.确定主要声音

为了使新闻中的声音多而不乱，首先要分清声音的主次，并以主要声音为主进行声音的编辑。根据新闻表现的需要，在同一时间里，只能以一种声音为主，不能将所有的声音在同一时间里以同样的音量进行传播。反之，多种声音相互干扰就会形成噪声，从而影响新闻的表达。

2.控制好主次声音的音量

当多种声音同时出现时，编辑人员要控制好主次声音的音量比例。既不能只有主声音而完全听不到次声音，从而让人感到新闻失真；也不能让次声音音量过大而干扰主声音的表达。要在保证主声音清晰的基础上表现好次声音，从而形成多重声音的层次感。另外，同一时间出现的声音不能太多，一般情况下最好控制在两种以下；如果需要两种以上的声音出现，时间也不能太长。

第五节 电视新闻栏目的编排

电视新闻栏目的编辑工作包括声音画面的剪辑、稿件的处理、栏目的编排。稿件的处理包括 3 大方面：事实的订正、辞章的修改、稿件的改编。栏目的编排包括头条的选择、段落的结构、节奏的控制等。本节主要以消息类新闻节目为例，结合当今各大电视新闻节目的一般编排顺序，将编排技巧归纳总结为如下几种。

一、传统编排法

在传统编排法中，党和国家领导人的会面、访问、讲话、会议一般放在整档节目的第一段落；文教、卫生、体育、娱乐新闻紧跟其后，放在整档节目的第二段落；之后是国外新闻，处于整档节目的第三段落。这种位置清晰、分工明确的段落节目编排模式直到现在，依旧是各大媒体的基本编排顺序。

（一）传统编排法的主要优点

传统编排法内容包罗万象、应有尽有，为观众提供了各方面的相关消息，使观众可以在一档节目中了解更多的新闻。板块化的编排方式也会给人一种一目了然的感觉，不容易使观众产生误解。结构方面也比较灵活，当第一、二段落的新闻播出完毕之后，如果它们占用了较多的时间，则可以在第三段落的新闻中适当减少播出内容，保证节目按时结束，不至于影响后面节目的播出。当遇到重、特大新闻事件的时候，可以延长节目的播出时间，而增容进去的节目一般还是按照既定的内容编排方式来播出。如果内容是时政新闻，那么就还把这部分增容的内容放到第一段落；如果是经济新闻，就还把它们放到第二段落；不过，几乎不会出现增容第三段落内容的情况。同时，也可以及时插播"本台刚刚收到的消息"，避免错播、漏播、误播的产生。

（二）传统编排法的缺点

传统编排法的缺点是尤为明显的：第一，节目前后之间极易出现逻辑模糊不清的情况，使观众摸不着头绪。节目时而政治、时而经济、时而文化，导致前后串联词的编写牵强附会，转折坡度大。第二，板块化、模块化的编排容易使观众产生厌烦心理，降低对新闻的持续关注程度，失去继续收看新闻的兴趣。第三，单调的模块化新闻编排使新闻前后变化的线条显得格外生硬，这在一定程度上削弱了新闻的影响效力，降低了新闻自身的价值。

下面，我们以中央电视台 2015 年 7 月 21 日的《新闻联播》节目为例，加深一下对传统编排法优缺点的认识。

1. 习近平同美国总统奥巴马通电话；

2. 习近平举行仪式欢迎新西兰总督访华；

3. 张德江会见香港中华总商会访京团；

4. 张高丽出席"一带一路"建设推进工作会；

5. 中共中央决定给予令计划开除党籍开除公职处分，将令计划涉嫌犯罪问题及线索移送司法机关依法处理；

6. 检察机关依法决定对令计划立案侦查；

7. 人民日报评论员文章：共产党与腐败水火不容；

8. 国务院办公厅印发《关于成立行业协会商会与行政机关脱钩联合工作组的通知》；

9. 内蒙古：林权改革，沙源变"绿色银行"；

10. 青海万名干部入企 推动政策落实；

11. 最美基层干部：许巧珍，为居民奉献的"月光书记"；

12. 凡人善举：为小美玲点赞 你是好样的；

13. （联播快讯）金砖国家新开发银行在上海开业；

14. 2015 中国互联网大会今天开幕；

15.《收费公路管理条例》修订稿征求意见；

16. 最高法出新规 "老赖"禁乘高铁；

17. 首个社会组织"防艾基金"成立；

18. 首部电梯主要部件报废国标出台；

19. 军地携手共建共育活动仪式启动；

20. 京港澳学生天安门广场看升旗；

21. 成都、深圳海关侦破特大木炭走私案；

22. 安理会批准伊核问题全面协议；

23. 美国与古巴正式恢复外交关系；

24. 国际足联定于明年 2 月选举新主席。

从以上的播出内容我们可以清晰地看到传统编排法的优缺点。整档节目以时政新闻为第一段落，拉开节目的序幕；第二段落介绍国内的经济、文化、教育等内容，作为后续内容紧跟时政新闻之后；第三段落播出国外新闻，作为最后的出场嘉宾，而且只是节目的补充和附加。整档节目衔接紧凑，起伏平稳，中规中矩，虽然没有令人耳目一新的感受，倒也显得整齐、完整。只是这种板块化的编排方式实在令观众感到四平八稳，没有创意。

二、现代编排法

（一）精选头条，突出重点

头条新闻作为节目播出的第一条新闻，直接体现了新闻编辑部门的意图，代表着当天节目的传播主导意图，影响着当天节目的质量。对电视观众来讲，头条新闻是否具有影响力，直接关系着他们收看新闻节目的兴趣，关系到整个电视新闻节目的收视率以及传播效果。选择头条就是选择当天所有新闻中新闻价值最大的新闻，而新闻价值是新闻信息中所有引起受众普遍兴趣的各种要素的总和。构成新闻价值的要素主要包括及时、接近、重大、显著、趣味五个要素，由于节目的不同定位、不同受众范围、不同编排思想，这五个要素的新闻价值大小也会不尽相同，头条的选择也会有所差异。我们以 2013 年 4 月 17 日中央电视台《新闻联播》为例，分析其头条新闻的选择。

1. 习近平主席十分关心在美波士顿爆炸案中不幸遇难和身受重伤的中国留学生；

2. 一中国公民在波士顿爆炸事件中遇难；

3. 李克强主持召开国务院常务会议；

4. 张德江在山东调研时强调全面推进依法治国加快建设法治国家；

5. 俞正声会见台湾工会界代表；

6. 俞正声会见柬埔寨奉辛比克党代表团；

7. 服务业加速"营改增"助力经济增长；

8. 抗春涝保粮仓；

9.H7N9 疫苗研发积极推进；

10. 生活服务台：煮熟肉蛋放心吃；

11. 北京首例人感染 H7N9 禽流感患者康复出院；

12. 远海训练编队完成西太平洋例行训练；

13. 国内联播快讯；

14. 波士顿爆炸案展开调查；

15. 伊朗与巴基斯坦边境发生强烈地震；

16.BBC 利用学生团赴朝偷拍纪录片播出；

17. 国际联播快讯。

中央电视台《新闻联播》的栏目定位主要报道国内外时事政治新闻，是在 2013 年 4 月 17 日这一期节目中，一反常态，把波士顿爆炸事件作为该期节目的前两条。本期节目之所以选择社会新闻作为本期节目的头条，符合了新闻节目的重大的新闻价值要素，头条的选择也体现了国家对人性的关怀。所以，新闻头条的选择，一方面，要符合节目的确定要求；另一方面，也应根据新闻价值各要素的重要程度进行不断调整。本期《新闻联播》的头条选择就灵活多样，没有按照以往的思维方式进行头条编排。

（二）同类组合法

同类组合法是指将一组内容相同、传达目的一致或者比较接近的两条或两条以上的消息编排在一起，形成一个节目编排小组，实现同类新闻的合而为一，最终达到"1+1 > 2"的效果。同类组合法不同于传统编排法的简单板块化的编排模式，它是传统编排法的升级和形式创新，避免了板块化的编排容易出现逻辑不清、结构单一、形式单调的情况。"一致或者比较接近"是指不同区域、行业、领域等的新闻表现同一主题或目的，它们虽然发生在不同的地方，但都说明了同一问题，那么这种消息就可以被编在一起。这种编排方法可以使组合在一起的同类型新闻造成一定的声势，形成舆论，起到先入为主和增强收视的效果。

下面是 2013 年 4 月 4 日中央电视台综合频道《新闻联播》节目单。

1. 清明时节缅怀先烈：5 分钟；

2. 民政部多举措推进烈士褒扬工作：1 分 42 秒；

3. 老兵欧兴田：兑现承诺守墓 30 多年：2 分 29 秒；

4. 清明：踏青溯根追忆先人：52 秒；

5. 清明公祭轩辕黄帝典礼举行：40 秒；

6. 清明节小长假第一天：95 秒；

7. 警用直升机巡航助阵清明安保：65 秒；

8. 公安部：清明节祭扫勿忘防火：1 分 55 秒；

9. 追忆陈招梯，感怀女排精神：1 分 20 秒；

10. 《探潮亚马孙》特别节目今起播出：55 秒；

11. 恩都图湖：角马遭遇火烈鸟：1 分 22 秒；

12. 清明节我台精心策划节日特色节目：30 秒；

13. 关注朝鲜半岛局势：58 秒；

14. 关注 H7N9 禽流感疫情：2 分 20 秒；

15. 丁肇中团队暗物质研究首批成果公布：45 秒；

16. 原 BBC 司机被控性侵未成年人：38 秒；

17. 沙特遗产文化节中国主宾国活动开幕：55 秒；

18. 阿根廷中部暴雨成灾 54 人死亡：46 秒。

在清明节这天的节目中，共有 18 条新闻，其中涉及清明时节主题的占 9 条，占了本期新闻总条数的 50%。在头条的选取上，"清明时节缅怀先烈"一条，时长接近 5 分钟；其余几条独立的新闻之间又是连续编排，分别从民众、政府、老兵、假期、安保等各个不同的角度围绕清明节主题进行一系列报道，形成了对这一主题报道的聚集，加深观众对清明节这一节日的理解，有力地突出了本期节目的内容重点。

（三）对比组合法

这种组合方式是对比蒙太奇剪辑手法的延伸，就是将两条所涉及的领域一致，反映的事物一样但是表现的形式和态度截然相反的新闻组合在一起。这样做的目的是通过对比事件之间的不同，使观众在获取信息的同时对新闻中的行为、道德等做出个人的判断，了解事物的本质。对比组合的方式在社会民生类新闻中经常运用，通过编排社会中好的与坏的事件，形成鲜明对比，对观众进行舆论引导，了解社会的真善美。

例如，在2013年3月1日山东电视台齐鲁频道《拉呱》节目中，在一条新闻《青岛：环卫工工作期间遇车祸被撞没人管》后紧接着编排《济南：出资三万带着村里修土路》这条新闻，上面的这条新闻表现的是社会中人们的冷漠，通过社会中的不和谐因素引起人们的反思，下面这条新闻表现的是社会中人们的无私付出和爱心，两条新闻表现的完全是两个对立的主题，通过这样的编排使人们形成了心理反差，更好地看清事件背后的本质，引导人们在社会中做一个有爱心的人。

对比衬托法对新闻的选择有较高的标准。一方面，这类新闻的选择要尽量贴近群众、贴近生活、贴近实际；另一方面，这类新闻的选择应该具有较为明显的观点倾向。但是无论是哪一个标准，都告诉广大电视新闻编辑人员，要注意挖掘新闻事件本身的潜在价值，通过编排形式的创新来实现新闻传播效力的最大化，这才是电视新闻编辑人员在编排新闻时应该格外注意的问题，否则将会漏掉或者遗失新闻的内在价值。

（四）峰谷编排法

峰谷编排技巧是美国电视新闻人提出的概念。其含义是，在电视新闻节目中，不可能每一条新闻都能使所有观众产生兴趣。所以，必须把一系列的电视新闻节目想象成山峰和峡谷，高低不平、错落有致，就可能不断地刺激观众的注意力和兴趣点，使其保持旺盛的收视状态，达到良好的传播效果。电视新闻节目要用当天最重要的、最新的突出性新闻做头条，从高峰开始。往后，新闻的紧迫性和新闻价值有所减小，观众的注意力下降，兴趣减弱，进入山谷状态。这时，就要设法制造波峰，对观众的注意力进行刺激，使观众时刻保持对本频道的收视。我们以2013年4月18日《朝闻天下》一组新闻编排为例，来分析峰谷编排技巧的运用。

1. 国家禽流感参考实验室：未发现猪感染H7N9禽流感病毒；

2. 俄罗斯总理发表2012年政府工作报告；

3. 关注人感染H7N9禽流感？国家卫计委：全国共报告82例确诊病例；

4. 叙利亚总统再露面称必须坚持至胜利；

5. 关注朝鲜半岛局势：韩国同时举行多场演习；

6. 伊朗：灾区民众生活已恢复正常。

在这组新闻中，就运用了峰谷技巧的编排方式，第1条和第3条新闻是关于H7N9禽流感主题的新闻，H7N9禽流感是该时期大家关注的社会热点，观众对这两条新闻肯定会普遍关注。第5条新闻是关于朝鲜半岛局势，朝鲜半岛局势在该时期一直不稳定，成为社会争议的热点。而第2条新闻关于俄罗斯政府工作报告，这条新闻对于国内观众来讲没有什么关注度，第 4 条新闻关于叙利亚战争，叙利亚一直是战争重灾区，大家对这个区域的战争情况也已习以为常。第 6 条新闻关于伊朗灾区，这条新闻对于伊朗本土来说更加具有吸引力，而对于中国观众，关注度相对较低。综上可以看出，第 1、3、5 条新闻关注度相对较高，第 2、4、6 条新闻关注度相对较低。这样的相互穿插，对观众形成了波浪式的峰谷吸引，使观众能持续保持对该节目的关注度和兴趣。

以上 4 种新闻节目的编排方式是当今电视媒体普遍采用的方法，也是很有效的方法。只有做到 4 种方法的融会贯通，才能使节目的质量得到整体的提高，才能保证节目的传播效力最大化，才能提高节目的收视率，也才能提高节目的整体竞争力。

思考与练习

思考题：

1. 什么是蒙太奇？蒙太奇有哪些表现形式？
2. 什么是轴线原理？如何进行合理的越轴？
3. 剪辑点可以分为哪几种类型？
4. 转场的方式有哪些？分别举例说明。
5. 声画关系呈现哪几种状态？分别举例加以说明。

练习题：

1. 在网络中下载一则当日的新闻，针对其中记者的采访段落和音乐进行各种类型的技巧剪辑，实现平剪法、捅声法、拖声法、渐起法、渐隐法等多种效果的声音剪辑。
2. 全班同学分为若干小组，每 2 ~ 3 人为一组，拍摄一条消息类新闻，完成配音、字幕包装等工作。然后，各组同学分别对所有新闻进行编排。最后，由老师和同学选出最为优秀的编排提纲来进行编排。

▼

第 7 章

现场报道与现场直播

广播电视新闻贵在现场。随着传播技术的飞速发展与传播理念的不断进步，越来越多的现场报道、现场直播出现在了广播电视新闻中，使节目越来越鲜活好看。

需要强调的是，现场报道与现场直播是两个不同的概念。现场报道是记者在新闻现场完成所有报道内容的一种新闻报道方式。现场报道不仅要有现场音响、图像的采集，还要求记者在现场完成采访、解说。它可以在现场直播出去，也可以录制回来后再经剪辑播出。现场直播在英语中被称作"Live"，指在新闻演播室或新闻事件的现场把新闻事实的图像、声音以及记者对事件的报道转化为电子信号并直接发射、播出的报道方式。就新闻事件来说，它既是报道方式也是播出的节目。它是最能体现、发挥广播电视传播特点和优势的新闻报道形式。

通过对两个概念的解析可以看出，前者是指记者在现场完成报道，后者强调让观众看到正在发生的新闻现场。二者虽有不同，但都是能发挥广播电视新闻的巨大优势、展现其独特魅力的重要手段。

第一节　现场报道

现场报道是广播电视新闻独有的报道形式，它既可以增强新闻报道的现场感、时效性，又对培养知名记者、打造媒介品牌具有重要意义。

现场报道的特点和优势体现在以下两方面。

（1）具有强大的时效性　现场报道与其他类型的报道不同，它不是由播音员在播音间播读记者写好的稿件，而是由记者在事件发生现场一次性完成现场采访、现场解说和现场录音，三个现场缺一不可。它能够大大缩短制作环节，充分发挥广播电视媒体快捷高效的优势。如果是直播的现场报道，时效性则更强。

（2）带来强烈的现场感　在现场报道中，要求采访主体具有强烈的"我在现场"的意识。记者在新闻事件发生的现场通过采访、观察，将所了解到的新闻事实和现场气氛描述出来，其真实的现场音效、富有动态的现场气氛，能够使听众产生身临其境的感觉。现场报道重在展现现场的环境、氛围、细节，记者一旦出现在新闻现场，就化身为受众的耳目。一名优秀的新闻记者在现场应能够准确找寻新闻线索，传达现场气氛并通过自己的解说对事件作完整的报道。第一次世界大战期间，美国 CBS 的广播记者默罗因德国轰炸伦敦的现场报道而闻名全美。他生动的报道语言加上现场的爆炸声，令听众真实地感受到了战争的存在，现场报道的魅力在广播时代就已展现得淋漓尽致。

有些新闻虽然记者也在现场出镜，但报道的内容常常是新闻导语或结束语，新闻主体部分仍然是经过后期加工、剪辑过才播出的内容，不能称为真正的现场报道。

一、现场报道的采制

现场报道的题材具有这样一些特点：新闻价值高，事件内容单一，主线清晰，层次分明，事件现场集中，事件发展过程短，现场感强。

（一）认真作好报道前准备

现场报道虽然是记者在现场一气呵成完成口头报道，在观众看来似乎轻松随意，但实际上许多现场报道都需要进行大量的访前准备工作。首先，记者要深入了解新闻事件的背景资料。现场报道的深度就体现在背景资料的运用上，充分收集了解背景资料也有助于记者在现场发现细节，进行提问以及对事件整体的把控。其次，记者还应当对报道内容进行提前规划，包括是否要安排现场采访、报道背景的选择、是否采录现场音响、报道的主要内容与顺序结构……正如美国记者威廉·L. 瑞安所说："在事件正在发生爆炸或即将发生爆发时去作现场采访，我问自己的第一件事是，什么是新东西和不同之处？使我印象最深的是哪一个角度？……如果我在等待某个事件的爆发，我已考虑好各种可能性，在事件发生时，我已准备好了构思的提纲，甚至作好了我也需要使用哪些词汇的思想准备。"[1] 最后，如果在现场报道中需要进行采访，记者与采访对象应事先做好沟通工作，消除对方的紧张情绪。记者只有提前做到胸中有数，才能保证在报道时表达流畅、临阵不乱。

---

[1] 李岩. 广播学导论 [M]. 杭州：杭州大学出版社，1997：219.

我们来看一则广播现场报道。[1]

[口播] 昨天上午，兰成渝输油管线广元剑阁县下寺境内发生管道跑油事故，造成兰成渝输油管道停止营运，而且直接威胁着宝成铁路和国道108线。事故发生后，广元市政府会同兰成渝石油管道管理公司等相关部门奋力抢险，目前，事故已得到控制。请听四川台记者昨天从现场发回来的报道。

[录音] 听众朋友，我现在是在广元下寺镇为您作现场报道。今天早晨8点半左右，兰成渝输油管线发生管道跑油事故。我在现场看到，从泄漏点喷射出的油柱高达20多米，方圆数公里都能闻到刺鼻的汽油味，兰成渝输油管道已经停止营运。同时，由于事故地点紧靠宝成铁路和国道108线，为了安全起见，从上午9点24分起，宝成铁路和国道108线停止运行。另外，青江河水也被污染。事故发生后，广元市政府立即成立了事故处理领导小组，市领导亲临现场指挥，并会同铁路部门和兰成渝石油管道管理公司进行抢险工作。目前，泄漏已得到控制，河面污染也得到基本控制。据兰成渝石油管道管理公司初步分析，事故原因可能是由于天气原因造成管道焊缝拉裂，从而造成事故。下午2点10分左右，兰成渝石油管道抢险队及绵阳市消防支队也赶到事故现场。目前，抢险工作正在紧张进行中，宝成铁路和国道108线还没有恢复通车。[录音完]

[口播] 今天凌晨我台得到消息，宝成铁路已于昨晚19点20分恢复通车。中石油四川销售公司零售分公司有关人士昨晚表示，兰成渝输油管的破裂，不会对成都市的油价产生影响。四川储油库的几种型号的油品可能会出现暂时短缺，公司会采取措施，确保正常供应。

这篇600余字、播出时长仅2分钟的广播新闻稿，通过现场记者的描述，将事故发生现场的所见所闻准确传达给了听众。报道内容条理清晰，各种关键新闻要素交代全面，使听众对于整个事故的发生以及抢险的情况有了基本的了解，从中获得了大量的信息。试想，如果记者没有在现场提前开展信息搜集和调查工作，很难报道得如此全面透彻。

再以一则电视现场报道为例。

---

[1] 四川人民广播电台2003年12月20日《早晨新闻》播出。

《中国第一艘载人飞船发射升空》[1]

李姬芸　张俊

电视画面	解说词
记者出镜	观众朋友，这里是酒泉卫星发射中心，我现在所处的位置离发射塔只有 1000 米，这也是我们被允许进入的离发射点最近的地方。现在是北京时间 8 点 59 分，大家可以看到我身后的发射塔架已经完全打开，场上的工作人员也已全部撤离，"神舟"五号飞船发射已经进入倒计时，中国人的飞天梦想就要实现了。
镜头摇到火箭前，记者话音刚落，火箭点火升空。	［点火升空实况音响 13 秒］
运用特技做出双视窗效果（视窗 1：火箭徐徐上升画面；视窗 2：杨利伟首次记者见面会镜头、凌晨出征画面、杨利伟上车与群众挥手告别、指挥中心内飞船运行轨迹图）。	承担今天首飞任务的航天员叫杨利伟，今年 38 岁，辽宁省遂中县人，1998 年由空军飞行员选拔为航天员，已经接受了 5 年的严格训练。按照计划，杨利伟将乘坐"神舟"五号飞船环绕地球飞行 14 圈，明天早晨 6 点多在内蒙古中部着陆。如果这次飞行圆满成功，中国将成为继美国、俄罗斯之后，世界上第 3 个能独立开展载人航天活动的国家。卫视特派记者李姬芸酒泉卫星发射中心现场报道。

这条现场报道将记者现场出镜和火箭点火、升空实况在一个长镜头中完成，一气呵成，信息丰富、时效性强，堪称电视现场短新闻的佳作。"观众朋友，这里是酒泉卫星发射中心，我现在所处的位置离发射塔只有 1000 米……"记者站在戈壁滩上以第一人称口吻开始报道："……'神舟五号'飞船发射已经进入倒计时，中国人的飞天梦想就要实现了！"当记者话音刚落，镜头稳稳地从记者推摇至火箭发射塔—火箭开始点火—火焰腾起—火箭扶摇而上……整个过程完整而流畅，充分体现了现场报道的魅力。虽然整则报道只有短短的 1 分多钟，但不难想象，这其中肯定包含了记者、摄像和编辑的通力配合和大量的前期准备工作，包括报道地点的选定、机位的设置、报道词的设计以及对发射过程的充分了解。此类重大题材的现场报道，记者承受的心理压力不言而喻，各项准备必须做到万无一失，否则任何一个环节的疏忽都可能造成无法弥补的遗憾。

（二）现场解说务求准确生动

现场解说、播报是对记者功力的极大考验，需要记者具备良好的口头表达能力。现场解说要做到口语化，语言简洁明快、生动形象，报道内容要结构合理、详略得当。语

---

[1] 2003 年中国广播电视新闻奖一等奖作品，上海东方卫视播出。

态要具备现在进行时，能对现场进行准确形象的描述，能适时穿插背景材料。我们下面以广播新闻作品《翱翔雅典，跨越历史——刘翔夺得男子 110 米栏金牌》为例，来学习记者的解说技巧。

翱翔雅典，跨越历史

——刘翔夺得男子 110 米栏金牌[1]

各位听众，我现在正在雅典奥运会主体育场为您报道。男子 110 米栏决赛就要开始了，我国选手刘翔在前三轮比赛中一路过关斩将，轻松顺利地进入了决赛。

现在运动员都在起跑线上作着最后的准备，刘翔是排在第 4 道。刘翔做了深呼吸，给自己鼓了鼓劲儿。

好，现在运动员已经在起跑器上准备起跑。

［出发令枪声］

起跑！第一个栏，我们看到刘翔和旁边的选手并驾齐驱。

第八个栏，第九个，最后一个。刘翔第一个冲过了终点，中国选手刘翔第一个冲过了终点！他以 12 秒 91 的成绩获得了男子 110 米栏的冠军，刘翔刚才的成绩也是平了这个项目的世界纪录。刘翔今天晚上真的太出色了，这个成绩超过了他以往所创造的个人最好成绩。刘翔为中国田径夺得了本届奥运会的第一枚金牌，也为中国田径和亚洲田径夺得了第一个奥运会短跑项目的金牌。

现在的刘翔身披着五星红旗，正在绕场奔跑着，刘翔向场外的观众挥手致意，并不断地把我们五星红旗展示给全世界的人们。现在刘翔身披国旗绕到了我所在的看台前面，他自己也忍不住哭了起来，确实太让人激动了！

［观众齐声喊：“刘翔，刘翔！”］

刘翔：“根本就没想到，我自己也没想到能跑到 13 秒里面。我可以说，在黄皮肤的中国人或者亚洲人来说，我实现了一个不小的奇迹吧。”

这则现场报道在短短的一分多钟时间内，从准备、起跑、跨越、冲刺，到现场的细节、观众的欢呼、刘翔的访问，一切都安排得井井有条。记者不仅能流畅、连贯地报道事实，还能恰如其分地对新闻的价值和意义进行总结，提供信息准确清晰。“刘翔做了深呼吸，给自己鼓了鼓劲儿”，“现在的刘翔身披着五星红旗，正在绕场奔跑着”，“现在刘翔身披国旗绕到了我所在的看台前面，他自己也忍不住哭了起来”……这些细节的描绘充分体现了记者的观察能力和专业素质，同时也使听众迫切希望了解现场动态、关注刘翔表现的心理需求得到了满足。

对于广播现场报道来说，音响是报道中不可或缺的因素，现场音响的运用是现场报

---

[1] 中央人民广播电台 2004 年 8 月 28 日在《新闻和报纸摘要》节目播出，获 2004 年度中国新闻奖一等奖。

道成功的点睛之笔。记者对新闻事件除了完成报道内容之外，还需要及时采录典型音响，以更好地传达现场氛围。

二、现场报道的形式

（一）独立成篇的现场报道

拥有完整结构和内容的现场报道可以独立成篇。前文中提到的电视新闻作品《中国第一艘载人飞船发射升空》和广播新闻作品《翱翔雅典，跨越历史——刘翔夺得男子110米栏金牌》都是独立成篇的现场报道。其他现场报道形式也都是以它为基础发展而来。它可以采用直播的方式直接呈现给受众，也可以经过后期加工再播出。

（二）现场连线报道

连线报道是现场记者与新闻直播间同步连线，以视频或电话对接交流的一种报道方式。实践证明，这种现场报道形式扩大了报道的信息量，突破时空限制，使采访、传输、编辑、播出等环节在时间上几乎做到同步，从而极大地提高了新闻报道的时效性。

现场连线报道的特色是内外结合，即演播室内的播报和演播室外的连线报道、外景报道相结合。以往电视新闻的主体形态为演播室报道，外景报道的篇幅和力度不足，尤其是更具时代感和现场感的连线报道使用不够充分。而如今许多新闻的制作，将内外结合的手法充分地加以使用，如连线驻外记者、连线新闻当事人。与传统的广播录音新闻、电视图像新闻相比，现在连线报道现场感更强，人际传播亲切、直观的优势得到了充分发挥，更容易感染观众。

连线报道的题材可以是体育赛事、突发性事件、时政新闻、即时路况播报、政策解读报道等。连线的对象可以是新闻记者，也可以是专家学者等权威人士。

连线报道的采制须注意以下问题。

首先，演播室主持人和记者在连线前要作好沟通，以保证连线时的交流更为顺畅。连线双方对提问的角度、连线时长、问题的设定、报道的层次等都要尽量做到心中有数。

其次，主持人在连线时要发挥主动引导作用。主持人在连线时要判断连线对象最熟悉、最想说也最有资格回答的是什么，考虑听众最关心、最想了解的是什么。主持人在连线时要注意引导记者避开无效信息，如果记者、嘉宾的报道偏离主题或者超时，可以有礼貌地打断记者的谈话。对于较长较复杂的报道内容，主持人在连线结束时要进行概括和补充。

（三）现场滚动式报道

现场滚动式报道是指采用短周期、高密度、快节奏的方法，对新闻事件进行连续多次的现场报道，往往用于比较重要、尚处于发展过程中的新闻事件。现场滚动式报道对新闻事件的报道充分而集中，信息量大而密集，传播效果显著。例如，2010年11月

15日上海静安区一高层公寓楼突发火灾，央视四套的《中国新闻》栏目便采用了滚动式报道，多次在整点新闻中插入现场连线报道，对火情最新动态给予密切关注。

17点《中国新闻》连线

主持人：今天下午2点左右，上海市静安区余姚路和胶州路交界处的一栋正在进行外立面墙壁施工的30层公寓楼脚手架忽然起火，整栋大楼一度被浓烟和大火包裹。火灾发生后，数十辆消防车赶往现场灭火。相关情况马上来连线本台记者赵钱江。

问题1：目前火情是否已经得到控制？有多少消防人员在现场救火？

问题2：现在灭火有哪些困难？引起这场大火的原因有没有找到？大火是否造成了人员伤亡？

18点《中国新闻》连线

主持人：今天下午2点左右，上海市静安区余姚路和胶州路交界处的一栋正在进行外立面墙壁施工的30层公寓楼脚手架忽然起火。火灾发生后，数十辆消防车赶往现场灭火，相关情况我们连线本台记者李桢。

问题1：火灾发生已经过去4个小时，救火情况如何，现场是个什么状况？

问题2：现在居民是否已经全部撤离？

问题3：脚手架起火是引发火灾的主要原因吗？

主持人：好，现在我们马上来连线正在医院采访的本台记者冷伟。

问题4：冷伟，你在医院了解到的关于这次火灾的伤亡情况怎么样？

19点《中国新闻》连线

主持人：各位观众，上海静安区的一栋高层公寓楼今天下午发生了大火，已经导致了数十人伤亡，那么现场的扑救情况我们马上来连线正在现场采访的本台记者李桢。

问题1：现在大火已经过去5个多小时了，扑救情况怎么样了？

问题2：现在大楼里还有人吗？

问题3：我们知道大楼位于两个路面交会处，现在当地的治安、交通道路情况怎么样？

21点《中国新闻》连线

主持人：今天下午的2点15分左右，上海市静安区胶州路728号的一幢28层高的高层居民楼发生了火灾，导致8人死亡，100多人受伤。截至今天下午的6点半左右，这场大火已经被基本扑灭。事故的原因正在调查中。现场的最新情况我们马上来连线一直守候在现场的记者李桢。

问题1：目前大火是不是已经完全扑灭了？

问题2：那现场的搜救还在进行吗？

问题 3：这栋大楼总共有多少人居住？

主持人：好的，谢谢李桢的报道。据当地医疗机构介绍，火灾中受伤的一百多名伤员目前已经分别安排在了当地的 4 家医院救治。有消息说，可能还有一名送医救治的伤员死亡。

我们可以看出，随着时间的推移，《中国新闻》对火灾情况的报道在不断更新。这种滚动式报道能够随时跟踪事件动态，及时补充最新消息，发挥了电视新闻快速及时的优势。

（四）现场评论

现场评论是指记者或权威人士在报道现场对正在发生或刚刚发生的新闻事件的实时性评论。这种评论夹叙夹议，有的放矢，形象生动。2012 年以来，中央电视台多次尝试在两会报道中，增加特约评论员杨禹等在人民大会堂现场的评论，不仅为两会报道提供了更多维的角度、更丰富的信息，而且因为这些评论具有极强的时效性和现场感，因而取得了良好的效果。

第二节 现场直播

早期的电视制作因为技术手段的限制，缺乏廉价方便的记录介质，只有两种播出方式：一种是用电影胶片拍摄，冲洗之后经过电子扫描播出。但电影胶片使用成本过于昂贵，冲洗过程也比较费时。另一种就是通过摄像机直接把信号传送出去，也就是直播。但早期的电视节目所采用得更多的是一种演播室的直播，还无法广泛地深入新闻事件中去，其魅力也与今天不可同日而语。

20 世纪 70 年代，摄录一体化的 ENG 制作方式使电视新闻报道的机动性和灵活性有了大幅提高，而 ENG 方式和卫星转播技术的结合使电视新闻现场直播更为高效便捷。

早在中国电视直播节目形成气候之前，海外媒介的电视直播就已屡见不鲜。CNN（美国有线新闻网）的成功已经让人们感受到电视直播的威力。CNN 在 1986 年现场直播"挑战者"号航天飞机失事的新闻事件中崭露头角，1989 年在苏联和东欧剧变时成熟起来，而 1991 年的海湾战争更使 CNN 出尽风头，从此奠定了国际传媒巨头的地位。

现在，现场直播已经成为广播电视媒体的重要特点和生存之本，是它们与其他媒介抗衡的"撒手锏"，成为一道蔚为壮观的媒介景观。随着我国广电新闻行业技术水平的提高和报道观念的突破，现场直播正在发挥着越来越重要的作用。国内重要的新闻评奖活动如中国新闻奖、中国广播电视新闻奖等，也都为直播节目单独设置了奖项，充分说明了直播在广播电视新闻领域的地位和分量。

一、现场直播的特性

直播的巨大魅力源于它的以下特性。

（一）时效性

直播做到了信息传播的"零时差"。当重大新闻事件发生之时，开通现场直播的速度和报道水准往往成为新闻竞争的重要手段，也成为考量一家媒体实力和水平的重要因素。2003 年 3 月 20 日，随着美军巡航导弹的第一声炸响，中央电视台一套节目从 10 时 43 分开始中断正常的播出，开战后仅 8 分钟，就推出了《伊拉克战事直播报道》。而担负国际报道任务的央视四套节目，也在开战后的几分钟后，推出了大型直播节目《关注伊拉克战事》。央视此次直播报道因为快速全面而受到广泛好评。为了争夺时效，在报道某些可预测的新闻事件时，还可以采用提前介入进行直播的方法。2005 年 9 月 1 日，中央电视台对台风"泰利"登陆的直播在预计"泰利"到达前两个小时便提前开始。在等待的这段时间里，电视台通过短片对台风可能造成的影响进行预报，对抗击台风的准备工作进行介绍，还邀请专家讲解自救知识。尽管台风尚未真正到达，但观众对台风的关注却早已开始。

（二）客观纪实性

新闻直播使记者能在第一时间出现在新闻现场，直击新闻事件发展过程，让观众感受现场气氛，将新闻事件和新闻人物更加真实地呈现在观众面前。由于直播是在第一时间播出的，因而受众认为，这一现场是没有经过过多编辑、加工、过滤的真实现场，受众在收看、收听时，就更容易产生强烈的参与感、见证感。这正是现场直播的魅力所在。1984 年，在央视对国庆 35 周年庆典活动进行直播过程中，一位参加群众游行活动的北大学生突然在人群中打出横幅"小平您好"。这一经典瞬间立刻通过电视直播传遍海内外，成为一个时代的永恒记忆。在电视媒体对"9·11"事件的直播节目中，观众一遍又一遍地重复观看两架飞机前后撞击世贸大楼，并不断地看到一系列新的重大事实出现：五角大楼遭到飞机撞击发生火灾，纽约世贸大厦南楼倒塌，纽约世贸大厦北楼倒塌，宾夕法尼亚一架飞机坠毁，布什就全国恐怖事件发表讲话……直播真实地还原了现场气氛，令观众情不自禁地睁大双眼、屏住呼吸……这种摄人心魄的传播效果是其他报道手段难以达到的。

（三）强烈的现场感

钱塘江潮涌、柯受良飞越黄河、神七发射……一个个新闻现场和奇观画面通过直播给观众带来了强烈的视觉震撼。2000 年，中央电视台与世界上 70 多个国家的近百家电视台合作，制作了连续 24 小时的特别直播节目《相逢 2000 年》。这次多点多向直播的技术和人文意义都是空前的，全球共有 3000 多台摄像机在全世界 200 多个现场拍摄取景，全球超过 20 亿的电视观众收看到各地跨越千年时欢腾、激动人心的场面：地球上最早进入新千年的太平洋岛国基里巴斯的午夜庆典、汤加国王乘独木舟穿越国际日期变更线、新西兰查塔姆群岛的居民欢迎新千年第一缕曙光、埃及金字塔法老墓前落日余晖、5 万吨烟花照耀下"奥运之城"悉尼的生命跃动、维也纳全城共舞华尔兹的壮观场景、纽约时代广场的彻夜狂欢……人类在电视直播的见证下共迎新千年。

（四）过程性、悬念性

直播节目展现过程，事态发展的结果往往处于未知状态，充满悬念。直播的魅力，很大程度上便来自于这种悬念。1994 年轰动整个美国的辛普森逃逸事件便因为媒体的直播成为一场极具观赏性的公共事件，其惊险刺激程度不亚于好莱坞大片。当著名黑人运动员辛普森因涉嫌杀害前妻被警方飞车追捕之时，全美多家媒体展开了激烈的新闻战，甚至出动直升机群进行空中直播，估计有 9500 万美国观众通过电视收看了整个追捕过程。而在洛杉矶法院对辛普森涉嫌谋杀一案进行听证和审判的 266 天里，美国主要电视台几乎每天都在进行相关的现场直播。对辛普森案的报道也和戴安娜王妃之死、克林顿绯闻案一起，被称为 20 世纪末新闻娱乐化的三大标志性事件。

（五）使传受互动成为可能

直播节目由于具有共时性特征，可以随时同观众互动，获得及时有效的反馈，这种双向互动性也是直播节目的巨大优势之一。2006 年 5 月底到 6 月初，福建省遭遇连续暴雨袭击。福建新闻频道在此期间开办了晚间档的直播节目，在直播中开通了短信彩信与观众互动，每晚有近 1 万条的反馈信息。有的居民把自己家受灾的照片发来，有人发短信问哪条路能通。通过直播节目播出后，及时通报了消息，解答了问题，受到了本地群众的欢迎。在广播方面，1986 年 12 月 15 日创办的珠江经济广播电台，便是以直播为特色，以听众热线电话参与、进行双向交流为主要传播模式，从而获得巨大成功，被人们称为"珠江模式"。

二、直播节目兴起的时代背景

（一）直播节目是媒介竞争的重要砝码

直播节目可以变非黄金时段为黄金时段，这是直播节目兴盛的重要原因。现场直播具有同步传播的迅捷性、声画兼备的现场感和受众而广、便于实行双向交流等多方面的优势，一般来说，直播节目的吸引力会比录播节目大。有人做过测试，证明体育比赛实况转播的收视率不足现场直播收视率的 10%。1997 年中央台《香港回归特别报道》的收视调查显示，93% 的家庭收看了天安门广场的庆祝活动，94% 的家庭收看了香港政权交接仪式。伊拉克战争期间，央视一套收视率比平常提高了 8 倍。央视四套平均每天

16 小时以上投入这场直播"战争"中。央视四套在开战后的 6 天时间里，收视率提高了近 28 倍，创下中央电视台国际频道开播 10 年以来收视的最高值。

每逢重大历史性事件，连续现场直播报道，多媒体的强劲信息流，往往会使电视媒体重新吸引受众的注意力，重现新的影响力。在汶川地震直播报道的最初十天，央视新闻频道的收视率可以有多至 3 倍的增长就是证明。相形之下，刊登相应报道的报纸零售量，才增加了 1/3。可以说，"电视，天生就是为现场直播报道而生"。[1]

由此可见，影响力强是现场直播的重要特点与优势，利用现场直播扩大社会影响、提高媒体知名度也成为电视媒体竞争的一大特色。直播节目还可以带来高收视率、创造出新的黄金时段，给电视台带来高额的广告收入。

（二）广播电视技术的进步：电视直播潮形成的前提条件

常态化的直播需要有效的技术手段来保障，在推行新闻直播常态化的过程中，SNG、微波、光纤、海事卫星、网络等各种手段都被广泛运用到现代的电视直播中。

1.卫星直播技术的发展完善

最早的卫星电视直播出现于 1974 年，该年卫星电视直播技术在美国首先试播成功，并且迅速在日本、欧洲和苏联开花结果。但是，这种卫星直播由于每台转发器只能传送 1 套节目，一颗卫星一般只能传送 3 ~ 5 套，加上地面接收系统笨重、价格昂贵，是可望而不可即的高消费。进入 20 世纪 90 年代以来，卫星数字电视直播（DBS）首先在美国取得技术性突破，数字视频压缩技术取得突破性进展，卫星电视直播出现了重大转机，上百套卫星电视直播节目进入普通家庭已经成为现实。以前，模拟式的大功率电视直播卫星的每个转发器只能直播一路电视信号，每颗卫星只能直播几路电视节目；而卫星数字电视直播（DBS）技术却可以使一颗卫星直播 100 多路信号。1997 年世界无线电行政大会上，国际电联分配给中国 3 个直播卫星轨道位置。

SNG 是 Satellite News Gathering 的缩写，是一种利用卫星传输信号的新闻采集系统。它作为一个移动发射站，可随时将所在现场信号通过卫星传送给电视台，电视台再从卫星接收信号播出。这一手段给电视新闻带来的最大变化是现场即时实况报道。完整的 SNG 作业系统包含 3 部分：制作拍摄带的现场制作设备、传送信号至卫星的传输设备及从卫星接收信号的接收设备。一个操作成熟的 SNG 小组到达新闻现场后，在 3 分钟内完成卫星定位，5 分钟内完成播出前的准备，8 分钟内开始向电视台输送新闻信号。国内电视新闻最早应用该技术的是湖南经济卫视，2005 年 1 月 1 日，该台的"直播都市"正式播出。如今 SNG 正在各地方台逐步推广，SNG 卫星新闻采访车已迅速成为每一家电视台标准设备的一部分。

---

[1] 陆小华. 电视，天生为现场直播报道而生 [J]. 新闻记者，2008（7）：18.

2. 电视配套系统工程的进步

为电视直播的兴盛提供前提条件的还有电视配套系统的全面发展和提高。电视配套系统工程的进步，使电视直播的机位设置和现场切换变得更加丰富和复杂。直播节目经过了一个由单机位的无切换直播到多机位的一级切换的发展过程，而现在许多大型活动的直播则出现了机位极其丰富复杂的多级切换。

例如，在央视的长江三峡大江截流直播报道中，一共设置了24个机位，1—10号机位、21—24号机位分别由一台转播车经过一级切换后将一路信号传到中心演播室，另外10个机位的信号直接传到演播中心，演播中心再对12路信号进行二级切换后，将综合处理好的电视信号送上卫星。

央视香港回归特别报道中的技术系统相当于一个省台规模，共动用了11辆转播车、9个演播室、43套中继微波设备、200套ENG, 250台录像机、11套多媒体设备。

除了大型直播节目需要重点技术保障外，每一次小型的直播节目也离不开先进摄录技术的支持。香港回归直播报道首次使用了夜视摄影机，拍摄了晚上驻港先头部队越过管理线的情形。克林顿访华系列直播节目中西安机场的现场直播虽然只有5个机位，但是有了升降车和低照度摄像机，同样可以在夜幕降临、人群拥挤的机场拍摄到令人满意的画面。在克林顿进入人民大会堂的现场直播中，100米长的吊臂式摄像机又出尽风头。2000年钱塘江潮直播节目中还用了一次性水下摄像机，拍到了陆上机位所无法捕捉到的精彩画面。

3. 公共通信系统的发展

手机的普及和移动宽带数字通信也为广播电视直播带来了新局面。在一些突发状况下，仅仅通过记者随身携带的手机就可以进行音、视频连线直播。而一些广播电视媒体通过"发动群众"的方法，在节目直播过程中采用受众主动提供的新闻爆料，实现了"哪里有新闻哪里就有直播"的新局面。

三、现场直播的选题

直播一般分为可预知的新闻事件报道和不可预知的新闻事件报道。前者如重要会议、重大节日活动、文艺演出、体育盛会、重点工程的开工、施工和竣工等，这些事件的发生、发展及结束在时间地点安排、内容、参加人物、结果上均可以预知，采访、播出的时间和节目制作流程是固定的。对这一类可预知的新闻事件的电视新闻直播，策划到位非常重要，这是保证直播成功的重要一环。策划中要确定编导意图、节目的流程、制作和播出的程序，并充分考虑到在实施过程中，对可能出现的问题如何进行协调。

最具挑战性的是不可预知新闻事件的直播。不可预知新闻事件指突发事件，包括地震、水灾、火灾、车祸等。这类事件事态紧急、发展不可预见、结果难以预料，直播的难度更大，也更能考验一家媒体的专业水准与实力。

（一）从我国电视新闻现场直播的发展历程看直播的题材变化

我国电视新闻现场直播的发展历程以 1997 年为界，分为两个时期。1997 年之前，多是重大时政新闻的直播。例如，1984 年对新中国成立 35 周年庆典活动的直播。以前的电视直播因为操作经验不足，不敢涉及一些突发事件选题，往往是选择一些可预知事件进行直播。操作时更是小心翼翼，主持人、记者、摄像、导演都按照预先设定的直播脚本按部就班地完成各自职责，没有什么发挥空间。这样做的结果是主持人和出镜记者的语言魅力、个人魅力无法得到展现，节目的鲜活感明显不足。

1997 年被称为我国电视的"直播年"。这一年中大事频发，其中对香港回归，黄河小浪底截流，长江三峡大江截流，日全食、彗星天象奇观等都进行了电视直播，从直播次数及直播规模等方面都打破了之前的纪录。自此以后，直播题材不断取得突破，从重大政治性新闻事件到各种题材的广泛尝试，直播水平不断提高。

1999 年，中央电视台制作了长达 48 个小时的澳门回归特别报道，出动了 2000 多名工作人员、7 辆转播车、3 套 EEP 设备、6 个演播室、2 个卫星通路、2 套 SNG。

2000 年，中国第一次与英国 BBC"今日 2000 年"、美国 MTN"千年之日"两个全球直播联合体合作，推出连续 24 小时的特别节目《相逢 2000 年》，首次尝试了多点、多向直播。

2003 年，伊拉克战争的直播为我国电视界开始尝试突发性事件直播的开端。战争爆发后，中央电视台四套在 6 分钟后、中央电视台一套在 8 分钟后便先后开始了大时段的直播节目。2003 年中央电视台推出的《关注"非典"》直播节目尝试了新的直播题材，引起了广泛关注。通过政策发布、卫生常识介绍、专家访谈、观众热线等众多新闻报道方式，有力地维护了民众的知情权，稳定了民心，消除了种种谣言，显示出新闻节目的强大社会功能。

2005 年，央视推出大型直播节目《连宋大陆行》和《神六》报道。

2006 年，央视推出《回到恐龙时代》，对新疆、宁夏的恐龙化石发掘过程进行 3 个小时的直播。

2007 年，香港回归十周年，央视新闻中心分段进行共持续 50 小时的直播报道特别节目，把重大时政活动、重大庆典场面和庆祝活动第一时间展现给电视观众。

2008 年，经历了南方暴风雪灾害、山东胶济火车相撞、汶川大地震、第 29 届北京奥运会、神舟七号载人飞船成功发射等重大事件的发生，电视媒体频繁地采用了直播报道。2008 年也因此被业内定义为另一个"直播年"，成为中国电视传播方式改革的里程碑。这一年对汶川地震的直播报道，创造了中国电视直播史上的新纪录。中央电视台在 15

点整点新闻中第一次播报地震发生的消息后，15 点 20 分即开出了直播窗口，开始了没有结束时间预期的现场直播报道。四川、重庆等多家地方电视台也推出了长时间的新闻直播节目，以快速的反应和全面丰富的报道内容为抗震救灾发挥了重要作用。

2010 年的青海玉树地震、甘肃舟曲泥石流灾害，2013 年的"4·20"芦山地震，中央及各地方各级电视媒体在总结汶川地震灾害报道经验的基础上，更为专业、及时、全面地报道了相关消息，直播水平有了进一步的提高。

回顾近年来产生广泛影响的直播节目可以看出，我国各级电视台对直播节目越发重视，在设备投入和人才队伍建设方面都下了功夫。我们看到，即使是地方台，也可以做出许多优秀的新闻直播节目，过程衔接流畅、内容丰富全面，报道也更有深度。

（二）直播选题的误区

然而，近些年来，一些广电媒体为了能够推出新闻直播节目，题材选择不精，"为直播而直播"的情况时有出现。具体表现在以下两个方面。

①动不动就大张旗鼓地对一些根本不需要直播，或者对一些只有专业人士才关注的事件进行现场直播，而普通观众在观看新闻直播节目后感觉索然无味。其结果是浪费了大量的人力、物力、财力却得不到希望得到的结果，没有提高受众的关注度却使受众开始厌倦内容单一的 SNG 报道。

2005 年中央电视台四套节目推出的《直播新疆》便是一次耗资巨大却反响平平的直播节目。该节目连续 30 天在每天 12：00 的《中国新闻》中推出，选取新疆 27 个具有地域特色的地方进行直播，展现新疆各民族和谐共处的情景，展示新疆独特的民族风貌、宗教习俗和历史文化地理特性。虽然是直播节目形态，但其题材的特殊之处在于这是一次典型的非事件化的直播。主要采用的结构方式为"外景 + 主持人和嘉宾解说 + 现场活动 + 事先拍好的新闻片"。例如，《直播新疆》第一站天池的报道，两位主持人所做的仅仅是站在天池边进行播报，除了他们为时不多的现场解说词和少数民族演员的现场表演外，节目中大量穿插的是预先拍摄的资料短片和人物专访。一期节目看下来，给人的感觉是即使将这期节目改成演播室录播，传播效果也不会有太大差别。由于缺乏现场新闻事件，主持人难有即兴发挥，一切虽然有条不紊却缺乏直播的现场感和鲜活感。此外，导演、编排痕迹过重也是该节目的另一个弊病，在一定程度上违背了电视直播的意义和价值。

②更多的是对预先设置的重大事件进行直播，而非消息类新闻的常态化直播。每逢重大事件直播，往往要组成庞大的团队，调用各种先进的装备，开辟几个小时的播出时间。阵容之豪华、投入之巨大，堪称一场"壮观的直播"，也被称为"奢侈的直播"。直播怎样走下豪华的舞台，成为常态化的新闻报道形式，成为一段时间以来的热门话题。

对于可预见性和非事件性选题，由于没有情节、缺少悬念，就算有强烈的现场气氛，现场直播报道也会产生可视性不强的弊病。在国外，SNG 的滥用也显现出一系列负面效果：新闻报道失去深度，提供粗糙和冗长的垃圾新闻，信息缺少加工和过滤，一切交给观众判断……因此，有人把 SNG 笑称为 "super no good"。

（三）直播选题的基本原则

①就选材而言，直播的现场不能仅限于重大新闻事件现场，而应该扩展到更广的社会层面，也就是要实现选材的多样化。现在每逢重大的天气变化，特别是出现灾害性天气，中央电视台新闻频道在各档新闻中都会安排对各地的连线直播。虽然许多直播只是简单的单机直播，场景比较固定，但这样从"小"处着眼的内容却受到了广泛的关注。

②丹尼尔·戴扬和伊莱休·卡茨在《媒介事件》中提到，适合电视新闻直播的议题主要包括以下几种类型：竞赛、征服、加冕、灾难、揭秘、美丽。分析后不难发现，悬念和引人入胜的视觉效果是这些题材入选的重要因素。

③可以适当增加现场直播内容在常规新闻节目中比例，尝试常规化、小型化的直播。以往许多现场直播的选题都偏"大"，一次直播需要对整个频道的节目播出进行调整，而在常规的新闻节目中穿插现场直播内容就显得灵活了许多。北京卫视的《直播北京》就是这方面的典范。它在每天的节目中都有通过 DSNG 小组来自新闻现场的直播，虽然有时候内容显得有些牵强，但这种直播的形式还是值得肯定的。再例如凤凰卫视除了非常重视重大事件的直播之外，也开办常态的直播连线节目，比如《华闻大直播》《凤凰全球连线》都属于这个类型。这类节目在报道新闻事件的时候，并不仅仅播出一些提前录制的新闻片段，而是每天通过与各地记者进行直播连线，通过他们来介绍新闻事件的最新动态。

④结合题材本身特点，制订灵活多样的直播方案。这是因为，并不是所有的直播都需要遵循事件发展的自然流程作全程展现。例如，2001 年苏州电视台《生命 20 小时》"生命 20 小时——两岸拯救陈霞行动全程直播"就采用了分段直播的方法。从早上 7 点到晚上 23 点 30 分，骨髓从台湾花莲抽取，然后经台北、香港、上海转到苏州，最后移植进患者陈霞体内的过程，电视台将其分为七个时段进行间断性的直播。这种间断性直播选取事件发展中的关键节点，回避信息低谷，适用于那些发展过程漫长、信息密度低的新闻事件。

四、现场直播的表现元素

（一）事件现场

1. 现场表现的多角度、全方位

（1）多机位的设置　对于电视新闻的现场直播来说，能否合理布置机位并呈现最具视觉冲击力的画面是关系直播成败的重要因素。如果不能充分发挥现场画面的优势，电视直播的效果无疑会大打折扣。例如，央视颇受人訾议的柯受良飞跃黄河的直播报道，耗资巨大，却因为机位选择不当，导致错失精彩画面。电视直播节目中最基本的手段就是利用多台摄像机直接在新闻现场拍摄，同步剪辑、播出，在事件发生发展的流程中以不同机位、不同镜头的画面引领观众观察现场。在制订方案时，导演首先要把自己定位在一名普通电视观众的层面上，仔细琢磨自己对这一直播内容的欣赏要求。

1969年人类首次登月，在NASN组织的这次电视节目中，着陆器的支架上安置的小型摄像机，拍下了宇航员登上月球的情景。人们看到两位宇航员在月球上安置了一面美国国旗。两个小时以后，当宇航员们从月球上起飞并踏上重返地球的航程时，通过在月球表面安置的另一个摄像机，为我们提供了一个独特观看视角，这个来自外部空间的主观镜头释放了人们的想象，这也是电视直播节目最为贴近人心的地方。今天，人们对电视直播节目有了更高的观赏要求，电视画面的技术性竞争已经被画面的艺术性所代替，人们在欣赏电视直播时更希望通过先进的技术手段和艺术化的表现手法获得更深的审美体验。电视直播也在努力迎合观众的这一要求。例如，在NBA赛事的直播中，除了常规机位外，还设了一些常人难以达到的机位，使人们看到了劈头而下的篮球，在空中滞留的身体。又如，在珠海国际航空航天博览会开幕式直播中，人们看到了飞机进行的高难度特技飞行，优美精彩的运动轨迹、队形变化……无所不在的机位和镜头提供了时间流程中事件的方方面面。

例如，中央电视台庆祝新中国成立50周年庆典活动的直播，就动用了10颗卫星、15个转发器，前方设有5组数字转播系统，共有32个讯道。其中A系统设有9讯道数字转播车，从东华表到中山公园，设立了9个机位。它负责拍摄天安门城楼的特写、游行队伍进入、游行特写、观礼台全景和特写等，包括用30米平移轨道车在白天跟踪阅兵部队，在晚间拍摄表演队伍；以10米吊臂白天拍摄游行全景，晚间俯拍摄表演场面；而A组的第9台摄像机则安装在一辆17米升降车上，负责游行队伍的纵深拍摄。设在天安门城楼上的B系统有4个机位，负责拍摄广场全景和局部近景拉全。C系统是8讯道EFP系统，白天负责升旗仪式、升旗军乐队特写、跟踪升旗护卫队、跟踪升旗及广场放飞和平鸽、拍摄礼炮阵地和进行游行队伍的纵深拍摄等；晚上主要负责广场演区的群众联欢场面、近摄、跟踪近景、少数民族表演区和配乐礼花等。D系统在从东华表到时任国家主席江泽民同志所乘检阅车的折返点设置有7套ENG，其中3个机位是移动车，4个是固定机位，负责跟踪检阅车、受阅部队特写、检阅车通过全景和检阅车折返等。E系统大部分设置在广场周围建筑屋顶上，主要用于鸟瞰拍摄。电视工作者以不同组别的转播系统对现场进行了完整的记录，兼顾大场面和细节。

　　而在2009年中央电视台全天全程直播报道新中国成立60周年天安门庆典活动时，更是投入了全高清转播传输设备，启用两辆高清转播车、一套箱载式高清转播车以及高清光缆和20多套高清微波传输设备。57个机位分布在广场核心区、市区4个高点以及一架直升机上，多视角、全方位地呈现盛大的广场庆典活动。

　　（2）多点直播报道　对于一些规模大、影响面广的新闻事件，可根据事件自身的特点，选取多个直播点展开报道。

　　例如，2000年9月15日的中央电视台直播钱塘江潮的专题报道，战线拉了近50千米，设置了4个直播点、34个机位。A点主要是交叉潮；B点是观潮城，是观看一线潮的最佳地点；C点老盐仓是回头潮；D点也是回头潮，有著名的美女二回头。每个点都根据不同的潮水情况进行了不同的设置。以设在海宁县的盐官镇的B点来看，设有11台摄像机，其中有1台斯坦尼康、3台掌中宝摄像机和其他几台摄像机。为了更为真实细腻地展示钱塘江潮水的气势，还在水中放置了3台掌中宝摄像机，拍摄大潮到来的一瞬间。此外，还有一架直升机一直在跟随潮头进行拍摄。这次同步多点直播可以做到让观众"一潮四看"，而且各点空中、水面、陆地立体直播，以各种特殊的拍摄手段提供多个独特视角。譬如，在空中航拍展现了交叉潮一类的奇观；在水面安装了两台摄像机，营造潮水扑面而来的感觉；还有在塔顶上、高台上的高空摄像等，带给人们在日常看潮的时候很难看到的壮阔景象。著名的钱塘江潮因气势宏伟、场面壮观而闻名，从涌潮形成到二次回头潮结束，途经80多千米，历时4个多小时。即使身临其境，普通人也只能局限在一个地点、一个时刻看到瞬间的潮涌，视角十分有限。而媒体近年来通过电视直播，多次向观众全方位地展示了这一自然奇观。通过设置在空中、地面、水上的多个直播机位，电视中展现出的多视角、全程跟踪的直播画面令人叹服。

　　获第二十届中国新闻奖一等奖的黑龙江电视台《新闻夜航》栏目制作的大型直播节目"万里追光明"，就结合题材本身特点，进行了两地联动的立体直播。"万里追光明"全程表现了一个患先天性白内障的藏族婴儿德庆普尺在大庆眼科医院接受手术重获光明的事件。如果只是单一地直播手术过程，可想而知，节目势必流于单调。经过策划，黑龙江电视台决定采用两地联动、立体直播的模式——以演播室为调度中心，分别连线医院和德庆普尺远在西藏的家乡。手术前，孩子即将进入手术室，一路记者在现场播报着手术的准备情况；在另一端，派驻西藏的记者与小普尺的家人亲切交谈，观众看到了孩子的生活环境，了解到了家人对孩子情况的牵挂。经过几十分钟的手术，医生宣布手术成功，医院现场欢欣鼓舞；另一端，德庆普尺的家人也万分激动。正是因为有了这样的互动，令节目增加了不少看点。

2. 调节峰谷变化，回避信息低谷

在直播节目的流程设置上要统筹规划、合理布局。2005年4月26日至5月13日，中国国民党主席连战、亲民党主席宋楚瑜先后访问大陆。"连宋大陆行"由于其非凡的政治意义而成为世人关注的焦点，中央电视台和香港凤凰卫视都进行了现场直播。

4月26日连战抵达南京禄口机场是历史性一幕，从电视画面切入机场现场到连战下飞机发表讲话完毕，共有32分钟时间，央视新闻频道采取了"前方记者—现场—演播室—现场—前方记者"的报道顺序。在这32分钟的直播中，除了现场记者岳群对现场的简单介绍以及演播室罗京对连战的简单介绍外，在等待飞机降落的20分钟左右的时间里，基本处于只有简单的画面，没有详细解说的"空耗"状态。

相比之下，5月5日由萨文、邱震海主持的凤凰卫视《焦点直播》对宋楚瑜抵达北京机场的直播过程中，采访内容就相对充实。邱震海的评论、张慧然的现场报道、吴小莉的现场采访、张淑婉与曹景行在飞机上的报道以及萨文与国民党立委张显耀的电话连线，形成"天地人三方"的良性互动。

可以看出，凤凰卫视的直播"不只是简单地呈现现场"。凤凰卫视直播报道的顺序，一般是"现场画面—现场—记者—现场评论员—演播室主播—演播室评论员"，"现场+评论"的模式使得凤凰的直播报道从单一现场延伸到更加丰富、更加多元、更多层次的新闻组合。[1]

（二）演播室

演播室也被称为直播节目中的"松紧带"。事件发展过程的不可测因素使直播过程经常出现各种意外，如信号故障、事件发展中断等，演播室就成为了整个节目的调控中心。主持人可以点评细节、介绍背景，也可以插入预先制作的电视短片，还可以由主持人和嘉宾展开谈话，从而使直播过程中因意外造成的"空耗"情况得以避免。

1. 演播室在直播中的重要作用

由于主持人和嘉宾的谈话是可控的，可长可短、收发自如，使得演播室成为对直播节目进行整体控制和调度的关键。我国播音员徐俐曾作为演播室主持人负责央视国际频道伊拉克战争的直播。2003年3月26日，被她称为"职业生涯中最恐怖的一夜"。那一天，战争没有太大的进展，同步画面加起来没有超过5分钟，没有一个电话连线，时间全留给了访谈。正是靠演播室的调控作用，直播节目依然按计划播出了将近6个小时。同样，在凤凰卫视，无论是重大突发新闻事件的直播，还是常态的直播连线节目，都会看到评论员和各类专家的身影。他们为观众解读信息，传达个人的分析与看法。可以说，在凤凰卫视，评论员已经成为直播的第二主角，发挥着不可或缺的作用。

---

[1] 李长江，宋妍. 实现电视新闻现场直播效果的三个途径 [J]. 新闻传播，2006：33-35.

也正因为如此，主持人和嘉宾的素质与水平至关重要，他们要能在极其急迫的情况下有条不紊地处理信息，还要从容镇定地表达……这既得益于平时的经验积累和个人较高的知识水平，也需要临时突击做好相关的准备工作。在可能的情况下，应尽量为主持人提供充分的新闻背景和相关资料，并对接下来的谈话方向作好规划和设计，以避免直播中的慌乱和差错。

1997 年中央电视台的香港回归直播报道，便是在直播发展初期不善于发挥演播室的调控作用，造成了不少失控的段落，留下了无法弥补的遗憾。事后，这次直播的参与策划者孙玉胜沉痛地总结："可控，是直播报道的关键。而可控的阀门和手柄就是演播室。这是香港回归报道留给我们的血的教训！"[1] 1998 年时任美国总统克林顿访华，来到北京大学发表演讲，但与事先计划不同，到了预定时间克林顿却迟迟未到现场，负责活动直播的中央电视台由于经验不足，导致直播的现场画面在没有解说的情况下延续了将近半个小时。

汶川地震发生后，央视在信息缺乏的情况下开始实施现场直播，对整个报道系统的应急能力进行了一次直接检验。主持人能够在只有一张写有震中、震级的纸条的情况下就走进直播室，采编系统以把寻找信息的过程展现在直播中的方式进行直播报道，检验的是主持人的素质，更能显现一个媒体的综合素质和应对能力。

2. 演播室的协调调度与各工种的协同配合

直播是一个系统工程，直播的成功需要系统中各个环节之间的密切配合和充分信任。在直播中，现场记者和导演、导播以及演播室主播之间的配合和信任尤为重要。直播节目的时间概念是非常强的，一段现场报道应该花多长时间，总演播室会事先有一个统一安排，记者此时就需要严格服从。直播中，由于各个报道点本身是分散的，各方情况常常无法及时沟通，此时总演播室的协调调度就显得十分重要。

许多重大突发事件的直播如同一场激烈的"新闻战"，争分夺秒、不容迟疑，由于要随时插播最新消息，即将播出的节目内容串联单，可能是在几分钟前由部门主任刚刚审定的。面对嵌有几十个屏幕的电视墙，导播需要时时对各路电视信号作出准确判断和选择，并且把指令传达给画面切换、美编、字幕、音频、视频和磁带输出人员等；同时，还要预想接下来的报道方式。在直播报道中，导播需要清晰地把指令传达给每一个配合的环节。因此，直播中导播的口令必须简洁明确，例如：

"还有 10 秒，10 秒后先上一个片花，再播最新情况。"

"下面是各媒体反映，口播；然后是导语，画面新闻……"

"字幕 1，切一号机，双视窗。"

[1] 孙玉胜. 十年 [M]. 北京：人民文学出版社，2012：209.

"10 分钟后有一个新闻发布会，直播，同传准备。"

"同传准备，40 秒，20 秒，5 秒，走。"

我国电视台在长期直播实践中形成了一套规范化的口令："切""切男口（女口）"，指下一播出画面为主持人；"走"，指下一播出画面为录像带；"换"，指更换字幕；"上""下"指上、下字幕……

导播在播出过程中需要提示相应工种时间及下一播出顺序，其规范动作如下。

①开播前倒计时"五、四、三、二、一，开始！"

可以是走带，也可以是前方现场信号的切出，还可以是摇臂摇入演播室。

②对全体现场人员发口令：下条是……

可以是走带——"几"号机，演播室——"导语""口播"，前方现场——前方 MC "几"。

③通过演播室对讲系统对主持人发口令"下条口播 + 简单的提示性新闻内容"。

④时刻关注倒计时，当正在播出的节目是录像带时，放像编辑有责任在倒计时"15 秒""5 秒"时分别提示导播，导播再提示主持人（如下一条口播）"10 秒钟准备"或通知视频切换人员切换"下条 3 号机"（如下一条是播放 3 号机录像带）。

⑤同时注意上下字幕、字版及角标（栏目标志），对字幕及视频切换人员发口令"上（下）标""上（下）字幕"。

视频、音频切换人员也要按照规范程序操作，对应不同信号源划分不同的组和级来处理。

放像编辑要提前找好带头，明确核对时长，作好倒计时的准备。

编辑和值班编辑要做好"播出串联单"，说明每档直播新闻的时长、内容、顺序，每条新闻的时长、每条导语、口播片子的结束语，提供给直播的导播、视频音频切换、放像及字幕、美工、摄像人员，作为播出的依据。而编辑与记者制作的每条播出带都应有规范的结束语，如"这是中央台报道的"。

字幕、美工都必须采用规范的操作模式，在规定的文件夹中存放相应播出文件，采用规范统一的模式，按规定的规范操作规程播出。[1]

（三）现场记者

直播过程中事件的发展结果难以预料，随时可能有意外情况发生。因此，对现场记者的基本素质有较高的要求，需要记者具有较高的专业素养、深厚的知识积淀、丰富的经验积累、较强的随机应变能力。具体来说，一个成熟的现场记者应该具备以下几方面能力。

---

[1] 徐威. 电视新闻节目制作与播出 [M]. 北京：中国广播电视出版社，2005：283.

1. 出色的现场掌控能力

现场控制和描述能力是现场报道的基本功，要求记者能够准确、有感染力地描述现场的情况，突出现场感。例如，浙江卫视报道台风"麦莎"在浙江沿海登陆，现场记者描述风力之大，说自己站在报道现场被风刮得呼吸困难，一不小心可能被刮跑；描述台风的巨大破坏力，谈到树木被拔、棚架倒塌；描述风速之快，使用了手中的测速仪器。这些形象化的语言和可视的画面准确地向观众传达了信息。

记者应具有正确的判断力和敏锐的观察力，在现场不仅要对最能表现事物特征的内容进行描述，还要抓住生动的细节。央视直播"神六"发射升空的时候，张泉灵负责在北京的飞行控制大厅作连线报道。她敏锐地发现大厅里的温度计在短时间里上升了接近2度。而根据常识，大厅里的空调设备一般是保持在恒温状态的。她据此推断，是紧张导致现场工作人员血液循环加快，造成温度上升。果然，飞船发射成功后，温度计上的温度又回落了。她甚至还注意到核心指挥人员嘴唇上的泡。张泉灵事先曾经和他们聊天，理解他们的压力和辛苦，还知道他们之前让心理医生传授了解压呼吸法。这些内容后来构成了飞船发射后一段精彩的现场报道。

直播现场记者要有良好的随机应变能力，随时准备应对突发状况，有时候是新闻现场情况，有时候是直播中的技术故障。例如，央视在直播三峡二次截流的时候，张泉灵是现场记者，准备和演播室进行连线报道，当导播告诉张泉灵倒计时 10 秒的时候，通信突然中断了。张泉灵凭借丰富的直播经验判断，可能是通信出了问题。于是，她立刻在心里倒计时，然后开始说话。央视记者张羽在"神六"的直播报道中碰到过更加"危险"的事情。当时，张羽在分演播室和总演播室的白岩松连线。按照原定计划，张羽应该看着他身边的一个电视机，那里面有刚刚收到的航天员的画面，并进行现场解说。就在白岩松问张羽今天有什么新内容的时候，张羽突然发现电视上的画面变成了胡锦涛总书记在北京飞行控制中心讲话的镜头。原来是分演播室的机房里正在给台里传送当天《新闻联播》的头条新闻，这虽然不影响给白岩松播放航天员的画面，但是，张羽却看不见航天员的画面了。机房里的工作人员并没有发现这个问题，而张羽此时已经处在开始播出状态，不可能问导播到底发生了什么。他此刻要作的判断是，白岩松到底看到的是什么？如果白岩松看到的是胡锦涛总书记，而张羽在说航天员，那就变成了很可笑的事情。张羽于是先简单说了几句今天的感想，他发现白岩松还在问关于航天员的事情，便确认白岩松看到的是航天员的画面。还好，张羽在播出前看过一遍相关的画面，所以，他凭借记忆完成了这次现场直播任务。[1]

---

[1] 张泉灵. 直播中的现场记者 [J]. 电视研究，2006（1）：54.

2. 选择合适的报道背景

现场记者要准确地选择典型环境作为现场报道的背景，及时捕捉到富有现场感的细节和典型音响,通过细节化的描述和具有表现力的典型音响结合,让观众身临其境。例如,在台风 SNG 报道中,为了让观众更深切地感受到恶劣的天气,记者以远处波涛汹涌的海浪为背景,留给观众极强的视觉冲击。

在汶川地震救援的现场,中央台记者张泉灵站在一片废墟前向观众报道,经过几十个小时不懈挖掘,又救出了一个人。正说着,救援人员抬着幸存者走过,现场是成功施救后的喜悦气氛。这个报道不仅时机掌握得好,现场气氛也表现得比较充分。

在 2008 年初迎战暴风雪的报道中,杭州台记者站在风雪肆虐的杭州街头,他时而走向路旁的栏杆,用手掌在栏杆的积雪上丈量了 30 公分,让观众看到积雪的厚度;时而又把观众的视线引向步行便道,告诉观众在结冰的地面上又覆盖了一层雪;时而再让大家关注主干道,路面上是泥水、积雪、冰碴,车辆拥堵地排成长龙。记者努力拓展镜头的表现力,使这个现场报道既生动又翔实。

3. 善于即兴采访提问

直播中的采访因为一次成形,没有重来一次的机会,因此对记者的专业素养要求更为严格。要求记者对新闻事实的判断要清晰准确,语言的表达能力要强,反应速度要快,采访中要有全局观念,要有控制采访走向和谈话节奏的能力。

不少缺乏经验的记者在作直播报道时,都会产生恐慌和紧张情绪,这会严重影响记者的镜前表达和观察、应变能力。事实上,紧张和错误是一个恶性循环。这需要记者在工作实践中多增加出镜的锻炼,克服自己的不良情绪,也需要广播电视机构在平时就注重对直播人才的培养和积累。

（四）背景资料

许多新闻事件的发展过程具有不确定性,在新闻现场直播中,往往会有信息重复、无故中断、缺乏兴趣点的时段,如果一味地将镜头对准缓慢进展中的现场,就会陷入"空耗"状态,如三峡截流的直播就会成为一车一车不停地倒石头,老山汉墓的发掘直播就成为一点一点地铲土……人们就会失去对现场的兴趣感。就需要在这些信息低谷的时段,及时插入一些与事件有关的背景资料、历史典故、知识介绍、图表展示等,或者插入事先拍好的有关专题、人物采访,将它们与现场信息有机结合,可以有效增加报道深度。譬如在《三峡工程大江截流》14 个小时的直播中,共穿插了大约 30 个专题节目;北京老山汉墓发掘直播采取"现场 + 演播室"的形式进行现场主持,针对现场发掘的每件文物,请现场的考古人员和演播室的专家来评说讲解,同时穿插了 5 个专题片。

在直播过程中,背景资料是灵活机动的可控因素,具有应对突发状况的作用,因此也被称为"罐头"。它和演播室一样，成为直播节目中进行调控和"救急"必不可少的重要手段。

? 思考与练习

思考题：

如何实现现场直播的常态化？

练习题：

1. 分别找一个你认为"好看"和"不好看"的广播／电视新闻直播节目，从题材选择和节目形式的角度分析其成败的原因。
2. 找一个你认为适合直播的新闻事件，制作一份直播方案。

▼

第8章

广播电视新闻报道中的道德与法律问题

　　作为影响力广泛的社会传播机构，媒体的失范行为容易导致公信力降低、社会风险、舆论偏颇，产生严重后果和强烈的负面效应。20世纪初西方新闻界商业化、市场化盛行，导致新闻自由的滥用，报业乌烟瘴气，各种丑恶现象层出不穷。痛定思痛，人们开始对新闻自由主义进行反思，提出媒体应该承担道德责任，更应该进行自律和他律。于是，20世纪50年代，社会责任理论应运而生。该理论支持者认为，新闻业在享有某些权利的同时，也应当承担责任和义务。正如约瑟夫·普利策所说，如果没有高尚的道德理念，报业将难以为大众服务，甚至会变得十分危险。[1]

　　加强新闻职业道德建设有助于新闻工作者树立正确的人生观、价值观，坚守职业理想，维护良好的职业形象。然而，道德并不具备法律的强制性约束力量，而是通过社会风俗和人的内心信念来发挥作用。当道德的约束力不足、道德的底线被践踏时，就需要法律来作为道德的屏障，维护和保障道德标准的实现。道德和法律是相辅相成、缺一不可的关系。

　　媒体只有在遵守道德和法律准则的前提下严格自律，才能赢得受众的尊重，避免可能产生的失范行为与负面效应。

---

[1] 克利福德·G. 媒体伦理学案例与道德论据 [M]. 北京：华夏出版社，2000：29.

第一节　新闻报道中应注意的道德规范

一、采访报道不能违背社会道德准则

做新闻时，如果遇到记者职责与社会道德准则相冲突，该如何处理？这一问题长久以来就是新闻行业争论的焦点。《北京青年报》1998年5月20日报道了发生在美国电视界的一幕。报道说，5月1日，美国一名男子在洛杉矶高速公路上自杀，洛杉矶几家电视台现场直播了这名男子自杀的全过程。电视台的漠然态度和此种抢新闻的方式在美国社会掀起轩然大波。愤怒的观众指责电视台毫无人道地播出此类人间悲剧，相关网址上的读者留言板上写满了留言，斥责电视台不去做劝说工作而是为了追求所谓的高收视率不顾正常的伦理道德。

灾难和不幸是新闻记者无法回避的报道题材。在采访时，该如何协调职业要求和伦理道德的冲突？美国一位摄影记者的做法是列出一份清单，提醒自己工作时尽量不侵犯被摄者的隐私：

①这一时刻应当被公之于众吗？

②拍摄是否会将被拍摄人置于更大的创伤之中？

③我所处的距离造成的侵犯是否最小？

④我的行为是否有同情心和敏锐度？ [1]

许多媒体曾遭遇媒体职责与社会道德准则间的两难选择，以下略举几例，其中的经验教训值得我们仔细体会。

[案例1] 危难当前袖手旁观？

成都某电视新闻栏目曾播出一则新闻《破烂窨井盖　丢翻骑车人》。其中，记者守候在一处无盖窨井旁边，拍摄到了一位骑车人在此被重重掀翻在地、痛苦呻吟的镜头。节目播出后，引起舆论哗然。

记者在完全有能力避免事件发生的情况下，却不去提醒和帮助过路人，只为拍摄到自己需要的镜头，这种行为实在有违一个普通公民的道德良知。然而，这条新闻不但通过了节目的编辑审查，还在播出时反复重播这一"精彩"画面，无异于拿别人的痛苦作为看点，无疑是节目的一次严重失误。一档新闻的价值不仅仅在于娱乐和猎奇，更重要的是塑造良好、可信赖的媒体形象，这样才是长久发展之计。

[案例2] 汶川地震拷问新闻道德

2008年5月17日，在四川省什邡市的震后废墟上，31岁的女幸存者卞刚芬被人

---

[1] 菲利普·帕特森. 媒介伦理学 [M]. 北京：中国人民大学出版社，2006：219-220.

们成功营救。此时她已经被困 124 小时，远远超出了生命救援的"黄金 72 小时"，可谓创造了生命的奇迹。这一事件引发媒体争相报道。《青年参考》的记者在灾区目睹了救援现场的情况。据描述，当下刚芬被救援人员抬出来的一刹那，几十名记者蜂拥而上，不顾武警的阻止，将其团团围住拍照，以至于现场的武警指挥官动了怒才能挤出人群，将下刚芬抬上救护车。一名现场医护人员不满地说："生还者刚被救出来的时候，眼睛蒙的布太薄，照相机的强光会对她的眼睛产生强烈刺激，会伤了她的，你们记者就不能照顾点吗？你们要抢新闻，可我们抢的是生命呀！"《青年参考》的记者后来偶遇亲历下刚芬获救现场的一名美国记者和一名韩国记者，这两名记者都是特大灾难报道的"老手"，他们经历过印度洋海啸和伊拉克战争的报道。记者问他们是否"抢"到 17 日当天下刚芬获救现场的新闻时，他们说："记者太多太乱了，我们担心妨碍救人，所以就闪到一边了，那不是抢新闻的时候。"[1] 对比国外同行的礼让与自觉，我们一些新闻记者的做法实在令人汗颜。

类似的事件还有，某位电视台记者在直播时竟然进入灾区临时搭建的手术室采访，平白消耗掉一件救灾一线珍贵的无菌手术衣，并且强行对即将进行手术的医生采访，以致将医生的手术衣污染，不得不重新消毒。医生气得发怒，记者仍然不马上退出，还继续问医生，躺在手术台上已麻醉好的病人伤情如何。

在汶川地震中，还有一些记者看似英勇无畏，却因自身的鲁莽行为给救灾带来了副作用。有些缺乏经验的记者临行前带上了现金、银行卡，却没有带足够的生活物资，到了灾区才发现根本没有花钱的地方，银行卡更是毫无用处。最后，被迫向救灾部队求助，部队不得不在自身供给有限的情况下，腾出专门的力量来接待记者，安排他们的食宿。此外，在余震频发的灾区，记者本身也要懂得避险的常识，不应让自己成为救援对象。

汶川地震的经验告诉我们，遇上重大新闻事件，记者抢新闻是"本能"，但仍然得把职业道德放在第一位。一定要处理好"抢新闻"和"抢救生命"的关系，记住在任何时候生命都应是高于一切的。

［案例 3］姚贝娜病逝与"新闻秃鹫"

2015 年 1 月 16 日，女歌手姚贝娜因乳腺癌病情恶化，在北京大学深圳医院病逝。这一消息很快成为各媒体争相报道的头条。然而，出人意料的是，另一个意外事件的爆发使公众的情绪骤然由悲伤变为愤怒与激动，并连续多日成为公众关注的焦点。社交媒体上传出一篇文章称，有报纸媒体派出记者伪装成医护人员进入太平间，未经家属允许拍摄遗体。这篇爆料文章立即引起广泛关注，随后有关媒体伦理的讨论在网络

---

[1] 在地震灾区遇到的外国记者 [N]. 青年参考，2008-05-27.

引发一场唇枪舌剑。

在对偷拍记者的声讨中，一篇由"掀起你的头盖骨"执笔、名为《记者们在病房外，焦急地等待着她的死亡》的文章在微信朋友圈迅速扩散，内容直指在姚贝娜去世之前，驻守医院的记者对生命毫无敬畏之心，所关注的只是要在姚贝娜被宣布救治无效身亡那一刻抢夺头条的利益点上。作者甚至将记者比喻成为"贪婪的秃鹫"，批评其"在记录不幸的同时也在制造新的不幸"。从这篇文章走红开始，大众的关注点由"悼念姚贝娜"大举转向"声讨无良记者"。

随后，一批媒体和媒体人纷纷发声，对以上文章的观点进行反驳。例如，微博认证为"评论名人曹林"的微博："@中青报曹林：完全不认同《记者们在病房外，焦急地等待着她的死亡》一文观点，此文对病房外记者激烈的道德抨击和文学审判，只能暴露作者对媒体职业的无知。除了某报记者装成医生潜入太平间偷拍遗体行为极不道德外，其他记者报道行为并无不妥。记者客观报道明星去世新闻，不能在道德上将此职业行为污名为'期待死亡'。""@淄博观影联盟：平心而论，除了该报记者化装成医生助理混入太平间拍遗体突破了道德底线之外，其他的采访都属于正常的专业范畴，并无不妥之处。至于'焦急地等待她的死亡'更是无稽之谈，作为专业记者，对于任何采访向来都是要进行多种结果的预判，这不是冷血，这是在传统媒体时效逼迫下的专业自觉罢了。"[1]"看看最近几天有关姚贝娜的新闻及幕后采访，除了发生一起未经家人同意潜入太平间拍摄的不良行为外，就基本没再发现其他记者的行为与报道有什么不妥。记者在病房外焦急等候抢救结果，难道有什么不妥吗？"[2]

从主流媒体的评论中可以看出，媒体对"新闻秃鹫"的观点进行了有力批驳，不过对于进入手术室偷拍的做法，仍是众口一词，持反对态度。"有些媒体的关注，也许出发点是好的，但客观上，一些做法造成了对姚贝娜及其家人的不尊重，乃至伤害。关注与打扰，仅仅是一线之隔，这条线还是不应该突破的。"[3]"为抢新闻竟乔装拍摄逝者遗体，这种'狗仔'行径相当极端……作为'船头的瞭望者'，新闻记者肩负着特殊的社会责任。但记者在做出职业行为的每一瞬间，同样必须严守法律法规，遵从公序良俗。……不是任何事情都能够以新闻的名义，去寻找到'合法性'。"[4]

1 月 18 日凌晨，《深圳晚报》发表致歉声明："针对有人质疑记者采访方式不当的问题，经本报调查核实如下：1 月 16 日下午 19 点左右，《深圳晚报》记者确曾进入

[1] 参见新华网《由"姚贝娜去世"引发的"新闻伦理"口水战》，http://www.hn.xinhuanet.com/2015-01/18/c_1114034826.htm，[2016-03-29]。

[2] 参见四川新闻网《姚贝娜遗体被偷拍 记者真如秃鹫吗》，http://opinion.newssc.org/system/20150118/000530123.html，[2016-03-29]。

[3] 参见人民网《中国新闻网：请关注姚贝娜正能量 让她安静离去》，http://media.people.com.cn/n/2015/0119/c40606-26406279.html，[2016-03-29]。

[4] 李浩燃. 新闻，不要以伤害为代价 [N]. 人民日报，2015-01-19.

临时手术室拍摄眼角膜手术过程。当亲属表示拍照不妥时，记者当即删除了所有照片，此举获得姚父谅解。此后，本报与姚贝娜亲属一直保持持续沟通。我们对此给亲属、歌迷和网友造成的困扰和不安，表示诚挚歉意！"至此，事件本身在当事双方的努力下渐渐平息。

虽然在这场风波中大多数记者守候、报道名人去世新闻的做法无可厚非，但在任何时候都应牢记：对悲剧性事件的主角和相关人要抱有关爱和保护之心，不应使采访报道活动对他们造成二次伤害，这是人之常情，也是最起码的道德要求。此事提醒着广大新闻工作者，媒体伦理微妙地决定着新闻报道的尺度，任何时候都不要企图将职业要求凌驾于道德标准之上。新闻记者要有职业精神，更要有"人文关怀"。新闻媒体的社会角色不仅仅是一个监督者、旁观者，而且也是一个强有力的舆论引导者，他的每一条报道都代表和反映着媒体观点与品格。同时，作为大众传媒，其对社会大众也有不可比拟的影响力，在报道敏感题材时，应该慎重又慎重，一旦出错，其产生的不良影响可能是非常巨大乃至无法弥补的。因此，我们坚持认为，媒体行为也应遵守社会道德准则、规范，它绝不是超脱其上，而是受制其中的。

二、注意新闻传播的负面效应

广播电视媒体的高曝光率是一把双刃剑。新闻记者在完成自己工作的时候，切不可忽视新闻播出后可能对报道对象、报料者等相关人员造成的不良影响和后果。这同样是考察一名新闻记者道德品质的重要方面。

1.避免新闻报道造成"二次伤害"

例如，某电视台曾播出新闻《老婆拿硫酸泼我》，反映了一个家庭内部的纠纷与矛盾。面对摄像机镜头，还在上中学的女儿面对镜头说出了"我没有这个爸，他当着我同学的面说我是我妈偷人生的，是野种……"这条新闻播出后，在观众中引起了较大反响。在该节目论坛上，有网友愤然留言："本来那个女孩就还没成年，个人家里的事情也不好和别人说，你们这样一采访，把她家里的事情搞得全市都知道了，她怎么去和同学还有老师面对，怎么去交流？要是搞得不好，这个女孩以后的生活很可能就被你们这些记者给毁了，知道吗？"网友的观点说得十分中肯，可惜的是，制作这则新闻的电视记者，竟然连马赛克都没打，就把这个女孩的画面原样播出了……

女民警蒋敏在汶川大地震中失去了包括父母、女儿在内的十个至亲至爱之人，但仍然坚守工作岗位，被称为"最坚强中国警察"，广受瞩目，成为震后媒体追访的焦点。采访时，有记者提出了这样的问题："你在救助这些灾民的时候，看到老人和小孩，会不会想到自己的父母和女儿？"蒋敏悲伤得话都讲不出来，很快昏倒过去。此后，蒋敏在接受某门户网站采访时坦言，已经不记得多少次因为难受而昏倒。也许蒋敏的一次伤痛回忆能给新闻报道提供不少"煽情"的因素，但反复地重温伤痛无异于向蒋敏的伤口上撒盐，这样的提问应该三思而后行啊！

在美国职业新闻工作者协会《伦理规范》（*Code of Ethics*）1996年9月的修订版中，"最小伤害"被列为与"追寻真相""独立行动"同等重要的地位。其中写道："记者应当同情那些因新闻报道可能受到负面影响的人，特别是儿童及没有接受采访经验的人；采访和使用那些陷于悲痛中的人的照片时，要格外谨慎；要明白采访报道可能伤害他人或使其不安，自以为是地追逐新闻是不可取的。"我国也出台了相关的职业规范。原国家广播电影电视总局（现为国家新闻出版广电总局）发布的《中国广播电视编辑记者职业道德准则》第31条明文规定："报道意外事件，应顾及受害人及家属的感受，在提问和录音、录像时应避免对其心理造成伤害。"《中国广播电视播音员主持人职业道德准则》第10条明确要求："采访意外事件，应顾及受害人及亲属的感受，在提问和录音、录像时应避免对其心理造成伤害。"在媒体工作中，人文关怀精神是不可或缺的，应该在采访新闻和保护受访者之间寻求平衡。任何时候都不能以有违新闻伦理的方法来进行报道活动。在灾难报道中，应尽量避免对人物残缺身体和面部痛苦扭曲表情的特写，以免当事人的精神受伤；应避免直接拍摄死难者的惨状，以保存逝者的尊严。

2. 保护"线人"

除了被报道对象，还有一类人也需新闻记者在报道中给予关注和保护，那就是报料者，也叫"新闻线人"。他们有时冒着遭受打击报复的风险给媒体提供新闻线索，如何在利用了他们提供的线索之后，保护他们免受伤害，也是新闻工作者们必须面对的一个严肃问题。

《焦点访谈》曾播出一期名为《里应外合闹考场》的节目，揭露江西省执业药师资格考试中的舞弊行为。节目中生动的暗访和抓拍极其成功，这归功于一位正在医学院就读的研究生的报料与协助。尽管这位血气方刚的年轻人充满了正义感，并不避讳自己的真实身份，并且表示愿意为揭露真相作出牺牲，《焦点访谈》栏目组权衡再三，还是拿掉了可能暴露他真实身份的段落。因为节目一旦播出，他就将被推到一个毫无遮拦的平台上，他对舞弊行为的检举揭发将使整个南昌考区的考卷变成废纸，那些当事人会找他麻烦吗？其中会有极端行为发生吗？栏目组最终决定，"宁可节目受到损失，也不能伤害帮助过我们的人"。《焦点访谈》《新闻调查》等栏目开播以来，许多成功的选题来自一些有正义感、了解事实真相的"内部人"，他们成为记者完成采访、深入调查问题的向导。然而，这类舆论监督类的节目却经常发生这样的情况：节目一播出，提供采访线索的举报人就受到打击，轻则下岗撤职，重则恐吓威胁，甚至流离失所。1998年，《新闻调查》播出《透视运城渗灌工程》，节目非常成功地披露了山西运城欺上瞒下、耗资两亿多元修建假渗灌工程的内幕，获得巨大社会反响。然而事后，曾为节目提供重要线索的"线人"高勤荣的命运却出人意料。1998年，高勤荣去北京反映情况，被跟踪而去的运城警方连夜带回，纪检、公安人员随即搜查了高勤荣在太原的家。1999年4月，运城市检察院以涉嫌受贿罪、诈骗罪、介绍卖淫罪，对高勤荣提起公诉。后来，高勤荣因为以上罪名被判有期徒刑12年。[1]

中国目前的法治状况还远不能令人满意，某些原因使得"线人"很难用法律的武器来保护自己。尽管我国最高检察院《关于保护公民举报权利的规定》中有明确规定："任何单位和个人不得追查举报人，不得以任何借口对公民的举报，进行阻拦、压制、刁难或打击报复"，"以各种借口和手段侵害举报人及其亲属、假想举报人的合法权益的，按打击报复论处"，但是在某些偏远地方，甚至连执法者都可能与违法者暗地勾结，在调查和执法前通风报信。某偷拍记者讲述过这样一件事。在将暗访得到的造假糖果厂报告给当地的质量监督部门后，质检局爽快地同意对造假窝点进行查处，但行动时地下糖果厂已是"人去楼空，像是在人间蒸发了一样"。更加令人毛骨悚然的是，二度采访时，记者不经意间发现，原先提供线索的"线人"（新闻来源）已经被害身亡。[2]在如此恶劣复杂的环境中调查新闻事实，新闻记者怎么能不多采取一些策略性的保护方法呢？正因为如此，记者对"线人"的保护是良心，是道义，更是责任。

三、"支票簿新闻"

在国际新闻界，对以金钱换取新闻或新闻线索的行为，称为"支票簿新闻"（checkbook news）；在我国香港地区则称为"买料"。这种做法无论中外均不少见。2002年，美国CNN和CBS电视台曾承认，他们为获得"基地"组织进行毒气实验的录像带付了钱。CNN的台柱阿伦·布朗在节目中承认，他所在的新闻集团从阿富汗的一个隐蔽处获得了64盘关于"基地"组织的录像带，花了大约3万美元。而CBS则拒绝透露他们为获得类似资料所花的具体钱数。[3]

在英国，2007年4月，被伊朗扣留13天后释放回国的15名英国海军水兵和海军陆战队员因向传媒出售自己的经历从中渔利而遭指责。其中，女水兵特尼接受独立电视台和《太阳报》的采访获利10万英镑。从相关报道看，花钱买新闻的传媒却没有受到谴责。由此也可以看出，英国传媒尤其是一些小报花钱买新闻是司空见惯的事。[4]

我国新闻媒体在20世纪末期步入市场化经营阶段之后，行业竞争日益激烈，为了获得有价值的新闻，各路媒体各显神通，甚至不惜花钱"买料"。例如，国内某报记者

[1] 孙玉胜. 十年[M]. 北京：人民文学出版社，2012：429-433.

[2] 郭振之. 舆论监督与暗访偷拍[J]. 新闻与传播评论，2005：200.

[3] CNN、CBS花钱买"基地录像带"[N/OL]. 广州日报，(2002-08-22) [2016-03-29] .http://gzdaily.dayoo.com/gb/content/2002-08/22/content_582061.htm

[4] 张宸. 当代西方新闻报道规范[M]. 上海：复旦大学出版社，2008：159.

调查女大学生卖淫现象时，在报道中公开宣称，女大学生赵某同意向记者披露高校学生卖淫的内幕，代价是记者向其支付"500 元时间损失费"。可见，记者对通过支付报酬的形式来获得新闻并不避讳。[1] 此外，有些记者为获取独家新闻，花钱买断受访者，使其拒绝其他媒体采访的事情也不少见。

由于花钱买新闻可能会影响新闻的客观公正，对此做法一直存在争议，主流新闻界基本持反对态度，有的甚至在行业规则里列为禁止事项。不过这种行为通常还是属于新闻道德的问题，不会深究。但如果涉及公职责任，那就会触犯法律。

在 1999 年，我国香港地区的《苹果日报》因为多次发表有关警务的"独家新闻"，引起当局怀疑。廉署介入调查，历时半年，终于锁定这些独家新闻是记者通过"买料"得来的，廉署稽查人员在一家餐厅当场抓获正在"交易"的《苹果日报》记者刘某和一名警察，搜得现金 8000 元和罪案报告数份。后来，刘某和两名涉案的警察分别被判行贿和受贿罪，刘某入狱 10 个月。这样的前车之鉴值得记者们警惕。

四、媒体行为应受社会道德规范约束

新闻媒体的社会角色不仅仅是一个监督者、旁观者，也是一个强有力的舆论引导者，每一条报道都反映着媒体的观点与品格。同时，它作为大众传媒，对社会大众也有不可比拟的影响力，在报道敏感题材时，应该慎重又慎重，一旦出错，其产生的不良影响可能是非常巨大乃至无法弥补的。

对新闻工作者的新闻伦理和职业素养方面的教育也不可小视。日本东京大学的新闻学者小野秀雄说，新闻系别的课都可以不开，新闻伦理这门课一定要开。在美国的新闻学院也十分强调开展新闻道德教育。据统计，1977 年全美 200 多个新闻与传播课程中仅有 68 个与新闻道德有关。但到 1984 年，全美 274 个新闻与传播课程中已有 117 个与新闻道德有关。到 20 世纪 90 年代，一半以上的大学新闻或传播学专业都开设了新闻道德课程，其中不少新闻学院还将这门课程列为必修科目。[2] 新闻职业道德和新闻伦理教育是新闻教育不可或缺的一部分。只有防患于未然，帮助新闻工作者树立正确的价值观和职业理念，才能让媒体失范现象从根本上得到遏制。

第二节　新闻侵权的界定与规避

近年来，国内的侵权官司媒体负多胜少。此类事件的高发甚至让人发出这样的感

---

[1] 张宸. 当代西方新闻报道规范 [M]. 上海：复旦大学出版社，2008：159.
[2] 顾理平. 加强新闻报道中的媒体自律 [J]. 中国广播电视学刊，2006（2）：77.

叹："一个记者如果没有惹上几次麻烦，缠上一两场官司，就不可能成为好记者。"这话虽是对记者大无畏精神的肯定，但也同时流露出了一丝无奈。耶鲁大学管理学院金融经济学教授陈志武统计了近年来发生在中国的 170 件媒体侵权官司，发现媒体的败诉率高达 80%。而北京市一中院 2004 年审理的 15 起因新闻报道而引起的新闻侵权案件，结果只有 1 起是媒体胜诉。

前车之鉴提醒我们，新闻从业人员在采编新闻时一定要注意增强法律意识，依法办事。知法、懂法、守法，在法律规定范围内进行新闻报道，避免侵害他人的合法权益，是顺利开展新闻工作的必要前提。

新闻工作与法律的关系如此密切，以至于在西方发达国家大型传媒机构里，都有专门负责法律事务的专业人士，有的甚至拥有多达几十人的律师班子。他们负责随时向一线记者、编辑提供咨询性意见。目前，国内主流媒体也大都配有专职法律顾问，他们拥有律师资格，专门为新闻媒体提供法律服务。这无疑为新闻工作者规避法律风险、进行自我保护筑起了一道坚实的防线。

在新闻采访与报道活动中，最容易受到侵害的人格权有 3 项：隐私权、名誉权、肖像权。

一、关于隐私权

隐私权是指公民对其不违反法律和道德标准的个人秘密所享有的不受公开和非法侵犯的权利。我国在司法实践中对侵犯隐私权的行为是作为侵害名誉权审理的。宪法分别在第三十八条、第三十九条、第四十条规定公民"人格尊严不受侵犯""住宅不受侵犯""通信自由和通信秘密受法律的保护"。在公民上述权利受到侵犯时，依照最高人民法院发布的《关于贯彻执行〈中华人民共和国民法通则〉若干问题的意见（试行）》中的规定执行，即"以书面、口头等形式宣扬他人隐私……损害他人名誉，造成一定影响的，应当认定为侵害公民名誉权的行为"。

（一）侵权分析

在广播电视节目中，侵害隐私权的行为分为采访侵权和报道侵权两种。

1. 采访侵权

采访侵权是记者以非法手段获取关于他人隐私的内容，作为自己报道素材的行为。主要表现包括窃听或监听；擅入私宅；偷拆、偷拍他人信件或个人文件。

2. 报道侵权

报道侵权是指记者违背当事人意愿，不适当地在节目中公开报道当事人与社会公共生活无关的私事，对其造成精神伤害的行为。主要表现包括不当地公开性犯罪案件中受害者的个人情况；未经当事人同意，披露其不光彩的历史污点；不当地公开他人财产状况、家庭生活、生理缺陷、疾病史等个人信息；不当地暴露他人的职业秘密；不当地公开他人的婚外关系；不当地渲染名人的婚恋状况。[1]

（二）抗辩事由

以下情况可以成为广播电视节目侵犯公民隐私权的抗辩事由。

1. 当事人同意

隐私权是一项自主性很强的权利，法律允许当事人放弃。当事人同意分为明示和默示两种。明示指签署权利让渡书授权他人披露其隐私；默示指当事人明知对方是记者，对其采访和报道不作任何限制和约定，主动提供其信息，则可认为其放弃隐私权。

2. 是对社会不法行为和有违社会公德行为的曝光

新闻报道中涉及对犯罪行为的曝光，出于批评监督的目的进行报道，不构成侵犯隐私权。例如，针对违反中央规定公车私用的行为，电视台记者对违规车辆及驾驶人详细情况进行曝光，就不构成对隐私权的侵犯。但此类报道中涉及当事人隐私的内容必须是该新闻的必要部分，不可无限制地公布他人隐私。

对于一些轻微违法行为或有违社会道德规范的行为的曝光，如在公共场所吸烟、吐痰、不遵守秩序等，应尽量对当事人的面部进行模糊化处理，以避免节目播出对其造成不必要的困扰。

3. 涉及社会政治利益和公共利益

政府官员的隐私权应当受到一定限制。而且职位越高，个人私事与公共利益的关系越密切，其隐私权范围就越小。"高官无隐私"在西方已被普遍认同。对于普通公民来说，婚恋状况及财产收入均属个人隐私，但政府官员的婚恋状况、经济收入则与公共利益密切相关，他们的出身、年龄、经历、品德、能力、财产状况、家庭成员情况等个人信息有必要为公众了解，并接受媒体的监督，这是满足公众知情权的必然要求。

总之，广播电视新闻报道应本着尊重他人合法权利的精神慎重选题，没有把握的题材不做、不播；在容易引起争议的选题上，使用视觉和听觉语言时能够模糊化而不影响观众对新闻主题的理解，应尽量不公开当事人的姓名、身份和肖像，以避免不必要的法律纠纷。

二、关于名誉权

名誉权是指公民和法人依法对其名誉享有的不受他人侵害的权利。根据我国民法第一百零一条规定，行为人因为故意或过失对他人实施侮辱、诽谤等行为，致使他人名誉遭受侵害，则构成侵害名誉权。一些新闻作品中常见一些贬义性词语如"小偷""歹徒""泼妇""淫妇""精神病""赖皮""罪犯""败类""地痞"等词语，如果没有足够的

---

[1] 刘东华. 当代电视报道理念与技巧 [M]. 北京：新华出版社,2004：127-133.

事实根据或法律根据，则会带有侮辱和诽谤性质。除了对公民个人存在新闻的侮辱、诽谤行为外，对法人也会存在这种侮辱和诽谤行为。最高人民法院《关于贯彻执行〈民法通则〉若干问题的意见》(试行)第一百四十条规定："以书面、口头等形式诋毁、诽谤法人名誉，给法人造成损害的，应当认定为侵害法人名誉权的行为。"

（一）侵权要素

广播电视新闻报道侵害名誉权的构成要素有三：一是行为人在节目中有诋毁他人名誉的行为，使损害名誉的内容为大众知晓；二是所传播的损害他人名誉的内容有特定的指向性，如有报道称"一个靠演××角色抬高身份的演员竟然向该剧组漫天要价"，使公众不难理解其确切所指对象；三是所传播的内容有损特定人的声誉。

（二）主要表现

在我国，广播电视工作者利用大众媒介故意侵害他人名誉权的还不多见，许多情况都是过失造成的，主要表现为以下几种情况。

①未认真核实，错误地报道他人违法或犯罪；

②错误地报道他人有违反社会公德的行为；

③失当地贬低他人能力；

④错误披露他人具有造成社会消极评价的某种信仰或癖好；

⑤不当地贬低法人的商业信誉；

⑥不当地使用修饰性语言，使他人人格受到丑化、歪曲；

⑦不当地剪辑画面，使之产生某种歧义。[1]

（三）相关案例

近年来，我国有关新闻侵害名誉权的案件越来越多。据有关学者统计分析表明，大部分新闻官司均以媒体败诉告终。造成这种现象的一个重要原因，是立法滞后所致，到目前为止，我国既没有专门的公众人物名誉权方面的立法，也没有专门的新闻法。我们的广播电视新闻工作者适当地学习一些法律知识，了解一些相关案例，对于增强自我保护意识、掌握恰当的报道尺度是十分必要的。

[案例1] ××大酒店诉《××都市报》侵权案

1999年，一位读者打电话给《××都市报》××记者站，反映他在当地的××大酒店住宿时，小姐的骚扰电话不断，实在难以成眠，简直就是活受罪。为了探个虚实，《××都市报》××记者站派两名记者前去暗访。1999年11月25日，《××都市报》以《夜宿××（当事酒店名），应召小姐说：这里全省最安全》为题披露了记者暗访××大酒店的经历。报道说，记者下榻这家酒店后，就有几批小姐先后打来骚扰

[1] 刘东华. 当代电视报道理念与技巧 [M]. 北京：新华出版社,2004：125-126.

电话，称可以上门提供特殊服务，当记者表示对安全有疑虑时，一位小姐竟然说："我们 ×× 在整个省最安全，是四星级的。如果有什么事的话，警察会通知我们酒店，然后酒店再通知我们。"×× 大酒店以《×× 都市报》严重侵害了酒店名誉为由，向当地法院提起民事诉讼。要求报社"停止侵权行为"，赔偿经济损失和精神损失合计 30 万元。

一审法院经审理后认为，"《这里全省最安全》一文引用了电话中一位不知真实姓名和身份的'小姐'的话，对原告酒店的服务质量和存在问题进行报道，该报道对听来的消息未经核实，违反了新闻真实性原则"。法院认为，公民和法人享有名誉权，法律禁止用侮辱、诽谤等方式损害公民、法人的名誉。被告关于《我想跟大哥一块发财》《××（当事酒店名）的勇气》两篇评论中使用了"晚上找几个'三陪'挨个房间骚扰……""肥的包您变成瘦的，瘦的包您成了皮包骨，皮包骨的也得榨出您几滴油来""流氓"等带有贬低、毁损原告企业形象和名誉的侮辱性词语。被告的上述一篇报道和两篇评论文章给原告的名誉造成损害。

法院依照《中华人民共和国民法通则》第一百零一条、第一百二十条、第一百三十四条第一款第（一）、（七）、（十）项的规定作出判决："《×× 都市报》社应立即停止对原告 ×× 大酒店的侵害"，在报纸上向原告赔礼道歉，并赔偿原告因侵权造成的损失 1 万元。该案中，记者在夜宿 ×× 大酒店暗访中进行了全程录音，但法庭不予采信。参与这起案件审理的一位法官表示，按照最高人民法院的司法解释，录音资料要征得对方同意才能作为有效证据。《×× 都市报》社不服一审判决提出上诉，最后被驳回。

［案例 2］范志毅状告文汇新民报业集团名誉侵权

2002 年 6 月 14 日，《体坛周报》刊出一篇题为《某国脚涉嫌赌球》的文章，该文称"有未经核实的消息透露，6 月 4 日中哥之战，某国脚竟然在赛前通过地下赌博集团，买自己的球队输球。……"又称"某国脚总在最关键的时刻失位，两个失球都与他脱不了干系。……"2002 年 6 月 16 日，《东方体育日报》刊登题名《中哥战传闻范志毅涉嫌赌球》的报道，该文开篇转载了《体坛周报》的文章，接着对文章中涉及的国脚进行排除式分析后，指明涉嫌球员为范志毅。该文刊登后，《东方体育日报》于 6 月 17 日、19 日又对该事件进行了连续报道，刊登了对范志毅父亲的采访及范志毅没有赌球的声明；6 月 20 日，《体坛周报》对出自不实消息来源的报道声明道歉；6 月 21 日《东方体育日报》以《真相大白：范志毅没有涉嫌赌球》为题，为整件事件撰写了编后文章。

此后，范志毅认为《东方体育日报》6 月 16 日的文章《中哥战传闻范志毅涉嫌赌球》侵犯了其名誉权，于 2002 年 7 月 4 日，委托律师向上海市静安区法院提起诉讼。范志毅要求被告向他公开赔礼道歉，并赔偿精神损失费人民币 5 万元。

2002 年 9 月 18 日上午静安区法院公开审理此案，作出如下一审判决：一、原告范志毅要求被告文汇新民联合报业集团赔礼道歉的诉讼请求，不予支持；二、原告范志毅要求被告文汇新民联合报业集团赔偿精神损失费人民币 5 万元的诉讼请求，不予支持。案件受理费人民币 2110 元，由原告范志毅承担。

［案例3］范冰冰"被私奔案"

2011 年 5 月 21 日，《天津日报》社所属的《每日新报》周末版第 B-15 版，以整版篇幅刊登记者宋晓鹏撰写的以《范冰冰王学圻想婚了——爹妈不同意可能要私奔》为标题的新闻，随即被范冰冰告上法庭。经法庭调查涉案文章完全失实。最终，北京市朝阳区人民法院根据《中华人民共和国侵权责任法》第二条、第十五条，《最高人民法院关于审理名誉权案件若干问题的解答》第七条、第十条之规定，判决原告范冰冰胜诉，捏造"范冰冰私奔"假消息的《天津日报》社须在判决生效后 7 日内在旗下《每日新报》封面处显著位置向范冰冰本人刊登道歉声明，并向原告范冰冰赔偿精神损害抚慰金 12 万元。

三、关于肖像权

1. 肖像权及其侵害的构成

公民的肖像的使用受法律的保护。《中华人民共和国民法通则》第一百条规定："公民享有肖像权，未经本人同意，不得以盈利为目的使用公民的肖像。"自 20 世纪 90 年代以来，我国关于肖像权的诉讼逐渐增多，如演员杨在葆诉某杂志社擅自使用其肖像做广告；摇滚歌星崔健诉某出版社擅自使用其照片做图书封面、封底等，反映出公众法律意识的觉醒。

1998 年，国内某青年报"图文并茂"地推出记者暗访京城多家影院出现的"陪看女"现象的报道。记者对这一社会丑恶现象的揭露是积极的，但问题出在记者提供的图片内容并非陪看女"陪看"及其他有恶劣影响的行为，而只是"陪看女"的个人肖像。影院"陪看女"现象报道，刊登陪看女个人肖像，图片内容非"陪看女陪看"及其他有恶劣影响行为，起不到揭露作用，反而侵犯了他人的肖像权。

对于保护公民肖像权，我国现行法律规定的基本精神是：不经本人同意，他人不能以营利为目的使用公民肖像，而不以盈利为目的，一般也须征求本人意见方可使用。电视新闻报道的出发点多为服务社会、满足公众知情权的需要，在涉及肖像权的问题上，具有较大的自由度。在新闻报道活动中，媒体几乎可以报道一切发生在公共场合的公众活动或其他有报道价值的人或事，而无须征得他人同意，否则电视报道也就无法进行了。但是，如果遇到当事人因各种原因明确表示不愿公开自己，或者公开亮相会给被采访人造成不良后果的，应在节目播出时对人物面部关键部位进行模糊处理，或者拍摄背影，这样新闻媒体和记者就不会产生侵权后果。免除责任是以无法辨认为前提的，如果报道者虽然采取了一些措施，但受众通过报道仍能辨认出当事人身份，媒体仍然负有侵权责任。

2. 抗辩事由

在一定条件下，即在合理范围内，法律原则中又有直接使用肖像的通例。采访中不构成侵权的情况大致有：合理使用（采访拍摄的纪实镜头呈现的是公共场合的公开活动）、公益使用（满足公众知情权，行使舆论监督职能）、善意使用。

首先，说说合理使用和善意使用。1993 年年底，陕西省退休女工贾桂花诉《秋菊打官司》制作方青年电影制片厂侵犯肖像权一案便具有典型性意义。此案是我国首例因拍摄电影引发的公民肖像权的诉讼，曾引起广泛的社会关注。影片《秋菊打官司》中大胆尝试纪实性拍摄手法，除采用长镜头摄影手法外，大量选用户外实景，选用非职业演员，使影片表现内容更接近现实生活。其中便使用了贾桂花的正面半身肖像画面。由于拍摄手法隐蔽，当时在公园门口售卖棉花糖的贾桂花本人毫不知情。影片上映后引起了贾桂花的不满，于是她向北京市海淀区人民法院提起了肖像权侵权诉讼。法院最终以合理使用为由驳回了诉讼请求。

结合本案的具体情况进行分析，《秋菊打官司》是采用纪实性创作手法创作的作品，偷拍是为了实现客观纪实效果的需要，在此类影片中也是常用的手段。该片中被摄入镜头的普通人形象有七十多个，贾桂花的形象出现在街景镜头里，不是孤立的，画面上还有其他流动的人群、商贩，她的形象是街景中的一部分。被使用的肖像不具有独立的经济和艺术价值，因此就不应该具有索要肖像报酬的权利，否则，此类创作活动根本无法进行。贾桂花在影片中的形象非广告性质，也没有独立、完整的商业价值，按照一般的社会评价标准衡量，不足以给贾桂花造成法律意义上的精神伤害。且贾桂花在街道旁摆摊从事商业经营，身处社会公共环境之中，身份明确、形象公开。而青影厂出于影片创作需要，拍摄街头实景将其摄入其中，并无过错。虽有 4 秒钟形象定格，但摄制者主观上没有恶意，客观上也没有渲染贾桂花任何不完美之处。所以，贾桂花的镜头拍摄与使用应被列入合理使用和善意使用的范围，不违背现行法律关于保护公民肖像权的禁止性规定，也就不构成对贾桂花肖像权的侵害。

其次，关于公益使用是指，当媒体的新闻报道是出于维护社会公共利益的目的，且报道事实确凿无误，那么其对某些不道德行为或违法犯罪行为进行曝光，虽然是未经他人同意使用了他人肖像，但是并不属于侵犯公民肖像权的行为。

第三节　有偿新闻与虚假新闻问题

有偿新闻、虚假新闻既与道德有关，也涉及法律问题。新闻媒介是公共舆论的平台，记者通过新闻报道实现着公众的知情权、表达权、参与权、监督权。大众传媒绝非个别人的私器，新闻报道绝非谋求个人或小团体私利的手段，真实、客观、公正、与人为善的批评报道是传媒代表人民施行的舆论监督。因此，有悖于此的任何行为，比如假借批评、监督名义进行欺骗、敲诈活动，为了个人名利、轰动效应捏造或夸大新闻事实，其实质都是践踏新闻职业伦理，都是新闻界的以权谋私。

一、有偿新闻

有偿新闻是指新闻媒体从业人员利用职务特权为自己或单位谋取不正当利益的行为，这是新闻界的一种腐败现象。虽然有偿新闻如同过街老鼠人人喊打，但是屡禁不绝，有些暗箱操作的手法及媒体行业"潜规则"已是公开的秘密。例如，采访中收取"车马费""误餐费"，报刊上新闻与广告"傻傻分不清楚"的软文，给采编人员下创收指标……种种乱象严重影响了记者形象，也对媒体行业的声誉造成了极大损害。在金钱的诱惑下，有些记者完全丧失了职业操守，甚至把舆论监督当作敲诈的武器。他们抓住某些被报道对象的把柄，或制造一些把柄，以曝光相要挟，强行向被报道对象索要钱财或其他好处，让其破财消灾。此类现象的普遍存在让新闻采访的对象"闻采访色变"，以至于社会上流传着"防火防盗防记者"的说法。这些不正常现象的出现，暴露出的是媒体职业伦理精神的缺失。

1.有偿新闻的危害

长期以来，人们更多地从道德层面和行业自律的角度对有偿新闻提出整治的要求，但事实上，有偿新闻不仅仅是一个道德层面的问题。

记者利用新闻采访权、以报道对受访者不利内容相要挟的行为属于敲诈勒索行为，按照新的司法解释，勒索数额达到1000元人民币，即可构成敲诈勒索罪[1]。2014年3月26日，国家新闻出版广电总局公布了2013年以来查处的8起典型新闻敲诈案件，涉及《中国特产报》《中国经济时报》《西部时报》《企业党建参考报》等8家媒体及相关记者。2014年9月，上海警方侦破的21世纪传媒特大新闻敲诈案更是令舆论哗然。本案中，"21世纪网"总裁刘冬、副总编周斌、《理财周报》社发行人夏日、主编罗光辉、《21世纪经济报道》社湖南负责人夏晓柏等25人，因涉嫌敲诈勒索、强迫交易、非国家工作人员受贿和对非国家工作人员行贿罪，被批准逮捕。据警方披露，21世纪传媒

---

[1] 2013年4月23日，最高人民检察院、最高人民法院联合发布了关于办理敲诈勒索刑事案件适用法律若干问题的解释，其中第二条规定，"利用或者冒充国家机关工作人员、军人、新闻工作者等特殊身份敲诈勒索的"，"数额较大"的标准可以按照该解释第一条规定标准的百分之五十（即1000元以上）确定。

旗下媒体利用其在财经界的广泛影响力,指使媒体记者通过各种途径主动挖掘、采编上市公司、IPO 公司的负面信息,以发布负面报道为要挟收取"保护费"。利用上述方法,迫使近 100 家公司直接或通过公关公司,与 21 世纪传媒旗下 3 家媒体的 8 家运营公司签订广告合作协议,涉嫌勒索资金共计 2 亿余元人民币。

新闻记者利用职务便利,为他人谋取利益,收取他人钱款,还有可能构成受贿罪。2005 年,《第一财经日报》记者傅桦应校友、时任长春龙家堡机场副总指挥张广涛的邀请,前往龙家堡机场采访,撰写了《长春龙家堡机场延误交付背后》和《质量安全不能打折扣》等反映该机场建设质量的批评报道,并收取了对方 3 万元的好处费。后傅桦因受贿罪获刑 3 年。据悉,龙家堡机场副总指挥张广涛、总指挥张军之间有个人恩怨,于是收受了好处的记者不惜为其中一方所利用,可悲地充当了打手角色。2001 至 2003 年,《中华工商时报》浙江记者站站长孟怀虎利用其记者身份,以发表批评报道曝光相要挟,以收取顾问费、广告费或者委托调解费用等形式,向多家单位索要钱款共计人民币 373 万元,其中索要 63 万元人民币部分的行为得逞。2007 年 4 月,杭州中院以受贿罪终审判处孟怀虎有期徒刑 12 年。

以上种种乱象反映出,一些媒体从业者品格败坏、职业道德缺失。唯有严格管理体制,对记者加强日常教育,并对违法乱纪行为施以重罚,才能从根本上遏制不良风气的蔓延。

2. 有偿不闻

与有偿新闻性质类似的还有一种"有偿不闻"。它是指新闻媒体从业人员在进行舆论监督时主动或被动获取报道对象所给的好处费后,放弃本该承担的舆论监督职责,不予报道甚至主动隐瞒的一种腐败行为。有偿不闻并非少见,如山西霍宝干河矿难中被收买的记者有 5 人,河北蔚县李家洼矿难中领取"封口费"的记者有 10 人。2002 年 6 月 22 日,山西繁峙发生特大矿难,造成 38 人死亡。事故发生后,当地负责人和金矿矿主为隐瞒真相,向一些新闻单位的记者赠送了现金和金元宝。事后查明,有 4 家中央和地方媒体的 11 名新闻记者收受了贿赂。这起记者集体受贿事件,对记者和新闻媒体的声誉造成了严重损害。

"有偿不闻"的做法危害极大,不仅严重损坏新闻职业队伍的形象,影响新闻媒体的公信力,同时也是对公众的知情权的损害。舆论监督的目的是客观地呈现问题,帮助有关部门解决问题,而舆论监督的基础是知情权。知情权主要通过记者的采访和信息传递活动来实现,但新闻权力寻租、新闻敲诈的结果可能使大量损害社会公共利益、负面的信息无法被揭露和曝光,直接损害了公众知情权、危害了舆论监督权。

有偿新闻与有偿不闻严重损害了新闻的真实性、权威性与公信力,必须严格加以禁止。

二、虚假新闻

虚假新闻是未能真实反映客观事物本来面貌，带有虚假成分的报道。它不仅违背了新闻真实性的基本原则，严重损害媒体行业声誉，还可能因为不实消息的误导对社会生活产生不良影响。长期以来，社会公众对虚假新闻均感到深恶痛绝。虚假新闻不仅是一种不道德行为，也是对公众利益的侵害。新闻是一种特殊的商品，新闻媒体和新闻受众之间存在着一种事实上的契约关系，新闻受众要支付一定的订报费或收视、收听费；新闻媒体要提供真实的新闻信息。[1] 受众和媒体之间构成服务合同关系，播出虚假新闻，媒体在事实上构成了违约。

虚假新闻一般认为应属于新闻职业道德约束的范畴，通常发现之后也仅仅是采用行业内部的处理方式，如停职反省、扣罚奖金、责令检讨、通报批评、解聘开除。但是，在某些情况下，虚假新闻的捏造者也可能会担负法律责任。在我国，新闻界对虚假新闻可构成诽谤罪并不陌生，但对虚假新闻可构成的其他罪名却很陌生。事实上，在我国《刑法》中，除了第二百四十六条第一款规定的诽谤罪（捏造事实诽谤他人，情节严重的，处 3 年以下有期徒刑、拘役、管制或者剥夺政治权利。前款罪，告诉的才处理，但是严重危害社会秩序和国家利益的除外）外，还有 3 种罪可因虚假新闻而构成。[2]

1. 编造并传播证券、期货交易虚假信息罪

《刑法》第一百八十一条第一款规定："编造并且传播影响证券交易的虚假信息，扰乱证券交易市场，造成严重后果的，处 5 年以下有期徒刑或者拘役，并处或者单处 1 万元以上 10 万元以下罚金。"

2. 损害他人商业信誉、商品声誉罪

《刑法》第二百二十一条"损害商业信誉、商品声誉罪"规定："捏造并散布虚伪事实，损害他人的商业信誉、商品声誉，给他人造成重大损失或者有其他严重情节的，处 2 年以下有期徒刑或者拘役，并处或者单处罚金。"

2002 年 10 至 11 月，辽宁电视台记者周密与他人合谋编造"梦宝"床垫生产厂家使用"黑心棉"造成人身损害的虚假新闻，并分别在辽宁电视台、沈阳电视台以《韩先生的烦恼》《名牌床垫哪来垃圾棉》为题进行了报道。2003 年 4 月，周密被沈阳中级人民法院以损害商品声誉罪判处罚金 2 万元，并受到开除公职的处分。[3]

2007 年，北京电视台生活频道《透明度》栏目播出专题片《纸做的包子》，揭秘不法商贩用纸箱加火碱浸泡生产纸馅包子的行径，引起国内外舆论的广泛关注，被多家媒体转载、转播。后经证实，这是一则精心策划的假新闻。2007 年 8 月 12 日，北京市

---

[1] 顾理平. 从新闻的商品属性看虚假新闻的侵权责任 [J]. 南京师大学报：社会科学版, 2001 (3).

[2] 罗斌, 宋素红. 虚假新闻的法律责任 [J]. 中国记者, 2005 (10)：47.

[3] 秦新承. 编造、传播虚假新闻的刑事责任探析 [J]. 犯罪研究, 2008 (2)：75.

第二中级人民法院开庭，判当事人訾北佳犯损害商品声誉罪，一审被判处有期徒刑1年，并处罚人民币1000元。

3.编造、故意传播虚假恐怖信息罪

《刑法》第二百九十一条第一款规定："编造爆炸威胁、生化威胁、放射威胁等恐怖信息，或者明知是编造的恐怖信息而故意传播，严重扰乱社会秩序的，处5年以下有期徒刑、拘役或者管制；造成严重后果的，处5年以上有期徒刑。"这里的"恐怖信息"只是列举性规定，并不只限于上述3种，只要能使人产生恐惧并在一定范围内引起社会公众恐慌，严重扰乱社会秩序的虚假信息，都属于恐怖信息范畴。

2003年5月15日开始施行的《最高人民法院、最高人民检察院关于办理妨害预防、控制突发传染病疫情的刑事案件具体应用法律若干问题的解释》第十条第一款规定："编造与突发传染病疫情等灾害有关的恐怖信息，或者明知是编造的此类恐怖信息而故意传播，严重扰乱社会秩序的，依照《刑法》第二百九十一条的规定，以编造、故意传播虚假恐怖信息罪定罪处罚。"

我国台湾地区发生的一个事件就具有类似性质，足以为戒，即2007年台湾TVBS电视台记者史镇康录影带造假案。2007年3月26日，TVBS电视台播出独家新闻"黑道小弟"周政保持枪向黑道老大叫板，并在镜头前展示各式武器的录像带，并称录像带是周政保主动寄出。但是，后经TVBS调查发现，该录像带是该台记者史镇康所拍摄的。事后，该电视台被课以重罚，总经理李涛下台，相关责任人TVBS中部新闻中心特派员张裕坤及记者史镇康不仅丢了工作，还被依恐吓罪共犯起诉。[1] 该案例告诫记者，不能为获得新闻不择手段，媒体是具有强大社会影响力的特殊行业，如果造成严重的负面效应，便有可能承担法律责任。

形形色色的假新闻给媒体信誉带来极大伤害。从2010年1月初到2011年6月底，原新闻出版总署（现为国家新闻出版广电总局）直接查处新闻领域违法违规案件699件，其中虚假失实报道案件160件，占总数的22.9%。虚假新闻的屡禁不绝给新闻媒体敲响了警钟：新闻不是为了提高收视率、点击率的造假工具，绝不能为了单纯的经济效益忽略新闻的真实性，忽略新闻工作者的职业准则以及道德底线。

第四节 关于隐性采访

隐性采访作为新闻采访中的非常规手段，近些年在实践中被越来越广泛地采用，由

---

[1] 张宸. 当代西方新闻报道规范 [M]. 上海：复旦大学出版社，2008：234.

此也带来了关于隐性采访合理性与合法性的争论。如何把握隐性采访的"度"，既充分发挥其舆论监督的重要作用，又避免陷入道德与法律的双重困惑，是目前电视新闻工作无法回避的重要课题之一。

隐性采访也叫"偷拍""偷录""暗访"，是指隐藏记者身份或使用偷拍偷录设备进行的采访活动。在舆论监督类的新闻报道中，记者一旦公开身份就无法获知真实情况，所以隐性采访往往成为揭露事件真相的重要手段。

美国新闻史上有很多知名的隐性采访案例。1887至1888年，女记者内莉·布莱（Nellie Bly）乔装成一位有精神疾病的妇女，进入布莱克韦尔岛精神病院暗访。布莱的报道最终导致政府机构追加资金，用于对精神病院的监督、提供更卫生的条件和更可口的食物，并开除了滥用权力的护士。这是美国新闻史上记载的最早的一次成功暗访。1972年，《芝加哥论坛报》记者隐瞒身份，在芝加哥选举委员会获得了一个职位。其调查报道揭露了地方选举中违反选举程序的违法事件，这条新闻最终获得了普利策奖。

在我国，近些年来，隐性采访在新闻报道活动的使用有增无减。为了揭露内幕，许多新闻记者大量使用隐性采访手段，甚至不惜将其作为常规武器。在对国内著名新闻栏目《焦点访谈》进行经验总结的书（《聚焦〈焦点访谈〉》，清华大学出版社，2004年出版）中可以看出，《焦点访谈》记者的"得意之作"大多和暗访有关。

隐性采访的魅力主要表现在以下两点：首先，隐性采访在对方不知情的情况下实施记录，可以去除谎言和伪饰，最大限度地逼近事实真相，从而获得其他采访手段难以达到的轰动效应。其次，有效避免来自外界的干扰和阻挠，可以更有效地实施新闻舆论监督。正因为如此，记者在进行调查性报道尤其是批评性报道时，常常使用隐性采访的手段。

虽然隐性采访给媒体节目增添了不少亮色，但只能作为新闻采访的一种辅助手段。如何把握好操作尺度，让隐性采访既能有效地发挥舆论监督作用，又不致陷入法律与道德的双重困惑，是中外媒体记者共同面临的一个难题。

一、隐性采访的负面影响

近年来，随着批评报道的增多，新闻侵权案件也在增多，其中许多和隐性采访有关。记者在隐性采访中要避免侵害公民的人格权和触犯其他法律法规。隐性采访容易侵犯的人格权包括本书前面讲到的隐私权、名誉权、肖像权。另外，其他一些法律法规也对隐性采访有约束作用。在我国的《未成年人保护法》《妇女权益保障法》《保密法》等中，对涉及国家秘密、商业机密、未成年人犯罪等事件，严格限制了"偷拍"的采访方式。如果所接触的题材并非是严重的公共利益的，而仅仅是一般普通社会生活的内容，尤其是娱乐类、生活时尚类话题，媒体报道这些更直接的目的或效果是出于同行竞争或站稳市场，那么，"未经许可"进行秘密采访或录拍是不道德的。

此外，隐性采访还涉及"器材合法性"的问题。仅以我国司法机关针对犯罪嫌疑人使用秘密侦查手段为例，它需要严格的条件和批准程序，针对什么人、在什么情况下，可以使用什么手段，包括各种秘密手段的使用，必须经过哪一级批准等，都有详细的规定。目的是防止秘密手段的滥用，以避免损害公民正当的权益。所以，在一次媒体法理论研讨会上，最高人民检察院一位高级检察官说："现在新闻媒体使用的那些秘密手段，我们检察机关根本不敢用！"[1] 司法机关为了打击犯罪而使用秘密手段尚有所顾忌，新闻机构在舆论监督过程中更需格外谨慎地使用。

我国目前尚缺乏专门的新闻立法。已有的新闻法制中，禁止性规范和义务性规范比较完备，而缺乏新闻媒体独立自主开展舆论监督、享有免责权利的授权性法律条款和妨害正当新闻舆论监督行为的制裁性法律规定。新闻媒体并非权力机构，记者只是普通公民，并没有特殊的权力。正因为如此，记者在实施隐性采访的过程中更要格外小心谨慎，避免触碰法律禁区，从而更大程度地保护自己。

2002 年 4 月 1 日，最高人民法院颁布的《关于民事诉讼证据的若干规定》提出，在民事诉讼中，有其他证据佐证并以合法手段取得的无疑点的视听资料或者与视听资料核对无误的复制体，对方当事人提出异议但没有足以反驳的相反证据的，人民法院应当确认其证明力。同时也规定，以侵害他人合法权益或者违反法律禁止性规定的方法取得的证据，不能作为认定案件事实的依据。有学者对此进行解读认为，新的司法解释有条件地让"偷拍"合法化，而且对"偷拍"得来的证据由绝对否定变为相对否定。[2]

二、观察与介入：隐性采访的类别

根据记者是否介入事件进程的标准，隐性采访可分为观察式、介入式。

（一）观察式

观察式是指记者以旁观者的姿态观察或采访，不进入私人领域，不介入事件发生过程。例如，记者暗访某地有人用垃圾饲养牛，就一边通过在垃圾场观察、偷拍，一边看似随意地与养殖户攀谈获取信息。整个过程在公开场所进行，侵权的可能性被降到了最低。再例如《焦点访谈》曾经播出的《里应外合闹考场》，揭露了医师资格考试作弊猖獗的现象。记者通过长焦镜头拍摄考场内的混乱场面，同时在考场外大街上对辅助作弊的人员进行偷拍，也属于观察式的暗访。曾经在《焦点访谈》播出的《咸宁工商　取财有"道"》，对咸宁市工商局非法扣留车辆一事进行了曝光。记者先是不公开自己的身份，跟随车主到了咸宁市工商局，要求取回以查处私车为名被扣押的车辆。此时，记者用隐

[1] 徐迅. 运用偷拍方式采访应当确立程序 [J]. 电视研究, 2004 (2)：40.
[2] 李法宝. "偷拍"采访的法律边界 [J]. 当代传播, 2006 (5)：53.

藏的微型摄像机，记录下了工商局女局长对前来说理的群众破口大骂、蛮不讲理的霸道行径。次日，当记者亮明真实身份进行采访时，这位女局长仿佛换了一个人，笑脸相迎、温文尔雅，但说起扣车的证据来依然敷衍搪塞、含糊其辞。节目中正是加入了隐性采访，才真实地展现了这位女干部两面派的作风和低劣的行径。而记者在之前的暗访过程中始终处于旁观者角色，不提问，不与被采访对象直接交涉，这种旁观式采访同样取得了很好的效果。

（二）介入式

介入式报道的特点之一，是记者由客观的报道者、旁观者变成事件过程的实际参与者。介入式报道有着具体的指向性和意图性。为了实现这种指向和意图，在具体的操作过程中，记者往往要根据采访需要设计一些环节，这就使记者成为事件中的当事人。

介入式根据记者介入事件深浅和是否主动介入，又可分为被动介入式和主动介入式。二者的区别在于：被动介入式的采访中，记者不干预事件进程，只是作为事件当中的一个非主要人员"亲历"事件并随机应变，介入程度较浅；而在主动介入式采访中，记者对事件发展进行策划、干预，通过假扮身份，有目的地与采访对象主动联系，参与的程度较深。

例如《焦点访谈》开办之初制作的节目《触目惊心假发票》，暗访了上海火车站广场票贩子倒卖增值税发票的真实情况。摄像机就架在40米以外的地方，记者则以候车旅客的身份与前来兜售假发票的票贩子聊天，询问票贩子的活动情况，在票贩子毫无察觉的情况下，掌握了票贩子倒卖假增值税发票的犯罪事实。在这次采访中，与票贩子打交道的过程并不是由记者策划的，记者所做的只是被动应对、随机应变，介入程度较浅，属于被动介入式。

又如《焦点访谈》记者1997年暗访、偷拍309国道乱收费的《罚要依法》节目，也是使用了被动介入式。记者装扮成运煤司机，带着偷拍设备坐在副驾驶座，一路跟随运煤车队来到山西省黎城县路段，记录下了过往货车明明没有违章也遭遇罚款的反常现象。随后，一名交警拦下记者所乘车辆要求罚款20元，记者帮车主讨价还价。在这段记者与交警的对话中，一个强作笑脸、苦苦哀求，一个蛮横粗暴、强取豪夺，记者运用偷拍设备把这一幕展现得淋漓尽致，捕捉到了这位交警执法违法的"原生态"。这次"偷拍"使用的是观察式和被动介入式。体验记者虽然有一定的身份伪装，也与被曝光对象有直接的交流，但事件的发展不由记者主观策划，记者只是被动地介入，随机应变地与对方周旋，并没有改变事件进程。在掌握了山西交警乱罚款的充分证据后，记者亮明身份，对违法交警进行公开采访，质问他们罚款的依据何在。此时，对方的哑口无言和尴尬困窘成为最有说服力的语言。

再来看主动介入式。主动介入式是隐性采访中最容易引起争议的一种类型。例如某电视台制作的"焦点类"节目《扫黄不留死角》，记者竟然扮演嫖客，去暗访卖淫女。记者在节目中与对方讨价还价、动手动脚，行为十分不雅，所作所为远远超出了记者的职责范围，一些"少儿不宜"的内容竟然还在节目中原样播出。这种过度参与的方式并非是揭露违法行为的必需手段。在播出的节目中，没有对卖淫妇女的脸部作必要的遮挡，甚至对方宽衣解带的画面也被公开，完全未考虑对当事人可能造成的负面影响。这种以舆论监督为由肆意侵犯他人隐私的做法，无疑是一种极坏的示范，对记者形象造成了极其负面的影响。

而《焦点访谈》曾播出一期《"走私货"的背后》，记者暗访厦门走私团伙，采用的同样是主动介入式，却由于记者的灵活应变而成为了一个成功的案例。当时，《焦点访谈》接到观众举报，说有人从事走私活动。为了弄清事实真相，记者决定以订货人的身份约见供货人。鉴于调查内容可能是严重违法行为，为保证万无一失，记者在到达当地之后，先来到厦门海关走私犯罪侦察分局举报了相关情况。海关警察经过分析，认定这是一个犯罪团伙，决定立案侦查，并请求记者继续与犯罪嫌疑人保持联系，配合公安机关侦破此案。于是，记者在警方的认可和配合下开展了暗访。为打消走私团伙的顾虑，使自己的身份更加可信，记者准备了货款，与犯罪分子在宾馆"接头"，并将双方"谈生意"的场景用偷拍工具全部录下。与此同时，缉私警察开展突击行动，对犯罪嫌疑人进行了现场抓捕。一场惊险刺激的暗访就这样在节目当中生动地呈现出来。

由于在主动介入式的采访中记者放弃了客观记录的立场，通过扮演一定身份主动参与事件进程，因此法律风险更大，需要格外谨慎。

三、隐性采访的艺术

（一）要把握好隐性采访的尺度

首先，隐性采访要慎用而不要滥用。不能和违法犯罪分子同流合污，也不能参加法律禁止的任何活动。例如，记者可以假扮收购者，但不能直接要求收购假货，更不能卖出假货。2001 年国内某媒体记者为了揭露盗墓分子犯罪活动真相而"亲历盗墓"，记者伪装身份，打入盗墓团伙内部，与盗墓者一起从西汉古墓取出 13 件文物。由于记者的调查行为公安部门事先不知晓，也未经国家文物主管部门批准，记者实际构成盗墓共犯，后被判盗掘古墓罪，教训惨痛。

其次，在采访活动中不能下套、设局，引诱犯罪。近年来，国内记者为挖掘新闻，扮成商人收购假货、扮成学生购买假证件、扮成舞弊者购买作弊工具或考试答案的事例屡见不鲜。在这类采访中，记者不能在对方还未开口的情况下主动提出非法交易的要求，否则可能会因引诱犯罪而陷入被动。

最后，要看其是否出于保护社会公共利益的需要。如果新闻媒体披露的事件严重危及大多数人的公共利益，隐性采访不应受到限制。此时，对舆论监督权、知情权进行保护的需要就大于公民的隐私权、肖像权；反之，"偷拍"行为就不合法。

记者暗访要出于公心，主持正义，维护社会和公共利益，不得挟私报复，不能用暗访名义猎取个人隐私，满足好奇心和窥视欲。涉及个人隐私的电视新闻暗访在必要时，记者可以伪装身份，但绝不允许伪装成人大代表、政协委员、国家公务员、军人、警察、法官、检察官等，因为这类职务是依照法律规定专门授予的，任何人假冒都要承担法律责任。记者也不能无原则地寻求刺激、暴露隐私，追求轰动效应，更不能无所顾忌，甚至以身试法。切记法律面前人人平等，记者不是无冕之王，更不享有法外特权。

央视《焦点访谈》节目制片人在一次座谈会上说，目前他们最大的困难是获取事实，因为拒绝接受采访的情况越来越多。在2002年8月的一次研讨会上，该节目的另一位制片人透露，刚刚研究过的一批节目选题中，有2/3是运用偷拍采访而来。针对这种情况，学者陈力丹说："偷拍成为《焦点访谈》采访的主要手段，这是一种新闻职业的悲哀……新闻工作者不是密探。"[1]无论如何，隐性采访是一种欺骗性手法。记者在能够采用公开采访的情况下应首选公开采访方式获取信息。为避免新闻侵权官司的发生，无论采用哪种隐性采访的手法，记者都应在隐性采访中严格把握操作尺度。

（二）建立起切实可行的操作规范

中央电视台新闻评论栏目《焦点访谈》制订了有关采用"偷拍"的若干规定和原则，即多用明察暗访，把明察和暗访结合起来，以明察为主；对有些特殊现象，为了安全需要，为了取证需要，不得不采用"偷拍"的方式，但要在法律允许的范围内进行。其原则是：依法行使采访权，不得违背法律和公共道德；不得涉及国家机密；不得涉及与公共利益无关的公民的隐私；不得违背未成年人和保障妇女权益的有关法律规定；不得涉及商业机密。[2]

中央电视台《新闻调查》栏目给自己确定的信条是：无论如何，秘密调查都是一种欺骗。新闻不是欺骗的通行证，我们不能以目的正当为由而不择手段。秘密调查不能用作一种常规的做法，也不能仅是为了增添报道的戏剧性而使用。

《新闻调查》栏目还规定，只有同时符合下述4条原则，才能采用秘密调查。

①有明显的证据表明，我们正在调查的是严重侵犯公众利益的行为。

②没有其他途径收集材料。

③暴露我们的身份就难以了解到真实的情况。

[1] 陈力丹，徐迅. 关于记者暗访和偷拍问题的访谈 [J]. 现代传播，2003（4）：27-30.
[2] 袁正明，梁建增. 用事实说话——中国电视焦点节目透视 [M]. 上海：上海人民出版社，2000：153.

④经制片人同意。[1]

《焦点访谈》《新闻调查》栏目制订的上述原则可谓细致全面，可操作性较强，可供新闻同行在实际工作中参考。严格地说，让每一位记者来决定要不要使用暗访手段是冒险的做法。在更多的情况下，这种决定应当由制片人、部门主任以至台长们作出选择。试想，如果所有媒体都能像央视《新闻调查》栏目一样进行自我约束，还会出现某些令人担忧的滥用偷拍的现象吗？

（三）采访过程中注意证据的搜集

隐性采访经常曝光一些严重违法行为，在与不法分子打交道过程中，记者往往身处巨大的危险之中。2002 年便有西方记者在暗访制毒工厂时被杀，国内新闻记者因隐性采访时身份不慎暴露而遭受伤害的事例也时有发生。因此，新闻记者在暗访过程中注意自我保护十分必要。为以防万一，一些有经验的记者会将手机首拨号码设置为 110；也有些记者会提前做好多套预案，为可能发生的意外作好准备，如在行动前寻求警方的支持和帮助，或交代同伴里应外合，避免孤军奋战。这些都是可以借鉴的经验。

在暗访过程中还应注意证据的搜集，令播出的节目事实确凿、无懈可击。随着隐性采访被越来越多地使用，犯罪分子也熟悉了媒体的操作手法，防范意识越来越强。许多新闻记者感慨：做隐性采访难度越来越大。记者在采访前进行充分的文案、技术准备，有助于在暗访时做到心中有数，避免差错，从而保证暗访的顺利实施。

例如上面提到的《罚要依法》那期节目，记者为了证明当地交警乱罚款的行径确实存在，在货车经过乱收费路段之前先称重，证明其未超重。

2001 年年底，《焦点访谈》播出了一期关于天津一个机动车检测场所乱收费的曝光性新闻。为获取足够的证据，记者先将车辆送到权威检测部门进行检测，证明车辆的各项指标是合格的，拿到了权威的检验结果。然后，再送往要调查的部门，检测结果却是尾气排放超标，达到 7000 多的数值，必须交费维修。节目中又采访了天津机动车检验中心的权威专家，专家告诉记者：汽车尾气的数值如果超过 2000 就不能开了，超过 7000 难以想象。这一系列的事实证据摆在面前，令验车场乱收费的结论难以辩驳。

再以获第 12 届"中国新闻奖"电视消息一等奖的作品《南京冠生园：年年出炉新月饼周而复始陈馅料》为例，从记者最初知道"南冠"的生产内幕，到最终节目在央视播出，拍摄等待时间长达一年。记者以高度的新闻敏感和负责任的精神，一年之中七下南京，拍摄了大量素材。在此基础上，又对稿件和画面进行反复推敲，最终拿出了一条严谨、客观、真实的新闻。

---

[1] 徐迅 . 运用偷拍方式采访应当确立程序 [J]. 电视研究，2004（2）：41.

第五节　如何报道案件

法制报道、涉案报道是重要的新闻题材之一，一些大案、要案是公众关注的焦点，也是媒体追逐的重要选题。然而，法律不可儿戏，对案件的报道需要媒体尤为慎重。下面，是一些报道案件时需要注意的基本原则。

一、避免媒体报道干预司法审判

新闻报道不能凌驾于司法之上，干预和影响司法行为。对正在侦查、起诉或审理的案件以及尚未作出终审判决的案件，媒体不得超越司法程序抢先报道，更不得发表具有倾向性的结论。

新闻报道应遵守无罪推定原则。所谓"无罪推定"，即在法庭证明一个人有罪之前，这个人应该被假定是无罪的。我国《刑事诉讼法》第十二条就明确规定："未经人民法院依法判决，对任何人都不得确定有罪。"无罪推定原则是国际司法界和传媒界普遍公认的有关犯罪报道的基本原则，也是犯罪和法庭报道首先应注意的问题。

另外，全国人民代表大会《关于修改〈中华人民共和国刑事诉讼法〉的决定》第三十四条规定，公诉案件，受刑事追诉者在检察机关向法院提起公诉以前，称为"犯罪嫌疑人"；在检察机关正式向法院提起公诉以后，则称为"被告人"。

媒体在报道案件时应注意公正地对待犯罪嫌疑人和被告人，尊重其合法的权利，避免对其进行传媒审判。具体应注意以下3点。

①在法院作出判决前，把犯罪嫌疑人和被告人当无罪者看待。

②注意反映犯罪嫌疑人和被告人的声音。

③避免有偏见的描述和断言。

有些媒体在报道一些民愤极大的案件时，自认为犯罪事实显而易见，在措辞与表达上主观色彩浓厚，就完全违背了无罪推定原则。

［案例 1］张金柱案

1997 年 8 月 24 日，河南郑州公安民警、某区原公安分局政委张金柱，酒后驾车沿人行道逆向行驶，造成一死一伤的惨案。后经媒体披露的事发细节尤为触目惊心：张金柱将一个 11 岁的孩子当场撞死。撞人后，张金柱继续驾车狂奔，被卷在车下的孩子父亲和自行车被拖行了 1500 米后才被逼停，留下一条血路。孩子父亲被人从车底救出后几乎体无完肤，落下严重残疾。8 月 25 日，当地《大河报》率先报道了这一惊人血案，对此案进行了 4 个月的连续报道。张金柱因此身败名裂，《大河报》也因此名动全国。10 月 13 日晚，中央电视台《焦点访谈》播出"8·24"血案的重大新闻，引起更为广泛的社会反响，张金柱成为万夫所指的焦点人物，引爆了公众的愤怒情绪。在媒体对案情的披露和报道中，张金柱已经超过了交通肇事案被告人的身份，变成了公安队伍中违法乱纪的典型代表，成了公安队伍中反面人物的化身。相关领导作出批示，要求抓紧时间，严肃查处，公开见报，绝不姑息。在全国上下一片喊打声中，有的报纸甚至采用了《不杀不足以平民愤》的新闻标题。最终，张金柱以交通肇事罪和故意杀人罪被判处死刑。张金柱本人临刑前哀叹，自己是"死在了记者手里"。

张金柱被判处死刑后，该案在法律界和新闻界都曾引发巨大争议。不少相关文章发表观点，认为新闻报道对司法审判造成了干扰，"媒体审判明显对司法审判造成了巨大的干扰和影响"[1]，"张金柱案是在典型的媒介取代司法机构预先对其进行'污名化''标签化'和'审判化'报道的典型"[2]。张金柱的辩护律师房晓东表示，"对于张金柱案最终判处死刑，舆论确实起到了很大的作用"，"这个案子永远都会存在争议，因为它不该那样判"。[3]

［案例 2］蒋艳萍案

2001 年，湖南蒋艳萍贪污案也曾经遭受"媒体审判"质疑。蒋艳萍作为女性厅级干部，涉案金额巨大，夹杂财色交易，这些都导致蒋案广受媒体和公众关注。在蒋案开庭之前，部分媒体已"曝光"了蒋艳萍"权钱交易"的"堕落史"，包括蒋艳萍"财色双送"，"肉弹轰炸"，"与 40 多个厅级领导有不正当的男女关系"，"贪污数额千万余元"，"三湘头号女巨贪"……对蒋案庭审的报道中，有媒体作出断词："蒋艳萍态度强硬""拒不承认犯罪事实""仍百般抵赖"。有的媒体甚至以《枪毙的还少了》为标题，对本案盖棺定论。

多家媒体对蒋艳萍案的报道已经超出了舆论监督的尺度，而成为未审先判。请看：

媒体"指控"蒋艳萍贪污千万余元，而检察机关的起诉书认为蒋涉嫌贪污的金额为 73.5 万元；

媒体"指控"蒋艳萍"财色双送"，而检察机关却并未起诉蒋犯有行贿罪；

媒体"指控"蒋艳萍"肉弹轰炸"40 多个厅级干部，以此换得数亿元的重大建筑工程项目，而检察机关的起诉书仅认定蒋与陈作贵（省计委原副主任，另案处理）"勾搭成奸""谋取利益"。[4]

媒体的"指控"与检察机关的指控有如此大的差异，这不可避免地给社会公众造

[1] 姜燕. 谁在审判——从"张金柱案"和"黄静案"说起 [J]. 青年记者, 2010 (24)：30.
[2] 时潇锐. 网络媒体环境下媒介审判的新特征——以药家鑫案与李天一苏楠案为例 [J]. 东南传播, 2012 (7)：79.
[3] 王晓. 法律本应是民意的凝聚 [J]. 瞭望东方周刊, 2009 (31).
[4] 易伟. 蒋艳萍：遭遇"媒体审判" [N]. 湘声报, 2001-03-27.

成信息混乱、无所适从：究竟是该信媒体的，还是检察机关的？

蒋艳萍案中媒体的种种做法与我国《刑法》《刑事诉讼法》"无罪推定""罪刑法定"的原则是相违背的。不但因此侵犯了被告人的基本人身权利和合法权益，而且有碍司法诉讼程序和司法公正。在媒体的报道中，一些并不合适的声音和论调频频出现，后被蒋案的代理律师指为"媒体审判"。他们在接受记者采访时，对一些媒体"夸大事实、杜撰情节""定性定罪"的报道表示强烈异议。

一位法院院长有感而发，这样写道："有的新闻媒体对一些尚未起诉到法院的刑事案件过度渲染，罗列种种所谓'犯罪'事实和情节，在有关领导和社会公众中造成很深的印象。以致法院经审理查明构成犯罪的事实和情节并非所报道的那样，依法作出公正判决后，不得不向有关领导和社会公众作出解释和说明，有时还不得不承担着'重罪轻判''司法不公'的指责。……如果新闻舆论监督不当，势必会影响和干预司法活动，破坏公众对司法机关的信任度，动摇法律的权威。"[1]法律界人士的意见确实值得我们的新闻工作者反思。

二、客观的原则

客观性原则是新闻专业主义精神的重要内涵。媒体在法制报道中更应秉持客观原则，以中立的立场，不偏不倚地报道新闻事实，还原客观事物的原貌。

（一）要做到清晰准确地报道案情

此举是为受众提供全面、真实的基础性事实。

2009 年 4 月 14 日，成都某媒体报道的《爬树窥探女邻居，他被判强奸罪》堪称误导舆论的反面典型。该报道发表后，许多评论质疑："爬树偷窥女邻居怎么被判强奸罪？"甚至认为法院是"选择性执法"……实际上，这是媒体在报道事实上产生的严重失误。同一天的成都某晚报写得很明白："在树上等了将近 4 个小时，（犯罪嫌疑人）李林再次进入刘某的客厅想与之发生性关系时，因突发闪电，刘某认出了李林。李林当即翻墙逃走。"这是犯罪嫌疑人被判强奸罪的关键因素，而前述媒体进行"选择性报道"，省略了最关键的定罪情节，最终引发舆论热潮。[2]

（二）谨慎提供观念

媒体除了要在事实上严格把关外，在观念提供上也需格外慎重，切忌丧失公正、客观的立场。有许多新闻纠纷并不是由于所报道事实虚假，而是由于对事实的评价失当所致。

---

[1] 李修源. 对干预司法诸现象的理性思考 [J]. 人民司法, 1999 (10)：15-16.
[2] 庹继光. 法制报道中的案例比较与舆论引导——以孙伟铭案为例谈传媒得失 [J]. 新闻记者, 2009 (10)：75-78.

2008 年孙伟铭案[1]发生后，成为舆论焦点，某些媒体在定罪上展开简单的类比。国内一家知名电视台于 2009 年 7 月 27 日播出一档节目《醉酒驾车致人死亡，该当何罪？》，节目中一位以"新闻观察员"身份出场的节目主持人说了这样一段话："如果你在杭州的话，你是可以飙车的，因为即使撞死人最多 3 年。在成都千万不要再酒后驾车了，因为如果撞死人的话，你就容易被判死刑。在南京最近一段时间先别酒后驾车，因为究竟怎么判现在还不知道，观望观望。如果您是生活在武汉的外国人，即使是没执照，撞死了别人，您也顶多是回国，然后赔点钱了事。在郑州千万别是官员驾车置人于死地，那样也可能被判死刑。"主持人将几起道路交通案件简单类比，很容易引发受众对司法裁判的误解，似乎同案不同判，法律丧失了公正性，从而得出"司法不公"的结论。但事实上，这几起案件中，交通肇事者的行为存在本质差别，媒体对相关事实介绍不全面，极易误导观众，从而得出偏激结论。

在孙伟铭案中，亦有多家成都本地媒体轻率地将该案定性为"全国首例以公共安全罪对醉驾者判处死刑的案件"，这也有悖于客观事实。2006 年成都多家媒体均突出报道了何羽案[2]，如今却出现了"集体失忆"，导致检察院新闻发言人不得不出面纠正。

相比之下，2009 年 7 月 30 日《南方周末》的相关报道，则显得较为客观全面。在编者按中写道："成都醉驾案肇事者被判死刑，杭州飙车案肇事者却判三年，两案的悬殊判决，引发了公众广泛的热议。《南方周末》通过寻访成都醉驾案的当事人与杭州飙车案的主审法官，试图还原两案真实的审判逻辑。并通过介绍最高人民法院的相关研讨会，以最高审判机关的讨论解惑公众争议。"[3]然而遗憾的是，在孙伟铭案中，这样冷静客观的报道态度并不多见。

再例如，某媒体在一篇反映一起特大贪污受贿案的稿件中写道："尽管×××、×××等的亲属不惜重金从北京请来的律师花言巧语，但由于罪证确实，他们都逃脱不了法律的制裁。"文中提到的两位律师看了报道后认为侵害了自己的名誉权，一纸诉状递到法院。委托律师辩护并交纳诉讼代理费和律师在法庭上最大限度地维护委托人的权益，是《中华人民共和国律师法》以及国家物价局明文规定的，该媒体稿件中所写的"不惜重金"请律师和律师"花言巧语"确有偏见甚至污蔑之嫌，这些诋毁他人的语言与《律师法》以及有关规定是相悖的。

---

[1] 2008 年 12 月 14 日，孙伟铭无证且醉酒驾车，在路上与一辆正常行驶的比亚迪轿车追尾。肇事后，孙驾车疯狂逃逸，其间冲过道路中心的双实线，与相对方向行驶的 4 辆汽车发生碰撞，造成 4 死 1 伤。直到车子无法继续行驶才被迫停下，孙当即被抓获。成都市中级人民法院一审以"以危险方法危害公共安全罪"判处孙伟铭死刑，剥夺政治权利终身。后二审改判无期徒刑，剥夺政治权利终身。

[2] 2006 年 4 月，何羽在刚刚注射了海洛因后，无证驾驶一辆桑塔纳轿车快速行驶，将抱着孙女散步的邵大爷撞倒。何羽为了逃逸，倒车中将老人碾死。成都市检察院以"以危险方法危害公共安全罪"对何羽提起公诉，何羽最终被法院以该罪名判处死刑，缓期二年执行。

[3] 庹继光.法制报道中的案例比较与舆论引导——以孙伟铭案为例谈传媒得失 [J].新闻记者,2009 (10)：75-78.

由此可见，新闻从业人员在采编新闻时一定要注意增强法律意识，依法办事。法制报道的主要目标在于满足受众对案件情况和法制知识的双重需求，为公众监督司法活动提供信息素材和表达平台。因此，媒体要为受众提供全面、真实的基础性事实，并能够依据法理正确地解释案情和引导舆论。

（三）案件报道必须有头有尾

应当按照司法程序作连续报道，尤其是当最后产生法律效力的处理结果出来时，更不能漏报。

三、不得违反其他相关的法律禁止性规定

开展新闻工作时，还必须严格遵守国家关于妇女儿童保护的相关法律、法规。例如，《妇女权益保护法》第四十二条规定："禁止用侮辱、诽谤等方式损害妇女的人格尊严。禁止通过大众传播媒介或者其他方式贬低损害妇女人格。"

2006年经过修订的《未成年人保护法》第五十八条规定："对未成年人犯罪案件，新闻报道、影视节目、公开出版物、网络等不得披露该未成年人的姓名、住所、照片、图像以及可能推断出该未成年人的资料。"而对未成年人的界定从法律角度是指未满18周岁的不具备民事行为能力或者不完全具备民事行为能力的人。

2013年被炒作得沸沸扬扬的李××等五人轮奸案，使这位"星二代"成为舆论关注的焦点。然而，当时李××未满18岁，仍然属于未成年人的事实却似乎被媒体和公众有意遗忘，媒体铺天盖地的实名报道、细节描述、翻旧账等传播行为，对涉嫌犯罪未成年人的身份信息、家庭情况、相关经历大加披露，已经违反了相关法律的规定，极大地损害了未成年人的合法权益。

？ 思考与练习

思考题：

1. 为何说媒体行为也应受社会道德规范约束？
2. 隐性采访应把握哪几个方面的界限？

练习题：

1. 搜集近期广播电视新闻中隐性采访的案例，分析其原则和尺度把握得如何。
2. 搜集近期广播电视新闻中关于案件的报道，分析其原则和尺度把握得如何。

参考文献

[1] 大卫·麦克奎恩.理解电视：电视节目类型的概念与变迁 [M]. 北京：华夏出版社，2003.

[2] 安德鲁·博伊德，彼得·斯图尔特，瑞·亚历山大.广播电视新闻报道 [M].嵇美云，译.北京：清华大学出版社，2012.

[3] 曹璐，罗哲宇.广播新闻业务 [M].北京：中国传媒大学出版社，2010.

[4] 曹旭，张玮.荧屏实战：电视新闻编辑初探 [M].上海：东方出版中心，2009.

[5] 曾祥敏.广播电视新闻采访报道 [M].北京：高等教育出版社，2013.

[6] 成文胜.广播新闻 [M].北京：中国人民大学出版社，2013.

[7] 崔林.现场的叙事 [M].北京：中国传媒大学出版社，2012.

[8] 方毅华.新闻编辑 [M].北京：中国人民大学出版社，2013.

[9] 何志武，石永军.广播电视新闻采访与写作 [M].北京：高等教育出版社，2012.

[10] 胡立德.电视新闻摄像 [M].杭州：浙江大学出版社，2011.

[11] 胡正荣.媒介融合时代的电视新闻创新 [M].北京：中国传媒大学出版社，2011.

[12] 金梦玉.新闻采访报道教程 [M].北京：中国传媒大学出版社，2012.

[13] 黎炯宗.电视新闻学 [M].广州：广东高等教育出版社，2008.

[14] 李琳.影视剪辑实训教材 [M].北京：中国广播影视出版社，2009.

[15] 李岩，黄匡宇.广播电视新闻学 [M].北京：高等教育出版社，2010.

[16] 刘东华.当代电视报道理念与技巧 [M].北京：新华出版社，2004.

[17] 刘桂林，陈万利，刘斌.电视新闻栏目定位与运作实录 [M].北京：中国广播电视出版社，2005.

[18] 刘建明.当代新闻学原理 [M].北京：清华大学出版社,2003.

[19] 吕建江.电视新闻专题实战攻略 [M].北京：中国广播电视出版社，2013.

[20] 吕正标，王嘉.电视新闻节目理念、形态与实务 [M].北京：中国广播电视出版社，2004.

[21] 彭朝丞.新闻编辑艺术 [M].北京：中国新闻出版社，1988.

[22] 彭菊华，苏美妮，肖凡.广播电视写作教程 [M].北京：中国传媒大学出版社，2011.

[23] 孙琳琳.电视新闻编辑 [M].沈阳：东北大学出版社，2008.

[24] 孙玉胜.十年 [M].北京：人民文学出版社，2012.

[25] 王宇.广播新闻业务 [M].北京：高等教育出版社，2012.

[26] 王宇.现代广播新闻实务 [M].北京：中国广播电视出版社，2009.

[27] 王振业，李舒.广播电视新闻评论 [M].北京：中国传媒大学出版社，2009.

[28] 危羚，王萍，赵慧.广播节目编辑与制作 [M].北京：中国传媒大学出版社，2013.

［29］吴兵，阎安 . 电视编辑理论与实践 [M]. 北京：国防工业出版社，2013.

［30］吴信训 . 新编广播电视新闻学 [M]. 上海：复旦大学出版社，2011.

［31］肖峰 . 广播节目制作 [M]. 武汉：武汉大学出版社，2014.

［32］肖峰 . 广播新闻业务教程 [M]. 武汉：武汉大学出版社，2010.

［33］徐威 . 电视新闻节目制作与播出 [M]. 北京：中国广播电视出版社 ,2005.

［34］严怡宁 . 广播电视新闻学 [M]. 北京：化学工业出版社，2011.

［35］杨凤娇 . 广播电视新闻写作 [M]. 北京：高等教育出版社，2013.

［36］叶子 . 现代电视新闻学 [M]. 北京：中国广播电视出版社，2005.

［37］张宸 . 当代西方新闻报道规范 [M]. 上海：复旦大学出版社 ,2008.

［38］张红军，邹举 . 实用新闻采编 [M]. 北京：中国广播电视出版社 ,2006.

［39］张俊德 . 当代广播电视新闻学 [M]. 上海：复旦大学出版社，2007.

［40］张骏德，王晶红，朱金玉 . 广播电视新闻学实务教程 [M]. 上海：文汇出版社，
       2009.

［41］张丽，孟群 . 电视新闻编辑与数字制作 [M]. 北京：中国广播电视出版社，
       2002.

［42］张晓锋 . 当代电视编辑教程 [M]. 上海：复旦大学出版社，2010.

［43］赵淑萍 . 当代电视新闻采访教程 [M]. 上海：复旦大学出版社，2010.

［44］赵玉 . 电视编辑技术与创作 [M]. 广州：暨南大学出版社，2012.

［45］中国新闻网评选委员会办公室 . 中国新闻奖作品选：2010 年度第二十二届 [M].
       北京：新华出版社，2012.

［46］周勇 . 电视新闻编辑教程 [M]. 北京：中国人民大学出版社，2007.